소설의 이론

Die Theorie des Romans
by Georg Lukács

Copyright © Aisthesis Verlag, Bielefeld, Germany
Korean Translation Copyright © Moonye Publishing Co., Ltd., 2015

이 책의 한국어판 저작권은 Aisthesis Verlag과
독점 계약한 (주)문예출판사에 있습니다.
저작권법에 의해 한국 내에서 보호를 받는 저작물이므로
무단 전재와 무단 복제를 금합니다.

소설의 이론

대(大) 서사문학의 형식들에 관한 역사철학적 시론

게오르크 루카치 지음 | 김경식 옮김

문예출판사

일러두기

독일어본에 달려 있는 편집자주와 원주는 각주로, 옮긴이가 붙인 주는 책 마지막 부분 「부록」 뒤에 미주로 처리했다.

서문

이 연구서는 1914년 여름에 구상해 그해 말부터 그다음 해 초까지의 겨울에 쓴 것이다. 1916년 막스 데수아르[1)]가 주관하는 《미학과 일반예술학 잡지 *Zeitschrift für Ästhetik und Allgemeine Kunstwissenschaft*》에 처음 발표한 것을, 1920년 베를린 소재 파울 카시러(P. Cassirer) 출판사에서 단행본으로 출간했다.

1914년의 제1차 세계대전 발발, 그리고 전쟁을 지지한 사회민주당의 입장이 좌파 지식인에게 끼친 영향이 이 연구서를 쓰게 만들었다. 나는 전쟁에 대해 그리고 무엇보다도 전쟁에 열광하는 태도에 대해 격렬히, 전면적으로 거부하는 입장을 마음속 깊이 갖고 있었는데, 이 거부의 입장이 특히 처음에는 그렇게 분명하게 표현되지 않았다. 나는 1914년 늦가을 마리안네 베버[2)] 여사와 가졌던 대화를 기억한다. 그녀는 내게 구체적인 영웅적 행동들을 하나하나 이야기했다. 그럼으로써 전쟁을 반대하는 내 입장을 반박하고자 했던 것이다. 이에 대해 나는 "[그 행동들이―옮긴이] 좋으면 좋을수록 더 나쁩니다"라고만 대꾸했다. 이 당시 나 자신의 감정적인 입장을 명확히 자각하고자 했을 때 도달한 결론은 대략 다음과 같다. 독일·오스트리아·헝가리 동맹이 러시아를 물리칠 가능성이 있는데, 그렇게 되면 차르 체제가 붕괴될 수 있다. 이에 대해 나는 동의한다. 서방이 독일에 승리를 거둘 가능성도 있는데, 그 승리로 호엔촐레른 가(家)와 합스부르크 가가 무너진다면, 나는 이에 대해서도 동의한다. 하지만 그럴 경우 누가 우리를 서방 문명으로부터 구해 줄 것인가 하는 문제가 생겨난다.(그 당시의 독일이 최종 승리를 거둘 것이라는 전망을 나는 끔찍한 악몽이라고 생각했다.)

그와 같은 마음 상태에서 『소설의 이론』을 최초로 구상했는데, 원래는 일련의 대화로 구성할 생각이었다. 마치 『데카메론 Dekameron』의 노벨레[3) 화자들이 흑사병에서 몸을 피하듯이 전쟁에 대한 주위의 정신병적 열광에서 몸을 피한 일단의 젊은이들이 자기 이해를 위한 대화를 나누고, 그 대화가 이 책에서 다루어진 문제들과 도스토예프스키적 세계에 관한 전망으로 서서히 넘어가는 식으로 말이다. 하지만 보다 정밀하고 철저하게 생각한 결과 이 계획은 포기하고 현재와 같은 『소설의 이론』을 쓰게 되었다. 그러니까 이 책은 세계의 상태에 대한 항구적인 절망의 기분에서 생겨났다. 1917년〔러시아 혁명―옮긴이〕을 통해서야 비로소 나는 그때까지 풀리지 않을 것 같아 보이던 문제들에 대한 답을 얻었다.

물론 이 글을 그것이 쓰이게 된 내적 조건들과는 상관없이 그 자체로, 순전히 그 객관적 내용에 따라 고찰할 수도 있었을 것이다. 그러나 거의 50년이 지난 후 역사적으로 회고하는 마당에 이 글이 쓰였던 당시의 분위기는 이야기할 만하다고 생각한다. 그러면 이 글을 제대로 이해하는 일이 쉬워질 터이기 때문이다.

전쟁에 대한 이 같은 거부, 그리고 더불어 당시 시민 사회에 대한 거부가 순전히 유토피아적이었다는 건 분명하다. 그 당시 내게는 가장 추상적인 사고 차원에서조차 주관적인 입장과 객관적인 현실을 연결하는 매개들이 없었다. 그런데 이 점은 방법론적으로 아주 중요한 결과를 가져왔는데, 처음에 나는 나의 세계관, 나의 학술 작업의 방식 따위를 비판적으로 검증할 필요를 전혀 느끼지 못했다. 그 당시 나는 칸트에서 헤겔로 넘어가는 과도기에 있었지만, 내가 이른바 정신과학적 방법들과 맺고 있던 관계에서 변한 것은 없었다. 이 관계는 본질적으로 내가 청년 시절에 딜타이(Wilhelm Dilthey)와 지멜(Georg Simmel) 그리고 베버(Max Weber)의 연구에서 받은 인상들에 기반을 두고 있었다. 실제로 『소설의 이론』은 정신과학적 경향들의 전형적인 산물이다. 내가 1920년 빈에서 막스 드보르작[4]을 개인적으로 알게 되었을 때, 그는 이 작품을 정신과학적 방향에서 나온 출판물 가운데 가장 중요한 것으로 여긴다고 내게 말한 바 있다.

　오늘날 정신과학적 방법의 한계들을 분명하게 인식하기란 더 이상 어려운 일이 아니다. 물론 신칸트주의적 실증주의나 그 밖의 실증주의가 역사적 인물들이나 연관 관계를 다루는 데에서뿐만 아니라 정신적 사안(논리학, 미학 등등)에서도 드러내고 있는 자잘하고 피상적인 면모에 비해 정신과학적 방법이 갖는 역사적으로 상대적인 정당성을 제대로 이해해 줄 수도 있다. 내가 염두에 두고 있는 것은 예컨대 딜타이의 『체험과 문학 *Das Erlebnis und die Dichtung*』(라이프치히, 1905)이 지녔던 매력적인 영향력이다. 그 당시 이 책은 많은 측면에서 신천지(新天地)처럼 보였다. 우리에게 이 신천지는 역사적인 면과 이론적인 면 양쪽 모두에서 규모가 큰 종합들의 사유 세계로 비쳤다. 이때 우리는 이 새로운 방법이 실증주의의 진정한 극복과는 거리가 멀며 그 종합들이 객관적인 기초 위에 세워진 것이 아니라는 점을

간과했다.(재능 있는 몇몇 사람들은 진짜 설득력이 있는 성과들을 거두기도 했는데, 이는 이 방법의 도움을 받아서라기보다는 오히려 이 방법에도 불구하고 이루어진 것임을 당시 우리 젊은 세대는 알아차리지 못했다.) 어떤 한 경향, 어떤 한 시기 등등의 얼마 안 되는 특징들, 그것도 대개는 단지 직관적으로 파악한 특징들에서 종합적인 일반 개념들을 만들어낸 뒤 이로부터 연역적으로 개별 현상들로 하강하는 식으로 대규모의 통합에 이르렀다고 생각하는 것이 당시 관습이 되었다.

이것은 『소설의 이론』의 방법이기도 했다. 몇 가지만 예로 들어보겠다. 현실과의 관계에서 주인공의 영혼이 너무 협소한가 아니면 너무 넓은가, 라는 관념적인 양자택일이 소설 형식의 유형론에서 결정적인 역할을 하고 있다. 이와 같은 극히 추상적인 이분법은 기껏해야 첫 번째 유형을 대표하는 것으로 서술된 『돈키호테』의 몇 가지 계기를 해명하는 데나 적합할 뿐이다. 그런데 이 이분법이 너무 일반적으로 적용된 탓에 이 소설 하나의 전체적인 역사적·미학적 풍부함조차 사상적으로 파악할 수가 없다. 발자크(Honoré de Balzac)나 폰토피단[5]처럼 이 유형에 속하는 다른 작가들은 이분법으로 인해 그들을 왜곡하는 개념적 구속복(拘束服)을 입게 된다. 다른 유형도 상태는 마찬가지이다. 정신과학의 추상적인 종합이 끼친 이 같은 영향은 톨스토이의 경우에 더욱 두드러진다. 『전쟁과 평화』의 에필로그는 실은 나폴레옹 전쟁 시기에 대한 진정한 이념적 결산이다. 이 에필로그는 몇몇 인물들의 발전 과정 속에서 1825년에 벌어질 데카브리스트[6] 봉기의 전조를 보여준다. 그러나 『소설의 이론』의 저자는 플로베르(Gustave Flaubert)의 『감정 교육 Education sentimentale』의 도식에 몹시도 완고하게 매달려 있어서, 그가 여기 에필로그에서 발견할 수 있다고 생각하는 것이라고는 "잠잠해진 아기방의 분위기", "가장 문제적인 환멸소설의 결말보다 더 깊은 절망"뿐이다. 그런 예들은 얼마든지 들 수 있을 것이다. 이 자리에서는 디포[7]와 필딩[8] 또는 스탕달(Stendhal) 같은 소설 작가들이 이러한 구조의 도식에서는 어떤 자리도 찾지 못했다는 사실, 그리고 『소설의 이론』의 저자가 발자크와 플로베르, 톨스토이와 도스토예프스키의 의의를 자의적 '종합'을 통해 왜곡한다는 사실 등등을 지적하는 것으로 만족하도록 하자.

이와 같은 왜곡들을 가볍게나마 언급한 것은 정신과학의 추상적 종합이 가진 한계를 올바로 조명하기 위해서였다. 물론 그렇다고 해서 『소설의 이론』의 저자에게 흥미로운 연관 관계들의 발견으로 가는 길이 원칙적으로 차단되어 있었다는 뜻은 아니다. 여기에서도 가장 특징적인 예만 들겠는데, 『감정 교육』에서 시간이 하는 역할을 분석한 것이 그것이다. 하지만 구체적인 작품을 분석하는 이 자리에서도 부당한 추상화가 생겨난다. 일종의 '잃어버린 시간 찾기(Recherche du temps perdu)'[9]의 발견은 기껏해야 『감정 교육』의 마지막 부분(1848년 혁명이 최종적으로 패하고 난 후)에 대해서만 그 정당성이 객관적으로 입증될 수 있다. 여하튼 여기에서는 소설에서 시간이 갖는 새로운 기능이 ― 베르그송(Henri Bergson)의 '지속(durée)' 개념에 근거하여 ― 분명하게 정식화되어 있다. 이는 프루스트가 1920년이 지나서야 독일에서 알려졌고, 조이스(James Joyce)의 『율리시스 *Ulysses*』는 1922년에야 출판되었으며 만(Thomas Mann)의 『마의 산 *Der Zauberberg*』은 1924년에야 출판되었기 때문에 한층 더 괄목할 만한 일이다.

그런 식으로 『소설의 이론』은 정신과학의 전형적인 대표작인바, 정신과학의 방법론적 한계를 넘어서지 않는다. 그렇다고 하더라도 『소설의 이론』이 거둔 성공이 ― 토마스 만과 막스 베버는 이 책에 동

9

의를 표명한 독자에 속하는데—순전히 우연인 것만은 아니었다. 비록 정신과학의 영역에 뿌리를 두고 있긴 하지만 이 책은 나중의 발전과정에서 중요하게 된 어떤 특징들을—위에서 말한 한계 안에서—갖고 있다. 이미 우리는 『소설의 이론』의 저자가 헤겔학도가 되었음을 시사했다. 정신과학적 방법의 윗세대 중요 대표자들은 칸트적 지반 위에 서 있었고, 또 실증주의적 잔재로부터 자유롭지 못했다. 특히 딜타이가 그랬다. 그리고 평면적·실증주의적인 합리주의의 극복 시도는 거의 항상 비합리주의 쪽으로 한 걸음 나아가는 것을 의미했다. 특히 지멜의 경우 그랬으며, 이미 딜타이 본인의 경우에도 그러했다. 물론 헤겔 르네상스는 전쟁이 터지기 몇 년 전에 벌써 시작되었다. 그러나 헤겔 르네상스에서 당시 학문적으로 진지하게 생각될 만한 것은 주로 논리학이나 일반 학술론 분야에 국한되어 있었다. 내가 알기로 『소설의 이론』은 헤겔 철학의 성과들이 미학적 문제들에 구체적으로 적용된 최초의 정신과학적 작품이다. 이 책의 총론 격인 제I부는 본질적으로 헤겔에 의해 규정되어 있다. 서사문학의 총체성과 극문학의 총체성의 양상을 대비(對比)하고, 서사시와 소설의 밀접한 연관성과 대립성을 역사철학적으로 파악하는 등등의 대목이 그렇다. 물론 『소설의 이론』의 저자가 전적으로 헤겔만 따르는 헤겔학도, 곧 정통 헤겔학도는 아니었다. 괴테와 실러(Friedrich von Schiller)가 행한 분석들, 말년의 괴테에서 나온 개념들[마성(魔性)], 청년기의 프리드리히 슐레겔[10]과 졸거[11]의 미학 이론[근대적인 형상화 수단으로서의 반어(Ironie)] 따위가 전반적인 헤겔주의적 윤곽을 보완하고 구체화하고 있다.

    아마도 더욱더 중요한 헤겔의 유산은 미학적 범주들의 역사화일 것이다. 미학의 영역에서 헤겔의 복원이 가장 중요한 성과를 낳는 지점이 바로 이 대목이다. 리케르트[12]나 그의 학파와 같은 칸트학도들은 시대를 초월한 가치와 역사적인 가치 실현 사이에 있는 방법론적 심연을 벌려놓는다. 딜타이 자신은 이 대립을 그렇게 극단적으로 파악하진 않는다. 그렇지만 그는—철학사의 방법을 구상하면서—철학들의 초역사적인 유형론을 세운 후 그 철학들이 역사적으로 구체적인 변형들 속에서 실현된다는 식으로 파악하는 수준을 넘어서지 못한다. 때로는 그가 몇몇 미학적 분석에서 새로운 방법론을 찾는 데 성공하고 있지만, 그것은 말하자면 부정한 방식으로(*per nefas*) 이루어졌던 것이지 의식적으로 달성한 것은 분명히 아니다. 이러한 철학적 보수주의의 세계관적 기초는 정신과학들을 주도하는 대표자들의 역사적·정치적인 보수적 입장인바, 이 입장은 정신적으로 랑케[13]로 거슬러 올라가며, 따라서 헤겔 본인의 글에서 나타나는 세계정신의 변증법적 진화와는 현저히 대립하는 것이다. 물론 실증주의적인 역사적 상대주의도 있다. 정확히 전쟁 시기 동안 슈펭글러[14]는 전체 범주들을 급진적으로 역사화하고, 미적인 것이든 윤리적인 것이든 아니면 논리적인 것이든 간에 초역사적인 타당성을 일체 인정하지 않음으로써 실증주의적인 역사적 상대주의를 정신과학적 경향들과 통합한다. 하지만 이를 통해 그는 통일적인 역사적 과정마저도 파기하고 만다. 즉 극단적인 역사적 동역학(動力學)이 궁극적인 정역학(靜力學)으로, 다시 말해, 역사 자체의 궁극적인 파기로, 내적으로 결합되어 있지 않은 각각의 문화권(文化圈)들이 완결되었다가 새로이 시작하기를 거듭하는 순환으로 뒤집힌다. 랑케의 분리파적 짝이 생겨난 것이다.

『소설의 이론』의 저자는 이 정도로까지는 나아가지 않는다. 그는, 미학적 범주들의 본질, 문학 형식들의 본질에 그 바탕을 두고 있고 역사적으로 그 기초가 세워진 제반 장르의 일반적 변증법을 탐색했다. 그것은 그가 헤겔에게서 찾았던 것보다 한층 더 내적으로 긴밀하게 이루어진 범주와 역사의 결합을 추구하는 것이었다. 그는 변화 속에서 이루어지는 지속을, 본질의 유효성이 지속되는 가운데 이루어지는 내적 변화를 사상적으로 파악하고자 시도했다. 그렇지만 그의 방법은 다방면에서, 그것도 아주 중요한 연관 관계들에서 구체적인 사회·역사적인 현실들과는 분리된 채 극히 추상적으로 머물러 있다. 그렇기 때문에 그의 방법은, 앞서 밝혔다시피 너무나도 빈번하게 자의적인 구성들로 이어지고 만다. 15년 후에야 비로소 나는 ─ 물론 이미 마르크스주의의 지반 위에 서서 ─ 해결 방안을 찾는 데 성공했다. 리프쉬츠[15]와 함께 우리가 스탈린 시기에 존재했던 극히 다양한 형태의 속류사회학에 맞서 싸우면서 진짜 마르크스의 미학을 발굴하고 계승·발전시키고자 노력했을 때, 우리는 진정한 역사적·체계적인 방법에 도달했다. 『소설의 이론』은 구상뿐 아니라 그 구상의 실행에서도 실패한 시론(試論)의 수준에 머물러 있었다. 그렇지만 그 시론이 지향하는 바에 있어서는 동시대의 다른 사람들이 할 수 있었던 것보다 한층 더 많이 올바른 해결책에 접근한 것이었다.

역사철학적으로 발전이 지금까지의 예술의 진행을 규정했던 미학적 원리들에 대한 일종의 지양으로 귀착된다고 하는, 현대와 관련된 미학적 문제들 역시 헤겔의 유산에서 비롯된 것이다. 그런데 헤겔 본인의 경우에는 이를 통해 오로지 예술만이 문제적인 것이 된다. 그가 이러한 상태를 미학적으로 특징지은바 '산문의 세계'란 정신이 사유와 사회적·국가적인 실제 속에서 자기 자신에 도달했음을 의미하는 것에 다름 아니다. 따라서 현실이 문제성이 없는 것이 되기 때문에, 예술이 문제적이게 되는 것이다. 이는 『소설의 이론』의 구상과 형식상으로는 비슷하나 실상은 완전히 대립하는 것이다.『소설의 이론』
에서 소설 형식의 문제성은 지리멸렬하게 되어버린 세계의 투영이
다. 그렇기 때문에 이 책에서 삶의 '산문'이란, 지금부터는 현실이
예술에 불리한 지반을 제공한다는 사실을 시사하는 다른 수많은 징
후들 가운데 하나일 따름이다. 또 그렇기 때문에, 그 자체로 하나의
원환(圓環)을 이루고 있는 존재 총체성(Seinstotalität)에서 유래하는
완결적·총체적인 형식들, 다시 말해 그 자체 속에서 내재적으로 완
성된 모든 형식 세계와의 관계를 예술적으로 청산하는 것이 소설 형
식의 핵심 문제가 된다. 이는 기예상의 이유가 아니라 역사철학적인
이유에서 비롯된 일이다.『소설의 이론』의 저자는 오늘날의 현실을
두고, "자연발생적인 존재 총체성은 더 이상 존재하지 않는다"라고
말한다. 몇 년 후 고트프리트 벤[16]은 이 같은 사태를 다음과 같이 표
현한다. "⋯⋯정말이지 현실은 존재하지 않았다. 존재한 것이라고는
기껏 해봐야 그것의 일그러진 얼굴들뿐이었다."*『소설의 이론』이
존재론적 맥락에서는 그 표현주의 시인보다 한층 더 비판적이고 한
층 더 사려 깊긴 하지만, 그렇다고 해서 양쪽 모두 다 삶에 대한 비슷
한 감정을 표현하고 있으며 자기네들의 당대에 비슷하게 반응하고
있다는 사실이 변하지는 않는다. 이리하여 1930년대에 벌어진 표현
주의·리얼리즘 논쟁에서 블로흐(Ernst Bloch)가『소설의 이론』의 이
름으로 마르크스주의자 게오르크 루카치를 논박했던 약간 그로테스

---

*「표현주의에 대한 신앙 고백 Bekenntnis zum Expressionismus」,《독일의 미래 *Deutsche Zukunft*》1933년 11월 5일. 여기서 인용한 곳은 다음과 같다. *Gesammelte Werke*, Bd. I, D. hrsg. v. Wellershoff, Wiesbaden, 1959, 245쪽.〔원서에는 본문에 삽입되어 있는 것을 각주로 돌린다. — 옮긴이〕

크한 상황이 생겨나게 되는 것이다.

『소설의 이론』이 자신의 전반적인 방법론적 안내자, 곧 헤겔에 대해 갖는 이 같은 대립 관계는 일차적으로 사회적 성격을 띤 것이지 미학적·철학적인 성격을 띤 것이 아니라는 것은 두말할 나위 없이 명백하다. 이와 관련해서는 『소설의 이론』의 저자가 전쟁에 대해 지녔던 입장에 관해 이 글 앞머리에 적었던 것을 상기시키는 것으로 충분할 것이다. 그가 그 당시 사회 현실을 보는 관점에 있어서 본질적으로 소렐[17]의 영향을 받고 있었다는 점을 덧붙여 말해 두도록 하자. 그 때문에 『소설의 이론』에서 현대는 헤겔적으로가 아니라, 피히테[18]의 표현을 빌려 "죄업이 완성된 시대"로 특징지어진다. 윤리적으로 채색된 이 같은 당대 비관주의는, 그러나 헤겔에서 피히테로의 전반적인 복귀를 나타내는 것이 아니라 오히려 헤겔의 역사변증법이 일종의 키르케고르화되었음을 나타내는 것이다. 『소설의 이론』의 저자에게 키르케고르는 늘 중요한 역할을 했다. 키르케고르가 크게 유행하기 훨씬 전에 그는 키르케고르의 삶과 사상의 연관 관계를 다루는 에세이를 썼다.(「삶에 부딪쳐 생긴 형식의 파열 —— 쇠렌 키르케고르와 레기네 올젠(Das Zerschellen der Form am Leben—Sören Kierkegaard und Regine Olsen)」이라는 제목의 이 에세이는 1909년에 헝가리어로 쓰였고, 1911년 베를린에서 출판된 『영혼과 형식 Die Seele und die Formen』에 독일어로 실렸다.) 제1차 세계대전이 발발하기 직전 하이델베르크에 머물던 시기에 그는 키르케고르의 헤겔 비판을 다루는 연구서 집필에 몰두했는데, 물론 이 연구서는 완성되지 못했다. 여기에서 이러한 사실들을 거론하는 것은, 전기적인 이유 때문이 아니라 나중에 독일의 사상에서 중요해지는 하나의 발전 경향을 지적하기 위해서이다. 키르케고르의 직접적인 영향은 물론 하이데거와 야스퍼스[19]의 실존철학으로, 따라서 헤겔에 대해 다소간 공공연한 적대적 태도로 귀결된다. 그러나 헤겔 르네상스 자체가 헤겔을 비합리주의에 접근시키는 일에 열성적으로 나섰다는 사실을 잊어서는 안 된다. 이러한 경향은 청년 헤겔을 다루는 딜타이의 연구(1905)[20]에서 이미 볼 수 있으며, '헤겔은 철학사에서 가장 위대한 비합리주의자였다'라는 크로너의 발언(1924)[21]에서 명확한 형태를 얻는다. 여기에서는 아직 키르케고르의 직접적인 영향이 입증될 수 없다. 그러나 1920년대에 그 영향은 잠재적으로 도처에, 그것도 그 정도가 점점 심해지는 식으로 존재했으며, 점차 청년기 마르크스를 키르케고르화하는 지경에까지 이른다. 그리하여 뢰비트(1941)[22]는 다음과 같이 쓰고 있다. "그들(마르크스와 키르케고르—루카치)은 서로 멀리 떨어져 있지만, 다 같이 기존의 현실을 공격한다는 점에서, 그리고 헤겔에서 유래한다는 점에서 서로 아주 가까운 관계에 있다."(이러한 경향이 오늘날의 프랑스 철학에 얼마나 널리 퍼져 있는지에 관해서는 새삼스레 거론할 필요가 없을 것이다.)

그와 같은 이론들의 사회철학적 토대는 철학적으로나 정치적으로나 모호하기는 매한가지인 낭만주의적 반자본주의의 입장이다. 이 입장에는 원래—청년기의 칼라일[23]이나 코베트[24]의 예에서 볼 수 있듯이—발생기 자본주의의 참상과 문화 적대성에 대한 현실적 비판이 있었으며, 칼라일의 『과거와 현재 Past and Present』처럼 때로는 자본주의에 대한 사회주의적 비판의 초기 형태까지도 있었다. 독일에서는 이러한 입장에서부터 서서히 호엔촐레른 제국의 정치적·사회적인 낙후성을 감싸는 변호론의 한 형태가 생겨났다. 피상적으로 보면, 토마스 만이 쓴 『한 비정치적 인간의 고찰 Betrachtungen eines Unpolitischen』(1918)처럼 전쟁을 성찰하는 중요한 글 역시 같은 맥락에서 움직이고 있다. 그러나 나중에 토마스 만이 보인 발전을 염두에 두고 보면, 아니, 이미 1920년대에 이루어진 발전만 염두에 두더라도 이 저작의 성격에 대해 그 스스로 다음과 같이, 즉 "그것은 아무런 가망이 없다는 것을 완전히 의식하는 가운데 …… 심지어는 죽음이 임박한 자에 대한 모든 공감이 지닌 영적인 불건강성과 부덕을 통찰하는 가운데 …… 치러진 거창한 퇴각 엄호 전투―독일적·낭만주의적인 시민성이 벌인 최후의 전투다"라고 묘사한 것은 정당성이 인정된다.

 『소설의 이론』의 저자의 경우, 헤겔과 괴테와 낭만주의를 철학적 출발점으로 삼고 있음에도 불구하고 그와 같은 분위기는 전혀 감지되지 않는다. 자본주의의 몰(沒)문화성에 반대하는 그의 입장은 토마스 만의 입장과는 달리 '독일적 비참성'과 그 현재적 잔재에 대한 여하한 공감도 내포하지 않는다. 『소설의 이론』은 보존하는 성격이 아니라 폭파하는 성격을 갖고 있다. 물론 이것은 지극히 소박하고 전혀 근거 없는 유토피아주의, 즉 자본주의의 붕괴―이는 생기 없고 삶에 적대적인 경제적·사회적인 범주들의 붕괴와 동일시되었는데―로부터 자연스럽고 인간의 품위에 걸맞은 삶이 생겨날 수 있으리라는 희망을 토대로 한 것이다. 이 책이 톨스토이에 대한 분석에서 정점에 이르고 있다는 사실, 그리고 이미 "소설을 쓰지 않았"던 작가라고 주장하면서 도스토예프스키를 전망하는 것은 여기에서 고대된 것이 새로운 문학 형식이 아니라 명확히 "새로운 세계"였음을 분명하게 보여준다. 매우 당연하게도 이같이 유치한 유토피아주의는 비웃음거리가 될 수 있을 것이다. 하지만, 그럼에도 그 유토피아주의는 당시 실제로 존재했던 하나의 정신적 조류를 표현하는 것이다. 물론 1920년대에 들어와서는 경제의 세계를 사회적으로 넘어서는 전망이 명백히 반동적인 성격을 점점 더 강하게 띠어나갔다. 그러나 『소설의 이론』이 집필될 당시에는 아직 이 같은 사고들이 전혀 분화되지 않은 맹아적 형태로 있었다. 이와 관련해서는 또다시 하나의 예를 드는 것으로 충분할 것이다. 제2인터내셔널의 가장 유명한 경제학자 힐퍼딩[25]이 자신의 저서 『금융자본 *Das Finanzkapital*』(1909)에서 공산주의 사회에 대해 다음과 같이, 즉 "여기에서 교환은 우연적인 것이지 이론적·경제학적으로 고찰될 만한 대상은 아니다. 그것은 이론적으로 분석될 수 있는 것이 아니라 단지 심리적으로 이해될 수 있을 뿐이다"라고 쓸 수 있었다면, 그리고 전시 막바지와 전쟁이 끝난 직후에 있었던—혁명적 의도를 지닌—유토피아들을 생각해 본다면, 우리는 『소설의 이론』의 이 같은 유토피아를—이론적 근거가 결여된 데 대한 비판을 어떤 식으로든 약화시키지 않는 가운데—역사적으로 보다 공정하게 평가할 수 있을 것이다.

바로 그와 같은 비판은, 『소설의 이론』이 지닌 또 다른 특성—이 특성을 통해 『소설의 이론』은 독일 문학에서 새로운 현상을 보여주는데—을 제대로 조명하기에 적합하다.(프랑스에서는 지금 우리가 논구해야 하는 현상이 훨씬 이전에 나타났다.) 그 특성을 간단히 말하자면, 『소설의 이론』의 저자는 '좌파적' 윤리와 '우파적' 인식론(존재론 등등)의 융합을 추구하는 세계관을 갖고 있었다는 것이다. 빌헬름 2세 시대의 독일이 어떤 원칙적인 대항 문학을 갖고 있었던 한, 그것은 계몽주의의 전통에, 물론 대개의 경우에는 계몽주의의 극히 천박한 아류에 근거한 것이었으며, 독일의 값진 문학적·이론적 전통에 대해서는 전반적으로 거부하는 태도를 취했다.(사회주의자 메링[26]은 이러한 점에서 희귀한 예외이다.) 내가 이 복잡한 문제를 개관할 수 있는 한도 내에서 말하자면, 『소설의 이론』은 급진적 혁명을 지향하는 좌파적 윤리가 전통적이고 관습적인 현실 해석과 결합해 나타난 최초의 독일 서적이다. 1920년대의 이데올로기에서 이러한 입장은 이미 점점 더 그 역할이 중요해진다. 에른스트 블로흐의 『유토피아의 정신 Geist der Utopie』(1918, 1923)과 『혁명의 신학자 토마스 뮌처 Thomas Münzer als Theologe der Revolution』(1921), 그리고 발터 벤야민(Walter Benjamin), 게다가 초기의 Th. W. 아도르노(Theodor Wiesengrund Adorno) 등등을 생각해 보라. 히틀러주의에 맞선 정신적 투쟁에서 이러한 입장의 중요성은 더욱더 커진다. 많은 사람들이 — 좌파적 윤리에서 출발하여 — 니체, 심지어 비스마르크까지도 파쇼 반동에 맞서는 진보 세력으로 동원하려 시도한 것이다.(순전히 말이 난 김에 하는 말이지만, 이러한 경향이 독일에서보다 훨씬 먼저 나타났던 프랑스에서 오늘날 이 경향을 대표하는 매우 영향력 있는 인물은 사르트르(Jean-Paul Sartre)이다. 이러한 경향이 프랑스에서 먼저 나타나고 더 오래도록 영향력을 행사하고 있는 사회적 이유들에 대해서는 물론 이 자리에서 논할 수가 없다.)

히틀러에게 승리를 거둔 이후에야 비로소, 전후 복구 및 '경제 기적'과 더불어서야 비로소 독일에서 좌파적 윤리가 행하는 이 같은 기능은 사라져 잊힐 수 있었으며, 그 대신 비순응주의로 위장한 순응주의가 유행의 광장을 넘겨받을 수 있게 된다. 아도르노를 포함하여 독일의 지도적 지식인 중 상당수는 "심연이라는 그랜드호텔"에, 다시 말해서 — 내가 쇼펜하우어(Arthur Schopenhauer)를 비판할 때 쓴 것처럼 — "심연과 무(無)와 무의미의 가장자리에 자리한, 모든 편의시설을 다 갖추고 있는 멋들어진 호텔"에 들어갔다. "기분 좋게 먹고 마시는 식사나 또는 예술적 생산물들 사이에서 매일같이 심연을 바라보는 일은 그저 이 세련된 편의시설에서 누리는 기쁨을 고조시킬 수 있을 따름이다."* 에른스트 블로흐가 지금껏 흔들림 없이 좌파적 윤리와 우파적 인식론의 종합을 고수하고 있는 것은** 그의 인품에 명예가 되긴 하겠지만, 그의 이론적 입장이 지닌, 시대에 걸맞지 않은 성격을 누그러뜨릴 수는 없다. 생산적이고 진보적인 진정한 대항 세력이 서구 세계에서(또한 서독에서) 실제로 활동하고 있는 한, 그들은 좌파적 윤리와 우파적 인식론의 결합과는 더 이상 아무런 관계도 없다.

따라서 오늘날 누군가가 1920~1930년대에 있었던 주요 이데올로기들의 전사(前史)를 보다 더 깊이 알기 위해 『소설의 이론』을 읽는다면, 그와 같은 비판적 독서를 통해 얻는 바가 있을 수 있다. 그러나 그가 방향을 잡기 위해 이 책을 손에 든다면, 그것은 방향 상실을 증대시키는 결과를 낳을 수 있을 뿐이다. 아르놀트 츠바이크[27)]는 청년 작가 시절에 방향을 잡기 위해 『소설의 이론』을 읽었는데, 그의 건강한 본능 덕에 그는 올바르게도 이 책을 단호히 거부할 수 있었다.

부다페스트 1962년 7월
게오르크 루카치

---

* 『이성의 파괴 Die Zerstörung der Vernunft』, Neuwied 1962, 219쪽.〔원서에는 본문에 삽입되어 있는 것을 각주로 돌린다―옮긴이〕
** 예컨대 『철학의 근본 문제들 I. 미존재(未存在)의 존재론을 위하여 Philosophische Grundfragen I, Zur Ontologie des Noch-Nicht-Seins』(Frankfurt, 1961) 참조.〔원서에는 본문에 삽입되어 있는 것을 각주로 돌린다―옮긴이〕

차례

서문 _ 5

I 전체 문화가 완결되어 있는가 아니면 문제적인가 하는 점과 관련해서 본 대(大) 서사문학의 형식들

1 완결된 문화들 _ 27
1) 그리스 문화의 구조 27 / 2) 그리스 문화의 역사철학적 발전 과정 29 / 3) 기독교 문화 37

2 형식들의 역사철학적 문제 _ 41
1) 일반 원리들 41 / 2) 비극 43 / 3) 서사문학의 형식들 49

3 서사시와 소설 _ 62
1) 표현 수단으로서의 운문과 산문 62 / 2) 주어진 총체성과 부과된 총체성 68 / 3) 객관적 형성물들의 세계 70 / 4) 주인공의 유형 75

4 소설의 내적 형식 _ 79
1) 소설의 추상적인 기본 특징과 이로부터 생겨나는 위험들 79 / 2) 소설의 본질의 과정적 성질 82 / 3) 형식 원리로서의 반어(反語) 85 / 4) 소설 세계의 우발적 구조와 전기(傳記) 형식 86 / 5) 소설 세계의 현시(顯示) 가능성과 그 현시의 수단 90 / 6) 소설의 내적 범위 93

5 소설의 역사철학적 제약과 의의 _ 96
1) 소설의 의향 96 / 2) 마성 99 / 3) 소설의 역사철학적 위치 102 / 4) 신비주의로서의 반어 105

II 소설 형식의 유형론 시론(試論)

1 추상적 이상주의 _ 111

1) 두 가지 주요 유형 111 / 2) 돈키호테 112 / 3) 『돈키호테』와 기사서사문학의 관계 116 / 4) 돈키호테의 후계자 122 / 5) 발자크 126 / 6) 폰토피단의 『행복한 한스』 128

2 환멸의 낭만주의 _ 132

1) 환멸의 낭만주의의 문제, 그리고 이 문제가 소설의 형식에 대해 갖는 의의 132 / 2) 야콥슨과 곤차로프의 해결 시도 141 / 3) 『감정 교육』, 그리고 소설에서 시간의 문제 143 / 4) 추상적 이상주의 소설의 시간 문제에 대한 회고 154

3 종합의 시도로서의 『빌헬름 마이스터의 수업시대』 _ 157

1) 문제 157 / 2) 사회적 공동체의 이념과 그 형상화의 형식들 158 / 3) 교육소설의 세계와 현실의 낭만화 161 / 4) 노발리스 166 / 5) 괴테의 해결 시도와 소설의 서사시로의 초월 168

4 톨스토이, 그리고 삶의 사회적 형식들을 넘어서기 _ 172

1) 관습에 대한 형상화된 논박 172 / 2) 톨스토이의 자연 개념과 그것이 소설 형식에 대해 지니는 문제적 결과들 174 / 3) 서사적 형식들의 역사철학에서 톨스토이가 점하는 이중적 위치: 도스토예프스키에 관한 전망 182

부록 1 도스토예프스키의 영혼 현실 _ 187
부록 2 마음의 가난에 관하여―한 편의 대화와 한 통의 편지 _ 194

주 _ 220
옮긴이 후기 _ 246

옐례나 안드레예브나 그라벵코에게 바침*

I

전체 문화가 완결되어 있는가 아니면
문제적인가 하는 점과 관련해서 본
대(大) 서사문학의 형식들

1 완결된 문화들

1) 그리스 문화의 구조

별이 총총한 하늘이 갈 수 있고 또 가야만 하는 길들의 지도인 시대, 별빛이 그 길들을 훤히 밝혀주는 시대는 복되도다.[1] 그 시대에는 모든 것이 새롭지만 친숙하며, 모험에 찬 것이지만 뜻대로 할 수 있는 소유물이다. 세계는 넓지만 마치 자기 집과 같은데, 영혼 속에서 타오르고 있는 불이 하늘에 떠 있는 별들과 본질적 특성을 같이하기 때문이다. 세계와 나, 빛과 불은 서로 뚜렷이 구분되지만, 서로 영구히 낯설게 되는 일은 결코 없다. 그럴 것이, 불은 모든 빛의 영혼이며, 또 불은 모두가 다 빛으로 에워싸여 있기 때문이다. 이리하여 영혼의 모든 행동은 이 같은 이원성 속에서 의미 충만하게 되고, 원환적(圓環的) 성격을 띠게 된다. 다시 말해 영혼의 모든 행동은 의미에 있어 완전하며, 또 감관(感官)에 대해서도 완전하다. 여기에서 원환적 성격을 띠게 된다는 말은, 영혼은 행위하는 동안 자기 속에 평온하게 깃들여 있으며, 또 영혼의 행동은 영혼에서 떨어져 나와 독자적으로 되면서 자신의 중심점을 발견하고 자기 둘레에 하나의 완결된 원을 그리기 때문에 하는 말이다.

"철학이란 본디 향수"이자 "어디서든 집에 있고자 하는 충동"이라고 노발리스[2]는 말한다. 삶의 형식일 뿐 아니라 문학 작품의 형식을 규정하는 것이자 그 내용을 부여하는 것으로서 철학은, 그렇기 때문에 항상 안과 밖의 균열을 말해 주는 하나의 징후이자, 나와 세계의 본질이 서로 다르고 영혼과 행동이 일치하지 않음을 말해 주는 하나의 징표이다. 고로 복된 시대에는 철학이 없다. 달리 말하면, 그 시대의 모든 사람은 다 철학자이자, 철학마다 갖고 있는 유토피아적 목표를 보유한 이들이다. 그도 그럴 것이, 진정한 철학의 과제란 저 원상(原象)적 지도를 그리는 일이 아니라면 무엇이겠는가? 초험적 장소[3]의 문제란, 가장 깊은 내면에서 꿈틀대며 솟아나는 모든 움직임이, 그 움직임 자신은 모르지만 영겁의 시간 이래 그것에 할당되어 있던 형식, 구원하는 상징으로 그 움직임을 감싸고 있는 그런 형식에 귀속되어 있는 상태를 규정하는 것이 아니라면 무엇이겠는가? 그런 시대에는 열정은 완전한 자기성(自己性, Selbstheit)으로 가는, 이성에 의해 미리 정해진 길이요, 광기에서는, 그 광기가 없었을 경우에는 침묵했을 초월적 힘의 수수께끼 같은, 그렇지만 결국에는 밝혀질 수 있는 징표가 드러난다. 그런 시대에는 내면성(Innerlichkeit)이 아직 존재하지 않는데, 영혼에 대한 바깥, 영혼에 대한 타자가 아직 존재하지 않기 때문이다. 영혼은 모험 길에 나서서 그 모험을 이겨낸다. 그렇기 때문에 영혼은 뭔가를 찾아 나서는 일의 진정한 고통과 발견에 수반되는 진정한 위험을 알지 못한다. 이런 영혼은 결코 자기 자신을 거는 법이 없다. 이런 영혼은 자신을 잃어버릴 수 있다는 것을 아직 모르며, 자기 자신을 찾아 나서야만 한다는 것은 꿈에도 생각하지 않는다. 이것이 바로 서사시의 시대이다.

이 시대에 인간과 행동은 쾌활하면서도 엄격한 윤곽으로 감싸여 있다. 이는 고통이 없거나 존재의 안전이 보장되어 있어서가 아니라 (세상사의 무의미함과 슬픔은 유사 이래 증대하지 않았다. 단지 위안의 노래들만이 한층 낭랑하게 울리거나 한층 차분하게 울릴 따름이다), 위대함과 펼침과 전체성[4]이라는 영혼의 내적 요구들에 행동이 그처럼 부합하는 까닭에 그런 것이다. 영혼이 자신을 낭떠러지로 유혹하거나 길 없는 산꼭대기로 몰고 갈 수도 있을 자기 속 심연을 아직 알지 못할 때, 그리고 세계를 주재(主宰)하면서 운명이라는 미지의 불공평한 선물을 나누어주는 신성(神性)이 마치 어린 자식을 마주하고 있는 아버지처럼 이해되지는 않지만 친근한 모습으로 인간들을 마주 대하고 있을 때, 그럴 때에 행동이란 모두 영혼에 딱 맞는 의상일 따름이다. 그럴 경우 존재와 운명, 모험과 완성, 삶과 본질은 동일한 개념이다. 그도 그럴 것이, 서사시가 형상화를 통해 답하는 물음은—서사시는 이 물음에 대한 대답으로서 생겨났는데—삶이 어떻게 본질적으로 될 수 있는가 하는 것이기 때문이다. 우리가 호메로스에 근접할 수도, 도달할 수도 없는 것은—엄격히 말하면 오로지 그의 시들만이 서사시인데—역사 속에서 정신의 진행이 이러한 물음을 공공연하게 만들기도 전에 그가 대답을 찾았던 데에서 연유한다.

2) 그리스 문화의 역사철학적 발전 과정

원한다면, 여기에서 우리는 그리스 문화의 비밀, 곧 우리로서는 도저히 생각할 수도 없는 완성과 어찌할 수 없는 낯섦 쪽으로 다가갈 수 있다. 그리스 문화의 비밀, 그것은 그리스인들이 단지 대답만 알 뿐 물음은 알지 못하며, 단지 해답(비록 그것이 수수께끼 같은 모습을 띤다 하더라도)만 알 뿐 수수께끼는 알지 못하고, 단지 형식만 알 뿐 혼돈은 알지 못한다는 것이다. 그리스인들은 형식들의 조형적[5] 원을 아직 역설 이쪽 편에서 그리고 있다. 역설이 현실화되고 난 후에는 진부함을 낳을 수밖에 없을 모든 것이 그들을 완성으로 이끈다.

그리스인들에 관해 말할 때면 언제나 우리는 역사철학과 미학을, 그리고 심리학과 형이상학을 마구 뒤섞고, 그들의 형식들에다 우리 시대와의 관계를 꾸며 넣는다. 아름다운 영혼들은 영원히 침묵하는 이 말 없는 가면 뒤에서 자기가 꿈꾸어 온 평정의 순간, 덧없이 휙 스쳐 지나가 결코 붙잡을 수 없는 자신들의 그 지고한 순간을 찾아 나선다. 이때 그들은 이러한 순간의 가치는 그것의 무상성(無常性)이라는 것을, 그들이 그리스인들에게로 달아나 피하고자 한 것이 바로 그들 자신의 깊이이며 위대성이라는 것을 잊고 있다. 한편 보다 심오한 정신들은 자신들의 상처가 영원히 감춰진 채 있도록 하기 위해, 그들의 영웅적 태도가 장래의 진정한 영웅 정신의 전범이 되도록 하기 위해, 그리하여 그것이 새로운 영웅 정신을 일깨우도록 하기 위해, 자신들이 흘리는 피를 심홍색의 강철로 굳게 만들어 갑옷으로 단조(鍛造)하려 시도한다. 그들은 자신들이 행하는 형식화의 취약성을 그리스적 조화와 비교하고, 그들의 형식이 발원한 곳인 자신들의 고뇌를 그들이 꿈꾸어 온 고통—이 고통을 제어하기 위해 그리스적 순수성이 필요했으리라고 그들은 생각했는데—과 비교한다. 그들은—고집스레 유아론적인 방식으로 형식의 완성을 파괴된 내면 상태의 작용으로 파악하면서—그리스인들의 형성물들(Gebilde)에서 고통의 소리를 듣고자 한다. 그리스 예술이 자신들이 형상화한 것을 능가하는 정도만큼, 그 강렬함에서 자신들의 고통을 능가하는 그런 고통의 소리를 듣고자 하는 것이다.

하지만 여기에서 문제는 정신의 초험적 지형도가 완전히 바뀐 것이다. 정신의 초험적 지형도는 그 본질과 결과의 측면에서 기술될 수 있고 그 형이상학적 함의의 측면에서 해석되고 파악될 수 있겠지만, 그것과 관련해 심리학―그것이 감정이입 심리학이든 단순한 이해 심리학이든―을 찾아내는 일은 영원히 불가능할 것이다. 모든 심리학적 파악은 이미 초험적 장소들의 특정한 상태를 전제로 하며, 오로지 그 장소들의 영역 내에서만 작동하기 때문이다. 그리스 문화를 이런 식으로 이해하고자 하는 대신, 다시 말해서 결국에는 무의식적으로 다음과 같이, 즉 우리라면 이러한 형식들을 어떻게 산출할 수 있을까라든지, 만약 이러한 형식들을 갖고 있다면 우리는 어떤 태도를 취할까라고 묻는 대신, 이러한 형식들을 가능하게 했고 또 필연적이게 만들었던, 우리와는 본질적으로 다른 그리스 정신의 초험적 지형도에 관해 묻는 것이 한층 더 유익할 것이다.

우리는 그리스인이 물음 이전에 대답을 갖고 있다고 말했다. 이 또한 심리학적으로 이해될 수 없으며 (기껏 해봐야) 초험심리학의 입장에서나 이해될 수 있는 일이다. 이는 모든 체험과 조형 행위를 조건 짓고 있는 궁극적인 구조적 관계에 있어서 초험적 장소들 서로 간에, 그리고 초험적 장소들과 이에 선험적으로 귀속된 주관 사이에 질적인 차이, 지양할 수 없고 단지 도약을 통해서만 극복될 수 있는 그런 차이가 주어져 있지 않다는 것을 의미한다. 또, 그것은 지고한 것으로의 상승과 더할 나위 없이 무의미한 것으로의 하강이 동등한 길 위에서, 따라서 최악의 경우라 하더라도 그 정도에 따라 나뉜 순차적

이행 단계들을 통해서 이루어진다는 것을 의미한다. 그렇기 때문에 이 같은 고향에서 정신의 태도는 이미 완성되어 현존하는 의미를 수동적·환영적으로 받아들이는 것이다. 의미의 세계는 붙잡을 수 있고 굽어볼 수 있다. 문제는, 이 의미의 세계 속에서 각자에게 미리 정해져 있는 장소를 찾는 일뿐이다. 여기에서 과오란 과다함이나 과소함일 뿐이며 절도나 통찰의 부족에 지나지 않는다. 그럴 것이, 앎이란 시야를 흐리게 만드는 장막을 걷어내는 일에 불과하며, 창조란 가시적·영구적인 본질을 그대로 따라 그리는 것이고, 덕이란 길들에 대한 완전한 지식에 지나지 않기 때문이다. 그리고 의미와 생소한 것은 의미로부터 너무 멀리 떨어져 있는 데에서 연유하는 것일 따름이다.

 이것은 하나의 동질적 세계이다. 인간과 세계의 분리, 나와 너의 분리 또한 그 세계의 일체성을 파괴할 수 없다. 이 리듬 체계를 구성하고 있는 다른 모든 마디와 마찬가지로 영혼 또한 세계의 한가운데에 있다. 영혼의 윤곽을 만들어내는 경계선은 본질상 사물들의 윤곽과 구분되지 않는다. 그 경계선은 날카롭고도 확실한 선을 긋고 있지만, 오직 상대적으로만 분리할 뿐이다. 다시 말해, 적절한 균형을 이루고 있는 자체 내 동질적인 체계와의 연관 속에서만, 그 체계를 위해서만 분리할 따름이다. 그 까닭은, 인간이 고독하게, 실체성의 유일한 담지자로서 반성적으로 형식화하는 가운데 홀로 서 있지 않기 때문이다. 그가 타인들과 맺는 관계들이나 그 관계들에서 생겨나는 형성물들, 즉 사랑과 가족과 국가는 그 자신과 똑같이 실체적이다. 아니, 한층 더 참되게 실체로 가득 차 있는데, 왜냐하면 그것들은 보다 보편이고, "보다 철학적"이며, 원상(原象)적 고향에 보다 더 가깝고 친화적이기 때문이다. 그에게 당위란 단지 교육적 문제일 따름이자 아직 고향에 돌아오지 못한 상태의 표현일 뿐, 실체에 대한 유일하고도 극복 불가능한 관계를 표현하는 것이 아니다. 그리고 인간 자신의 내부에도 도약의 강박, 즉 자신이 실체와 멀리 떨어져 있는 질료에 의해 더럽혀져 있기에 질료를 떠나 높이 날아 실체에 가까이 다가감으로써 정화되어야만 한다는 식의 도약의 강박이 없다. 그의 앞에는 먼 길이 놓여 있지만, 그의 내부에 심연은 없다.

그와 같은 경계선들은 필연적으로 하나의 원환적 세계를 에워싼다. 현재적인 의미의 별자리〔星座〕가, 체험될 수 있고 형식화될 수 있는 우주 둘레에 그리는 원 저쪽 편에 위협적이고 이해할 수 없는 힘들이 감지된다 하더라도, 그 힘들이 현재적인 의미를 몰아낼 수는 없다. 그 힘들은 삶을 파괴할 수는 있지만 존재를 혼란에 빠트릴 수는 결코 없다. 그 힘들은 형식화된 세계에 검은 그림자를 드리울 수 있다. 그러나 그 검은 그림자 또한 형식들에 의해 보다 날카롭게 강조하는 대비물로서 포섭된다. 그리스인들이 그 속에서 형이상학적으로 살고 있는 원은 우리 것보다 더 작다. 그렇기 때문에 우리는 결코 그 원 속에 우리 자신을 생생히 옮겨 넣을 수가 없다. 좀더 정확히 말하면, 그리스인들의 그 원—그것의 완결성이 그리스인들의 삶의 초험적 특성을 이루는데—이 우리에게는 폭파되어 버렸다. 우리는 완결된 세계에서 더 이상 숨 쉴 수 없다. 우리는 정신의 생산성을 고안해 냈다. 그렇기 때문에 원상(原象)들은 우리에게 그 대상적 자명성을 돌이킬 수 없을 정도로 상실해 버렸으며, 우리의 사고는 결코 완전히 이루어지지 않는 접근의 무한한 길을 간다. 우리는 조형(造形)을 고안해 냈다. 그렇기 때문에 우리의 손이 지치고 절망한 채 중도에 놓아버리는 모든 것에는 최종적인 완성이 결여되어 있다. 우리는 유일하게 참된 실체를 우리 속에서 발견했다. 그렇기 때문에 우리는 인식과 행동 사이에, 영혼과 형성물 사이에, 나와 세계 사이에 건널 수 없는 심연을 둘 수밖에 없었으며, 심연 너머에 있는 모든 실체성이 반성성 속에서 흩날려 사라지게 할 수밖에 없었다. 또, 그렇기 때문에 우리의 본질은 우리에게 요청이 될 수밖에 없었으며, 우리와 우리 자신 사이에 한층 더 깊고도 위협적인 심연을 둘 수밖에 없었다.

우리의 세계는 무한히 커졌으며, 어느 모로 보든 그리스 세계보다 선물과 위험이 더 풍부하게 되었다. 그러나 이러한 풍부함은 그리스인들의 삶을 떠받치고 있는 긍정적 의미, 곧 총체성을 파기한다. 그도 그럴 것이, 모든 개별적 현상을 형식화하는 선차적인 것으로서의 총체성은, 뭔가 완결된 것이 완전할 수 있다는 것을 의미하기 때문이다. 모든 것이 그 완결된 것 안에서 나타나며 어떠한 것도 배제되지 않고 어떠한 것도 고차적인 바깥을 가리키지 않기 때문에 완전하다는 것이며, 그 안에서 모든 것이 고유한 완전성으로 성숙하고 자기 자신에 도달하면서 서로 결합되기 때문에 완전하다는 것이다. 존재의 총체성은 모든 것이 형식들에 의해 포괄되기 전에 이미 동질적일 때에만 가능하다. 형식들이 강제가 아니라 형식화되어야 하는 것 내부에서 불명확한 동경으로 잠자고 있던 모든 것이 표면에 나타나는 것이자 의식되는 것일 뿐일 때, 앎이 덕이며 덕이 행복일 때, 미가 세계의 의미를 가시적으로 만드는 것일 때, 그럴 때에만 존재의 총체성은 가능하다.

이것이 그리스 철학의 세계이다. 그러나 이러한 사고는 실체가 이미 퇴색하기 시작했을 때 생겨났다. 형이상학이 모든 미학적인 것을 선취했기 때문에 엄밀히 말해 그리스 미학이란 존재하지 않는다면, 그리스에서는 역사와 역사철학의 본래적인 대립 또한 존재하지 않는다. 즉 그리스인들은 역사 자체 속에서 선험적인 대(大) 형식들에 조응하는 모든 단계를 두루 거치는 것이다. 그리스인들의 예술사는 형이상학적·발생학적인 미학이며, 그들의 문화 발전은 역사의 철학이다. 이러한 진행 과정 속에서, 호메로스의 절대적인 삶 내재성에서부터 플라톤의 절대적인, 그러나 붙잡을 수 있고 파악할 수 있는 초월성에까지 이르는 실체의 퇴각이 이루어진다. 그 진행 과정의 의미가 마치 영원한 상형문자로 새겨져 있듯 간직된, 서로 명확하고도 날카롭게 구분되는 단계들(여기서 그리스 문화는 어떠한 과도기도 알지 못하는데)이 생겨났는데, 시대를 초월해 세계 조형의 패러다임이 되는 대 형식들, 곧 서사시, 비극 그리고 철학이 그것들이다.

  서사시의 세계는 삶이 어떻게 본질적으로 될 수 있는가 하는 물음에 대답한다. 그런데 그 대답은, 실체가 이미 아득히 먼 곳에서 유혹할 때에야 비로소 물음으로 성숙되었다. 본질이 어떻게 생생해질 수 있는가 하는 물음에 대해 비극이 형상화를 통해 대답했을 때에야 비로소, 있는 그대로의 삶(모든 당위는 삶을 파기한다)은 본질의 내재성을 상실했다는 것이 의식되었다. 형식을 부여하는 운명 속에서 그리고 자신을 창조하면서 스스로를 발견하는 영웅 속에서 순수한 본질은 삶으로 깨어나고, 단순한 삶은 본질이라는 단 하나의 진정한 현실 앞에서 비(非)존재로 전락한다. 만개하는 충만함으로 가득한 삶 너머 존재의 한 정점에 도달한 것인바, 통상적 삶은 이에 대한 대비물로조차 사용될 수 없다.

  본질의 이러한 현존 또한 욕구나 문제에서 태어난 게 아니다. 즉 팔라스의 탄생[6]은 그리스적 형식들의 발생과 관련하여 원형(原型)이 된다. 삶으로 분출되고 삶을 낳는 본질적 현실이 본질의 순수한 삶 내재성의 상실을 드러내는 것이라면, 비극의 이 같은 문제적 토대는 철학에서야 비로소 분명해지고 문제가 된다. 다시 말해 삶과는 완전히 동떨어진 본질이 절대적으로 유일하고 초월적인 현실이 되었을 때, 그리고 철학의 조형 행위를 통해 비극의 운명 또한 경험의 조야하고 무의미한 자의(恣意)에 불과한 것으로, 영웅의 열정은 지상에 얽매인 것으로, 영웅의 자기 완성은 우연적인 주관의 편협함으로 그 정체가 드러났을 때, 그때에야 비로소 비극이 제시하는 존재에 대한 대답은 더 이상 자연발생적인 자명성이 아니라 기적으로서, 깊디깊은 곳 위를 건너는, 단단히 휜 갸날픈 무지개 다리로서 나타난다.

비극의 영웅은 삶을 살고 있는 호메로스적 인간을 대신하여 나타난다. 그는 호메로스적 인간에게서 꺼져가는 횃불을 인수해 새로이 빛을 발하도록 점화함으로써 호메로스적 인간을 설명하고 변용(變容)한다. 플라톤의 새로운 인간, 곧 현자(賢者)는 행동적 인식과 본질을 창조하는 직관을 통해 영웅의 정체를 까발릴 뿐만 아니라 그가 정복했던 모호한 위험을 환히 밝히고, 또 그를 극복함으로써 변용한다. 그러나 현자는 최후의 인간 유형이며, 그의 세계는 그리스 정신에게 주어져 있었던, 삶을 조형하는 패러다임으로서는 최후의 것이다. 플라톤의 비전(Vision)을 조건 지으며 떠받치고 있는 물음들이 분명해졌어도 새로운 열매들은 더 이상 열리지 않았다. 시간이 흐르면서 세계는 그리스적으로 되었지만, 그리스 정신은 이러한 의미에서 점점 더 비(非)그리스적으로 되고 만 것이다. 그리스 정신은 불멸하는 새로운 문제들을 (그리고 그 해답들도) 갖고 있다. 그렇지만 '정신적 공간(τόπος νοητός)'에서 가장 고유하게 그리스적인 것은 영원히 사라져버렸다. 이후 도래하는 새로운 운명적 정신이 내세우는 구호는 '그리스인에게는 어리석은 일'[7]이다.

3) 기독교 문화

정녕 그리스인에게는 어리석은 일이다! 칸트의 별이 총총한 하늘은 순수인식의 어두운 밤에만 빛날 뿐, 고독한 방랑자—새로운 세계에서 인간임은 고독하다는 것을 뜻하는데—어느 누구에게도 그가 가는 오솔길을 더 이상 밝혀주지 않는다. 그리고 내면의 빛은 단지 바로 다음 발걸음에만 안전을 확인해 주거나 또는 안전한 듯 보이게 할 뿐이다. 내면으로부터는 더 이상 어떠한 빛도 사건들의 세계 속으로, 영혼과는 생소하게 사건들이 뒤엉켜 있는 상태 속으로 방사되지 않는다. 주관이 자기 자신에 대해 현상이 되고 대상이 되어버렸을 때, 주관의 가장 내적이고 고유한 본질성이, 당위적 존재의 상상 속 하늘에서 주관에게 오로지 무한한 요구로서만 대립해 있을 때, 그와 같은 본질성이 주관 자신 속에 가로놓여 있는 끝없는 심연에서 나와야 할 때, 더없이 깊디깊은 이 심연에서 솟아오르는 것만이 본질이며 그 누구도 그 심연의 바닥을 밟을 수도 볼 수도 없을 때, 주관의 본질에 대한 행동의 적합성—이것이 남아 있던 유일한 이정표인데—이 실제로 본질에 적중하는지 그 누가 알 수 있겠는가? 우리에게 적합한 세계의 환영적 현실, 곧 예술은 이로써 독자적이게 되었다. 말하자면, 그것은 더 이상 모상(模像)이 아닌데, 전범이 모두 다 사라져버렸기 때문이다. 그리고 그것은 창조된 총체성인데, 형이상학적 영역들의 자연스러운 통일성이 영구히 해체되어 버렸기 때문이다.

초험적 장소들의 구성에서 일어난 변화를 다루는 역사철학을 이 자리에서 제시할 생각은 없으며, 또 그럴 수도 없다. 우리가 계속 나아간 것(그것이 상승이든 하강이든)이 변화의 이유인지, 또는 그리스 신들이 다른 힘들에 의해 추방된 것인지 하는 문제에 대해 말할 자리가 아니다. 그리고 우리의 현실에 이르기까지의 전체 도정을 암시적으로나마 그릴 생각도 없다. 그 전체 도정이란 곧 죽은 그리스 문화 속에 아직 존재했던 매혹적 힘인데, 그 문화가 발하는 샛별처럼 눈부신 광채는 세계의 치유 불가능한 균열을 거듭 잊게 만들었고 새로운 통일성, 즉 세계의 새로운 본질에 모순되는, 따라서 재차 붕괴하고 마는 그런 통일성을 언제나 반복해서 꿈꾸게 만들었다. 그렇게 하여 교회는 새로운 폴리스가 되었고, 구원받을 수 없는 죄에 빠진 영혼과 불합리하지만 확실하기 그지없는 구원의 역설적 결합은 지상의 현실에 빛을 비추는, 거의 플라톤적인 천상의 광휘가 되었으며, 도약은 지상과 천상의 위계를 잇는 사닥다리가 되었다.

지오토[8]와 단테에서, 볼프람[9]과 피사노[10]에서, 그리고 토마스[11]와 프란체스코[12]에서 세계는 다시 원환(圓環)적으로, 한눈에 굽어볼 수 있게 되었고 총체성이 되었다. 심연은 실제의 깊이가 지닌 위험을 잃어버렸지만, 심연의 전체적인 어두움은 검게 빛나는 힘을 전혀 상실하지 않은 채 순수한 표면이 되었고, 그리하여 여러 색채들이 이루는 하나의 완결된 통일성 속에 아무런 무리 없이 어울려 들어갔다. 구원을 갈구하는 외침은 세계의 완성된 리듬 체계 속에서 불협화음이 되었고, 하나의 새로운, 그렇지만 그리스적 균형 못지않게 다채롭고 완전한 균형을 가능하게 만들었는바, 그것은 서로 어울리지 않고 이질적인 강도(强度)들이 이루는 균형이다. 파악할 수 없고 영원히 도달할 수 없는 구원된 세계는, 그리하여 가까이, 눈으로 볼 수 있는 거리로까지 다가오게 되었다. 최후의 심판은 현재적으로 되었으며, 이미 이룩된 것으로 생각된 천구(天球)의 화음을 구성하고 있는 한 소절이 되었다. 세계를 오직 성령(聖靈)만이 치유할 수 있는 필록테테스(Philoktetes)[13]의 상처로 바꾸는 최후의 심판의 진정한 본질적 성격은 필연적으로 망각되었다. 이로써 하나의 새롭고 역설적인 그리스 문화가 생겨났다. 즉 미학은 다시 형이상학이 되었다.

이것이 처음이자 마지막이었다. 이 통일성이 붕괴되고 난 후 자연발생적인 존재 총체성은 더 이상 존재하지 않았다. 예전의 통일성을 파괴해 버렸던 물줄기의 수원(水源)들은 분명 고갈되었지만, 절망적으로 말라버린 강바닥들이 세계의 얼굴을 영원히 균열시켰다. 이제부터 그리스 문화의 부활은 모두 다 미학을 유일한 형이상학으로 다소간 의식적으로 실체화하는 것이다. 그것은 예술 영역 바깥에 있는 모든 것의 본질성을 억압하고 무화(無化)하고자 하는 것이며, 예술이 수많은 영역 중 하나에 불과하다는 사실, 그리고 예술이 세계의 분열과 불충분성을 자신이 현존하고 의식되기 위한 전제 조건으로 갖고 있다는 사실을 망각하고자 하는 시도이다. 그러나 예술의 실체성을 이처럼 과장하게 되면 필연적으로 예술의 형식들에 부담이 생기고 과부하가 걸리게 된다. 즉 예술의 형식들은 다른 때라면 그대로 받아들여지는 소여(所與)였던 모든 것을 스스로 만들어내야 하는 것이다. 따라서 예술의 형식들은 자기 본래의 선험적인 효력이 시작될 수 있기 전에 그 효력의 조건들, 대상 및 그 환경을 자력으로 창출해 내야만 한다. 단지 그대로 받아들이기만 하면 되는 총체성은 더 이상 형식들을 위해 주어져 있지 않다. 그렇기 때문에 형식들은 형상화해야 하는 것을 자기가 감당할 수 있을 만큼 좁히고 휘발시켜야 하거나 아니면 자신의 필연적 대상이 현실화될 수 없음과 유일하게 가능한 대상이 내적으로 무가치함을 논쟁적으로 명확히 표현하고, 그런 식으로나마 세계 구성의 균열성을 형식 세계 속으로 가지고 들어와야 한다.

2 형식들의 역사철학적 문제

1) 일반 원리들

초험적 정향점(定向點)들이 이같이 변함에 따라 예술 형식들은 역사철학적 변증법에 종속된다. 그런데 이 역사철학적 변증법은 각 장르의 선험적 고향에 따라 각 형식별로 다른 결과를 낳을 수밖에 없다.

대상 및 이를 형상화할 때의 조건들만 변화할 뿐 형식이 자신의 초험적 존재 근거와 맺고 있는 최종적인 관계는 그 변화로부터 아무런 영향도 받지 않는 일이 벌어질 수 있다. 이럴 경우, 모든 기법적 세부 사항에서는 다종다양한 모습을 드러내지만 형상화의 근본 원리를 뒤엎지는 않는 형식적 변화들만이 생겨난다. 그런데 그 모든 기법적 세부 사항을 규정하고 있는 장르의 양식화 원리(*principium stilisationis*) 바로 그곳에서 변화가 이루어지고, 이를 통해 하나의 예술적 의지─역사철학적으로 조건 지어진─에 서로 다른 예술 형식이 조응하는 일이 불가피해지는 경우가 있을 수 있다. 이것은 장르를 창조하는 의향(意向)[1]의 변화가 아니다. 동일한 예술적 의지에 조응하는 상이한 예술 형식의 예는 벌써 그리스의 발전 과정에서, 가령 영웅과 운명이 문제적으로 됨으로써 에우리피데스[2]의 비(非)비극적인 극이 생겨났을 때 뚜렷이 나타났다. 이 경우에는 창작을 추동하는, 주관이 갖고 있는 선험적 결핍 및 형이상학적 고뇌, 그리고 완전한 형상화와 부합하는 형식의 예정된 영원한 장소, 이 양자 사이에 완벽한 조응 관계가 유지되고 있다.

우리가 여기에서 말하는 장르 창조의 원리는, 그러나 의향의 변화를 요구하지 않는다. 오히려 그것은 동일한 의향을, 옛 목표와는 본질적으로 다른 새 목표로 향한 동일한 의향을 필요로 한다. 이는, 형상화하는 주관의 초험적 구조와 이룩된 형식들에서 노정(露呈)되는 세계의 초험적 구조 사이에 존재했던 예전의 상응성 또한 파괴되고 말았다는 것, 형상화의 최종적인 기반들이 고향을 잃어버렸다는 것을 의미한다.

독일 낭만주의는 소설 개념을, 비록 항상 소상하게 해명한 것은 아니지만, 낭만성(das Romantische) 개념과 긴밀하게 연결시켰다. 이는 아주 타당한 일인데, 다른 형식들과 달리 소설 형식은 초험적인 집없음[3]의 표현이기 때문이다. 그리스에서는 역사와 역사철학이 일치했는데, 그 결과 각각의 예술 장르는 정신의 해시계에서 바로 자신의 시간이 도래했음이 측정될 수 있었을 때에야 비로소 탄생했고, 자기 존재의 원상(原象)들이 더 이상 지평선상에 있지 않을 때 사라져야 했다. 그리스 이후 시대에는 이러한 철학적 주기(週期)가 사라져버렸다. 이제 장르들은 더 이상 분명하고 명백하게 주어져 있지 않은 목표들을 향한 진정하거나 진정하지 않은 추구의 표지(標識)로서, 풀 수 없을 정도로 뒤죽박죽 뒤엉켜 있다. 장르들을 다 모은다 해도 그

합은 경험의 역사적 총체성만을 낳을 뿐이다. 우리는 경험의 역사적 총체성에서 개별 형식들이 발생할 가능성의 경험적(사회적) 조건들을 탐색할 수 있을는지 모르며, 경우에 따라서는 그 조건들을 찾아낼 수도 있을 것이다. 하지만 거기에서는 주기의 역사철학적 의미가, 상징적이게 된 장르들로 결코 더 이상 집중되지 않으며, 또 시대의 전체성 자체 내에서 발견될 수 있기보다는 오히려 그 전체성을 바탕으로 해독(解讀)되고 해석될 수 있는 것이 된다.

그런데 초험적인 연관 관계들이 조금만 흔들려도 의미의 삶 내재성은 돌이킬 수 없이 사라질 수밖에 없는 반면에, 삶과는 거리가 멀고 생소한 본질은 자신의 존재를 통해 그 나름의 방식으로 정상에 오를 수 있는바, 아무리 큰 격동이 있어도 그 위엄은 단지 퇴색할 뿐 결코 완전히 사라져버리는 법이 없다. 그렇기 때문에 비극은 비록 변하기는 했지만 그 정수(精髓)는 그대로 간직한 채 우리 시대까지 보존되어 왔던 반면, 서사시는 완전히 새로운 형식, 곧 소설에 자리를 내주고 사라질 수밖에 없었다.

2) 비극

물론 삶 개념 그리고 그것과 본질의 관계가 완전히 바뀜으로써 비극 또한 변화를 겪었다. 의미의 삶 내재성이 파국을 맞은 듯이 확연히 사라지고 어떠한 것에 의해서도 혼란스럽게 되지 않는 순수한 세계를 본질에 양도하는 경우와, 그것이 서서히 주술에 걸린 듯 우주에서 추방되는 경우는 다르다. 후자의 경우 의미의 삶 내재성의 재현현(再顯現)에 대한 동경은 수그러들지 않으며, 결코 확실한 절망 상태에 빠지지 않은 채 생생하게 남는다. 이 경우 사람들은 마법을 풀 주문을 갈구하면서, 잃어버린 것, 곧 의미의 삶 내재성을 이제는 몹시도 조야하고 혼란스럽게 되어버린 모든 현상에서 추측할 수밖에 없다. 그렇기 때문에 이 경우 본질은 삶의 숲에서 베어 온 나뭇가지로는 비극의 무대를 세울 수 없다. 본질은 몰락한 삶의 죽은 찌꺼기들을 모두 불태움으로써 짧은 불꽃 같은 존재로 깨어나야 하든지 아니면 이 같은 완전한 혼돈에 단호히 등을 돌려 완전히 순수한 본질성의 추상적 영역으로 달아나지 않으면 안 된다. 셰익스피어와 알피에리[4]가 그 양극을 보여주고 있는 근대 비극의 양식적 이원성을 필연적이게 만드는 것은 본질과 본디 극 바깥에 있는 삶, 이 양자의 관계다.

그리스 비극은 삶에 가까우냐 아니면 〔삶의―옮긴이〕 추상화냐 하는 딜레마의 저편에 있었다. 왜냐하면 그리스 비극에서 충만함은 삶에의 접근 문제가 아니었으며, 대화의 명료함은 삶의 직접성을 파기하는 것이 아니었기 때문이다. 합창이 어떠한 역사적 우연이나 혹은 필연성에서 생겨났든 간에, 그것이 갖는 예술적 의미는 일체의 삶 너머에 있는 본질을 생생하고 충만하게 하는 데 있다. 그렇기 때문에 합창은 양각(陽刻)된 인물들 사이에 있는 대리석의 분위기처럼 배경으로 작용할 수 있었다. 그 배경은 단지 마무리 기능만을 수행할 뿐이지만, 매우 역동적이며, 또 추상적인 도식에서 태어나지 않은 사건 진행이 드러내는 모든 외관상의 동요에 자신을 밀착시키고 그 동요를 자기 속에 받아들여 이를 자기 힘으로 풍부하게 한 다음 극에 되돌려 줄 수 있는 그런 것이기도 했다. 합창은 폭 넓은 의미가 있는 말로써 극 전체의 서정적인 의미가 울려 퍼지게 할 수 있다. 합창은 비극적 반박을 필요로 하는 인간 이성의 저급한 목소리와 운명의 고차적인 초이성적 목소리를 자체 분열 없이 자기 속에 통합할 수 있다.

그리스 비극에서 화자(話者)와 합창은 동일한 본질적 기반에서 생겨났다. 양자는 서로 완전히 동질적이며, 따라서 구성을 파괴하지 않은 채 완전히 분리된 기능을 수행할 수 있다. 합창에는 상황과 운명의 서정성 전체가 차곡차곡 쌓일 수 있으며, 연기자에게는, 적나라해진 비극적 변증법의 모든 것을 발설하는 말과 모든 것을 포괄하는 몸짓이 맡겨질 수 있다. 합창과 연기자는 서로 분리되지만, 이러한 분리는 오로지 완만한 이행을 통해서 이루어질 뿐이다. 극 형식을 폭파하는 삶에 가까움이라는 위험은 양자 모두에게 먼 가능성으로조차도 존재하지 않는다. 그렇기 때문에 양자는 도식적이지 않은, 그렇지만 선험적으로 미리 그 윤곽이 그려져 있는 충만함으로 확장될 수 있다.

근대극에서 삶은 유기적으로 사라진 것이 아니다. 삶은 근대극에서 기껏해 봐야 추방될 수 있을 뿐이다. 그러나 의고주의자(擬古主義者)들이 행하는 추방은, 추방된 것의 존재뿐만 아니라 그 힘까지도 인정하고 있음을 뜻한다. 두려움에 가득 찬 과도한 긴장 상태로, 추방된 것에 의해 더럽혀지지 않을 만큼 그것에서 멀리 떨어져 있고자 전력을 다하는 모든 말과 모든 몸짓 속에 추방된 것이 현존한다. 추상적인 선험성에서 창출된 구성의 앙상하고도 계산된 엄격함을 눈에 보이지 않게 그리고 반어적으로 관리하는 것, 다시 말해서 협소하게 만들거나 혼란스럽게 만드는 것, 지나치게 분명하게 만들거나 난해하게 만드는 것은 바로 이 추방된 것, 곧 삶이다.

또 다른 종류의 비극은 삶을 소진시킨다. 그것은 주인공들을 단지 삶의 양상만을 띠고 있는 군중 한가운데 살아 있는 인간으로서 무대에 세운다. 그 비극은 삶의 무게에 짓눌린 사건 진행의 혼란상으로부터 서서히 명확한 운명이 불타오르기를 바란다. 그 운명의 불을 통해 그저 인간적일 뿐인 모든 것은 연소되어 재가 되어버리기를, 그리하여 한갓된 인간의 무가치한 삶은 아무것도 아닌 것으로 무너져 내리기를 바라며, 영웅적 인물들의 격정은 연소되어 비극적 열정이 되기를, 그리하여 그 영웅적 인물들이 잡티 없는 영웅으로 개조되기를 바란다. 이로써 영웅다움은 논쟁적이고 문제적이게 되었다. 즉 영웅임은 더 이상 본질 영역의 자연스러운 실존 형식이 아니라, 군중과 자기 자신의 본능이 지닌 한갓 인간적인 것 위로 자신을 고양시키는 것이 되었다. 그리스 극에서는 형식화하는 선험적 토대였고, 따라서 결코 대상으로 형상화된 적이 없었던 삶과 본질의 위계 문제가, 이리하여 비극 과정 자체 속에 끌어넣어진다. 삶과 본질의 위계 문제는 극을 서로 완전히 이질적인 두 부분으로 해체하는바, 이 두 부분은 상호 부정과 배제를 통해서만 서로 결합되어 있다. 말하자면, 극이 논쟁적으로 그리고 ─ 바로 이 극의 기초를 훼손하면서 ─ 주지주의(主知主義)적으로 되는 것이다. 그리고 이렇게 강요되어 있는 토대의 넓이와, 주인공이 영웅으로서의 자신을 발견하기까지 자기 자신의 영혼 속에서 걸어야만 하는 길의 길이는 형식에 의해 요구되는 극적 구성의 간결함과 모순되며, 극을 서사적 형식들에 가깝게 만든다. 이와 마찬가지로, 영웅다움의 논쟁적 강조는 (이는 추상적 비극에서도 그런데) 필연적으로 순수 서정시적 서정성의 만연을 초래한다.

그런데 이러한 서정성은, 본질과 삶의 바뀐 관계에서 유래하기는 마찬가지인 또 다른 원천을 갖고 있다. 그리스인들의 경우 의미 담지자로서의 삶의 침몰은 인간들 서로 간의 가까움과 친화성을 단지 다른 분위기 속에 옮겨놓았을 뿐이지 없애지는 않았다. 즉 이곳에 있는 각각의 인물은 모든 것을 보전하는 신으로부터, 본질로부터 모두 같은 정도로 떨어져 있으며, 따라서 다른 모든 인물들과 가장 깊은 뿌리에 있어서는 친화적이다. 모두가 서로를 이해하는데, 그럴 것이 모두 동일한 언어를 말하기 때문이다. 또, 설령 불구대천의 원수지간이라 할지라도 모두 서로를 신뢰하는데, 모두 동일한 방식으로 동일한 중심을 향해 나아가며, 또 내면적으로 본질이 동일한 실존의 동일 차원에서 움직이기 때문이다.

그러나 근대극에서처럼 본질이 삶과의 위계 다툼을 거친 후에만 자기를 열어내 보이고 자기 지위를 유지할 수 있다면, 또 모든 인물이 이러한 다툼을 자기 실존의 전제 조건 혹은 자신의 현존재를 움직이는 요소로서 자체 내에 지니고 있다면, 극의 등장인물들(dramatis personae) 각각은 자신들을 낳은 운명에 오로지 자기 자신의 실을 통해서만 묶여 있을 수밖에 없다. 그럴 경우 모든 등장인물은 그 태생이 고독일 수밖에 없으며, 다른 고독한 사람들 가운데에서 어찌할 수 없는 고독에 빠진 채 궁극적인 비극적 홀로존재로 치달을 수밖에 없다. 또 그럴 경우 모든 비극적 말은 이해되지 않은 채 사라질 수밖에 없으며, 어떠한 비극적 행동도 그것을 적합하게 받아들이는 반향을 얻을 수 없을 것이다.

그런데 고독은 역설적으로 극적인 것이다. 즉 고독은 비극적인 것의 본래적인 정수(精髓)인데, 그럴 것이 운명 속에서 독자적으로 된 영혼은 별을 형제로 가질 수는 있지만 지상에서 길을 같이 가는 동반자를 가질 수는 없기 때문이다. 그러나 극의 표현 형식―대화―이 다성적(多聲的)으로, 실로 대화적이고 극적으로 머물러 있기 위해서는 이처럼 고독한 사람들 사이에 고도의 공통성이 전제되어 있어야 한다. 절대적으로 고독한 사람의 언어는 서정적이고 독백적이다. 주고받는 대화 속에서 그의 영혼의 미지성(未知性)이 너무 강하게 나타나고 범람하며, 주고받는 말의 명료함과 선명함에 부담을 준다. 이러한 고독은 비극적 형식에 의해 요구되는 고독, 다시 말해 운명과의 관계에 의해 요구되는 고독(그리스의 영웅들도 물론 이런 고독 속에 살았는데)보다 한층 더 깊다. 이러한 고독은 그 자체가 문제가 될 수밖에 없으며, 비극적 문제를 심화하고 혼란시키면서 그 자리를 대신할 수밖에 없다.

 이와 같은 고독은 운명에 사로잡혀 노래가 되어버린 영혼의 도취일 뿐만 아니라, 이와 동시에, 홀로존재가 되도록 저주받고도 공동체를 애타게 갈구하는 피조물의 고통이기도 하다. 이러한 고독은 새로운 비극적 문제, 새로운 비극의 본래적인 문제를 야기하는바, 신뢰가 그것이다. 삶으로 감싸여 있지만 본질로 충만한 새로운 영웅의 영혼은, 삶이라는 동일한 외투를 걸치고 있다고 해서 그 속에 동일한 본질성이 있으리라는 법은 없다는 것을 결코 파악할 수 없을 것이다. 그 영혼은 자기 자신을 발견한 이들은 모두 동등하다고 알고 있다. 그 영혼은 이와 같은 자신의 앎이 이 세계에서 유래한 것이 아니라는 사실, 그리고 이러한 앎의 내적 확실성은 그 앎이 이 세계의 삶에 형성적5)이라는 것을 보증할 수 없다는 사실을 파악할 수 없다. 그 영혼은 자기(Selbst)의 이념, 영혼을 움직이면서 영혼 속에 살아 있는 자기의 이념을 알고 있다. 그렇기 때문에 그 영혼은, 자신을 에워싸고 있는 인간들 삶의 북적댐이, 본질에서 나오는 말 한마디로 틀림없이 가면이 떨어져 나가 서로 몰랐던 형제들이 얼싸안게 될 혼란스러운 사육제의 장난에 지나지 않는다고 믿을 수밖에 없는 것이다. 그 영혼은 그렇게 알고 그것을 추구하며, 홀로, 운명 속에서 자기 자신을 발견한다. 그리고 자기 자신을 발견했다는 그 영혼의 황홀감에는, 여기이리로 이어졌던 길의 슬픔이 비탄과 애조의 가락을 띠고 뒤섞여 있다. 다시 말해서, 그의 운명적 지혜가 그리도 환하고 분명하게 예고했던 것의 희화(戲畵)조차도 못 되는 삶, 어둠 속에서 그 길을 홀로 가도록 그에게 힘을 준 믿음의 대상이었던 바로 그 삶에 대한 환멸감이 비탄과 애조의 가락을 띠고 뒤섞여 있는 것이다. 이러한 고독은 극적일 뿐만 아니라 심리적이기도 한데, 그럴 것이 그 고독은 모든 등장인물의 선험성일 뿐만 아니라 이와 동시에 영웅이 되어가는 인간의 체험이기도 하기 때문이다. 그런데 심리가 극에서 가공되지 않은 원재료로 남아 있어서는 안 된다면, 그것은 오로지 영혼의 서정시로서만 표현될 수 있다.

3) 서사문학의 형식들

대(大) 서사문학은 삶의 외연적 총체성을 형상화하고, 극은 본질성의 내포적 총체성을 형상화한다. 그렇기 때문에 극은, 자연발생적으로 완성되어 있으며 감각적으로 현존하는 총체성을 존재가 상실해 버린 상황에서도 그 형식적 선험성 속에서 아마도 문제적이긴 하겠지만 그럼에도 불구하고 모든 것을 함축하고 자체 내에 완결짓는 세계를 발견할 수 있다. 대 서사문학의 경우 이는 불가능한 일이다. 대 서사문학에 있어서는 그때그때 주어져 있는 세계의 상태가 궁극적인 원리이다. 대 서사문학은 모든 것을 규정하는 결정적인 초험적 근거에 있어서 경험적이다. 다시 말해서, 대 서사문학은 종종 삶을 촉진할 수 있으며, 또 숨겨진 것이나 위축된 것을 그것에 내재하는 유토피아적 결말로 끌고 나갈 수도 있으나, 역사적으로 주어진 삶이 지니는 폭과 깊이, 원환성과 감각적 구체성, 풍부함과 질서 잡힌 상태를 결코 형식을 통해 정복할 수는 없을 것이다. 진정으로 유토피아적인 서사문학을 이룩하려는 시도는 모두 다 실패할 수밖에 없을 터인데, 그러한 서사문학은 주관적으로나 객관적으로 경험을 넘어서야 하며, 또 그렇기 때문에 서정시적인 것으로나 극적인 것으로 초월할 수밖에 없기 때문이다. 그런데 이러한 초월성은 서사문학에 있어서는 결코 생산적일 수가 없다. 지금은 단지 유토피아적으로만 달성될 수 있는 것이 환영적인 가시성 속에서 현존했던 시대가—몇 편의 동화가 사라진 이 세계의 편린을 보존하고 있는데—있었을 것이다. 그와 같은 시대의 서사 작가들은 초월적 현실을 유일하게 존재하는 현실로 서술하기 위해 경험을 떠날 필요가 없었다. 정말이지 그들은 사건들을 그대로 전하는 단순한 이야기꾼일 수 있었다. 마치 아시리아의 날개 달린 원시동물을 창조한 이들이 분명—이는 타당한 일인데—스스로를 자연주의자로 여겼을 것처럼 말이다. 그러나 벌써 호메로스에 오면 초월적인 것은 지상의 현존재 속에 불가분 결합해 들어가 있는데, 호메로스를 모방하는 것이 불가능한 이유는 다름 아니라 이 같은 내재화가 철저히 잘 이루어진 데 있다.

현실의 현존재와 상재(相在)[6]에 이같이 분리 불가능하게 묶여 있는 상태—이는 서사문학과 극문학을 나누는 결정적인 경계선인데—는 서사문학의 대상인 삶의 필연적인 결과이다. 본질 개념은 단순히 정립되기만 해도 벌써 초월성으로 통하며, 초월성의 영역에서 새로운 고차적 존재로 결정화(結晶化)되는바, 본질 개념은 이런 식으로 그 형식을 통해, 형식이 낳은 현실 속에서 단순한 존재자의 내용적 소여 상태와는 무관하게 있는 당위적 존재를 표현한다. 이에 반해 삶 개념은 붙잡혀 응결된 초월성의 그와 같은 대상성을 배제한다. 본질의 세계들은 형식들의 힘을 통해 현존재 위로 펼쳐져 있으며, 오로지 이러한 힘의 내적 가능성들만이 그 세계들의 양상과 내용을 조건 짓는다. 〔이에 반해―옮긴이〕 삶의 세계들은 여기 삶에 머물러 있다. 삶의 세계들은 형식들에 의해서 받아들여지고 형상화될 뿐이며, 그 세계들에 원래 있는 의미에만 이를 뿐이다. 여기에서 형식들은 사상이 태어날 때 소크라테스가 한 역할[7]만 하면 되는데, 이미 삶 속에 잠재해 있지 않은 것을 형식들이 자체의 마법적 힘으로 생겨나게 할 수는 결코 없을 것이다.

극이 창조하는 캐릭터는―이는 동일한 관계를 달리 표현하는 것일 따름인데―인간의 예지적 자아이며, 서사문학의 캐릭터는 경험적 자아이다.[8] 지상에서 방치되어 버린 본질은 당위의 필사적인 강렬성 속으로 도피하는바, 그 당위는 예지적 자아 속에서는 주인공의 규범적 심리로 객관화될 수 있는 반면, 경험적 자아 속에서는 하나의 당위로 머물러 있다. 당위의 힘은 영혼의 다른 요소들과 마찬가지로 단순히 심리적인 것이다. 당위의 목표 설정은 인간 또는 그의 환경에 의해 주어진 다른 가능한 지향들과 마찬가지로 경험적인 것이다. 당위의 내용들은 시간의 흐름에 의해 생겨난 다른 내용들과 마찬가지로 역사적인 것이며, 그 내용들이 성장한 지반에서 분리될 수 없다. 즉 당위의 내용들은 시들 수는 있을지언정 결코 정기(精氣)를 가진[9] 새로운 현존재로 깨어날 수 없다. 당위는 삶을 죽인다. 극의 주인공은 삶의 명백한 현상의 상징적 속성들을 몸에 두르고 있는데, 존재하는 초월성이 가시화되는 것으로서의 죽음이라는 상징적 의식(儀式)을 명확히 수행할 수 있기 위해서 그럴 따름이다.

그러나 서사문학의 인간들은 살아야만 한다. 그렇지 않을 경우 그들은 자신들을 떠받치고 에워싸며 가득 채우고 있는 요소를 해체하거나 위축시킨다.〔당위는 삶을 죽인다. 그리고 모든 개념은 대상의 당위를 표현한다. 그렇기 때문에 사유는 결코 삶의 진정한 정의(定義)에 이를 수 없다. 따라서 예술철학은 서사문학보다 비극에 한층 더 부합할 것이다.〕 당위는 삶을 죽인다. 당위적 존재로 구성된 서사시의 주인공이란 언제나 역사적 현실 속에 살고 있는 인간의 그림자에 불과할 것이다. 그는 살아 있는 인간의 그림자이지 결코 그 원상(原象)이 아닐 터이며, 그에게 체험과 모험으로 부과된 세계는 사실적인 것의 희석된 모조품에 불과할 뿐, 세계의 핵심과 정수는 결코 아닐 것이다.

서사문학의 유토피아적 양식화는 단지 거리들만을 만들어낼 수 있을 뿐이다. 그러나 이 거리들도 경험과 경험 사이에 머물러 있다. 간격, 그리고 그것의 슬픔과 위엄은 단지 어조(語調)를 수사적인 것으로 바꿀 뿐이다. 그것들이 비가적(悲歌的) 서정시의 가장 아름다운 열매들을 맺을 수도 있겠지만, 단순히 거리를 설정한다고 해서 존재를 넘어서는 내용이 생생한 삶으로 깨어나고 전권(專權)을 행사하는 현실이 될 수는 전혀 없다. 이러한 거리가 가리키는 방향이 전향적이든 퇴행적이든, 그것이 나타내는 것이 삶에 비해 상승이든 하락이든, 그것은 결코 새로운 현실의 창조가 아니라 언제나 이미 현존해 있는 현실의 주관적 반영일 따름이다. 베르길리우스[10]의 주인공들은 냉정하고 품위 있는 그림자의 삶을 살아가는데, 그 삶은 영원히 사라져버린 것을 불러내기 위해 스스로를 희생한 한 아름다운 열정의 피로부터 자양분을 공급받고 있다. 그리고 졸라(Émile Zola) 문학의 기념비적 성격은 당대의 삶을 감히 완전히 파악하고자 하는 사회학적 범주체계의 다채로우면서도 일목요연한 갈래들 앞에서 느끼는 단조로운 감동에 지나지 않는다.

대(大) 서사문학은 존재한다. 그러나 극은 '대'라는 부가어를 결코 필요로 하지 않으며, 그렇게 되지 않도록 자신을 부단히 지켜야 한다. 그도 그럴 것이, 자체적으로 실체로 가득 차 있으며 실체성으로 꽉 찬 극의 우주는 전체성과 부분의 대조도, 사건과 징후의 대립도 알지 못한다. 즉 극에 있어서 현존한다는 것은 우주로서 존재함(Kosmossein)을 의미하며, 본질을 붙잡는다는 것은 본질의 총체성을 점유한다는 것을 의미한다. 그러나 삶의 개념을 통해서는 삶의 총체성의 필연성이 같이 설정되지 않는다. 삶은, 모든 독자적 생명체가 자신들 너머에 있는 일체의 결합에 대해 갖는 상대적 독립성을, 그리고 그러한 결합들의 상대적이기는 마찬가지인 불가피성 및 불가결성을 동시에 내포한다. 그렇기 때문에 삶의 총체성이 아니라 한 단편, 즉 자체 내에 생명력을 지닌 현존재의 한 부분을 대상으로 삼는 서사적 형식들이 있을 수 있다. 따라서 서사문학에서 총체성 개념은 극에서와는 달리 산출하는 형식들에서 태어난 개념, 초험적인 개념이 아니라, 초월성과 내재성을 자체 내에 불가분 통합하고 있는 경험적·형이상학적인 개념이다. 그도 그럴 것이, 형상화하는 주관성이—작품의 시각에서 보자면—단지 하나의 한계 개념이자 일종의 의식 일반일 뿐인 극에서와는 달리, 서사문학에서는 주관과 대상이 일치하는 것이 아니라 작품 자체 속에 분명하고도 명확하게 있으면서 서로 나뉘어 있다. 그리고 형식에 의해 요구된 대상의 경험적 성격에서 형상화하는 경험적 주관이 생겨나는 것이기 때문에, 이러한 주관은 결코 산출된 세계의 총체성의 근거나 보증일 수가 없다. 총체성은 대상의 내용성으로부터만 참으로 명징한 모습을 띠고 생겨날 수 있다. 총체성은 메타주관적이고 초월적이며 일종의 계시이자 은총이다. 서사문학의 주관은 언제나 삶의 경험적 인간이다. 그러나 감히 창조하고 삶을 다스리려 하는 그의 불손함은 대 서사문학에서는 겸손과 응시로, 일상적 현존재를 영위하는 필부(匹夫)인 그에게 느닷없이 자명하게, 삶 자체 속에서 가시화되면서 환히 빛을 발해 오는 의미에 대한 무언의 경탄으로 바뀐다.

한층 작은 규모의 서사적 형식들의 주관은 자기 대상들에 대해 보다 지배적이고 보다 전횡적인 태도를 취한다. 서술자는—이 자리에서는 서사적 형식들의 체계를 암시적인 방식으로조차도 제시할 수 없으며, 또 그럴 생각도 없는데—인물들에게는 무의미하고 파괴적이지만 우리에게는 심연들을 들춰내 보여주고 흥취를 줄 수 있게 그 인물들의 운명을 마구 흐뜨려놓는 우연의 진기한 지배를, 연대기 편자의 냉정하고도 우월한 태도를 취한 채 주시할 수도 있을 것이다. 또 그는 세계의 한 작은 모퉁이를, 무한하고 혼돈스러운 삶의 사막에 의해 에워싸인 채 질서정연하게 꽃이 만발하고 있는 정원으로 여기고, 감동에 찬 가운데 그것을 유일한 현실로 고양시킬 수도 있을 것이다. 그리고 또 그는 감동하면서도 냉정하게, 한 인간의 진기하고도 심오한 세계 체험을 강력하게 형식화되고 객관화된 운명 속에 응결시킬 수도 있을 것이다. 그러나 여하튼 간에, 끝없이 무한한 세상사로부터 한 조각을 떼어내고 거기에다 독자적인 삶을 부여하는 것은 서술자의 주관성이며, 또 그 조각을 집어냈던 곳인 전체를 오로지 인물들의 느낌과 생각으로서만, 끊어진 인과 계열들이 의도와는 무관하게 계속 이어지는 것으로서만, 즉자적으로 존재해 있는 현실의 반영으로서만 작품의 세계 속에 비치도록 만드는 것도 서술자의 주관성이다. 따라서 이러한 서사적 형식들의 완성은 주관적인 완성이다. 즉 작가에 의해서 삶의 한 조각이, 그것을 부각시키고 강조하며 삶 전체와 대조를 이루게 만드는 환경 속으로 옮겨지는 것이다. 그리고 선별과 구획은 작품 자체 속에서 주관의 의지와 앎으로 이루어진 그 근원의 영향을 분명하게 보여주고 있다. 다시 말해서, 선별과 구획은 다소간 서정적인 성질을 띠는 것이다.

생명체들〔곧 인간들―옮긴이〕과, 생생하기는 마찬가지인 그―유기적·독자적인―통합체들은 각기 자립적이면서 모두 연관되어 있다. 이러한 자립성과 전면적 연관성의 상대성은, 작품을 창조하는 주관의 의식적 정립이 바로 이러한 삶의 단편의 유리된 현존재 속에서 내재적으로 빛을 발하는 의미를 명료하게 만들 때에, 지양되어 형식으로 고양될 수 있다. 형식화하고 형태와 한계를 제공하는 주관의 활동, 대상을 지배하면서 창조하는 이러한 주권은 총체성이 결여된 서사적 형식들의 서정성이다. 이러한 서정성이 여기에서는 궁극적인 서사적 통일성이다. 그것은 고독한 자아가 대상에서 벗어나 자기 자신을 관조하는 데 탐닉하는 것이 아니며, 대상을 느낌과 기분[11]으로 해소하는 것도 아니다. 그것은 규범에 의해 태어난 것이자 형식을 창조하는 것으로서, 모든 형상화된 것의 현존을 떠받치고 있다. 그러나 삶의 단편이 갖는 중요성과 비중이 커짐에 따라 직접 쇄도하는 이러한 서정성의 압력도 커질 수밖에 없다. 여기에서 작품의 균형이란, 정립하는 주관과 그 주관이 드러내어 부각시킨 대상 사이의 균형이다.

삶의 기이하고도 수상쩍은 한 단편을 그리는 형식, 곧 노벨레에서 이 서정성은 따로 떼어 가공해 낸 사건의 엄격한 선들 뒤에 완전히 숨어 있어야 한다. 여기에서는 서정성이 아직 순수한 선별인 것이다. 행복을 가져오기도 하고 파멸을 낳기도 하는, 하지만 언제나 이유 없이 몰락하는 우연의 아우성치는 자의(恣意)는 그 우연을 명확하게,

아무런 주석도 달지 않고 순전히 대상적으로 파악하는 것을 통해서만 균형을 유지할 수 있다. 노벨레는 가장 순수하게 기예적인 형식이다. 즉 모든 예술적 형식화의 궁극적인 의미가 노벨레에 의해서는 기분으로서, 형상화의 내용적 의미로서―바로 그렇기 때문에 추상적이긴 하지만―표현된다. 무의미성이 감추어짐 없이 아무것도 미화하지 않은 채 적나라한 모습으로 보여진다. 그럼으로써, 아무런 두려움도 희망도 갖지 않는 이 시선의 마력적 장악력은 무의미성에 형식의 위엄을 부여한다. 즉 무의미성이 무의미성으로서 형상이 되는 것이다. 무의미성이 영원하게 되었는바, 형식에 의해 긍정되고 지양되며 구원받은 것이다.

노벨레와 서정적·서사적인 형식들 사이에는 일종의 도약이 있다. 형식에 의해 의미로 고양된 것이 내용상으로도―단지 상대적인 것이긴 하지만―의미 있는 것이 되자마자, 말이 없던 주관은 형상화된 사건의 상대적 의미로부터 절대적인 것으로 나아가는 다리를 세울 자기 자신의 말을 찾으려고 애쓸 수밖에 없다. 목가(牧歌)[12]에서는 아직 이러한 서정성이 인간 및 사물의 윤곽과 거의 완전히 융합되어 있다. 인간 및 사물의 윤곽에 평화로운 고립 상태의 부드러움과 투명함을 부여하고, 바깥 세상에서 사납게 날뛰는 폭풍우로부터 떨어져 있는 행복감을 부여하는 것이 바로 서정성이다. 괴테[13]와 헤벨[14]의 '위대한 목가'에서처럼 목가가 서사시로 초월할 경우, 비록 멀리 떨어져 있어 완화되고 제어되어 있긴 하지만 삶 전체가 그 모든 위험과 더불어 사건들 자체 속에 들어와 어른거릴 경우, 그럴 경우에만 작가 자신이 목소리를 내야 하며, 작가의 손이 치유하는 거리를 만들어내야 한다. 그럼으로써 주인공들이 누리는 의기양양한 행복은, 너무나도 생생하게 가까이 있는 비참함, 극복된 것이 아니라 단지 그들을 위해 옆으로 치워졌을 뿐인 그 비참함 앞에서 비겁하게 물러나는 자의 가치 없는 만족이 되지 않으며, 또 삶의 총체성의 위험들 및 이 위험들을 야기하는 삶의 총체성의 동요는 구원의 환희를 아무런 가치도 없는 익살극으로 전락시키는 빛바랜 도식이 되지 않는다.

이러한 서정성은 다음과 같은 경우, 즉 사건이 서사적으로 객관화된 그 대상성 속에서 무한한 감정의 담지자나 상징이 되는 경우, 영혼이 주인공이고 영혼의 동경이 줄거리인 경우[이런 형식을 나는 언젠가 필리프[15)]에 관해 말하면서 '이야기 노래(Chantefable)'*라고 부른 바 있다], 그리고 형상화된 사건인 대상은 개별적인 것으로 머물러 있고 또 그렇게 머물러 있어야 하지만 사건을 받아들이고 조명하는 체험 속에 전체 삶의 궁극적 의미, 곧 의미를 부여하고 삶을 정복하는 작가의 힘이 침전되어 있는 경우 등에는, 폭넓게 흘러가면서도 분명하게 모든 것을 말하는 것으로 발전한다. 그렇지만 그와 같은 작가의 힘 또한 서정적인 것이다. 다시 말해, 비밀스러운 말의 수호자인 사건들에서 의미를 엿듣는 것이 아니라 의식적으로 전권(專權)을 행사하는 가운데 ― 사건들을 도구로서 지배하면서 ― 세계의 의미에 대한 고유한 해석을 울려 퍼지게 하는 것은 바로 작가의 인격성이다. 형상화되는 것은 삶의 총체성이 아니라 이 삶의 총체성과의 관계, 곧 그 삶의 총체성을 평가하거나 비판하는 작가의 입장이다. 이때 경험적 주관으로서의 작가는 자신의 위대성 전체와 함께 피조물로서의 모든 한계 또한 지닌 채 형상화의 무대에 등장한다.

존재의 유일한 지배자가 된 주관에 의해 대상이 파괴된다 하더라

---

* 독일어 판 편집자 주 : Georg Lukács, *Die Seele und die Formen*, Sonderausgabe, Neuwied und Berlin, 1971 (SL 21), 151쪽(초판의 224쪽).

도 이로부터 삶의 총체성—그 개념상 외연적인—이 산출될 수는 없다. 주관이 아무리 대상들 위에 군림한다 하더라도, 주관이 이런 식으로 완전히 자기 것으로 삼는 것은 언제나 개별 대상일 따름이다. 그리고 이러한 대상들의 합은 결코 진정한 총체성을 낳을 수 없을 터인데, 그럴 것이, 이 숭고하고 유머러스한 주관 역시 경험적 주관으로 머물러 있으며, 또 그의 형상화는 본질적으로 자신과 동종인 대상들에 대한 입장 표명에 머물러 있기 때문이다. 그리고 주관에 의해 하나의 세계로서 분리되어 완성된 것 주위에 주관이 그리는 원은 단지 주관의 경계를 표시할 뿐, 어떤 식으로든 그 자체로 완전한 우주의 경계를 표시하는 것은 아니다. 유머작가의 영혼은 삶이 그에게 제공할 수 있을는지도 모를 실체성보다 더 진정한 실체성을 갈구한다. 그렇기 때문에 그는 삶의 유일하게 참된 원천, 세계를 지배하는 순수한 자아에 도달하기 위해 깨지기 쉬운 삶의 총체성의 모든 형식과 경계를 파괴한다. 하지만 대상 세계의 붕괴와 더불어 주관 또한 단편(斷片)이 되고 만다. 존재하고 있는 것이라고는 자아뿐이지만, 그 자아의 실존 또한 스스로가 만들어낸 파편적 세계의 무실체성 속에서 사라지고 만다. 이러한 주관성은 모든 것을 형상화하려 하지만 바로 그 때문에 오직 하나의 단편만을 반영할 수 있을 뿐이다.

이것이 "얻기 위해서는 버려라"라고 하는, 대 서사문학의 주관성의 역설이다. 모든 창조적 주관성은 서정적으로 된다. 다만 그대로 받아들이기만 하는 주관성, 겸손한 마음으로 자신을 세계의 순수한 수용 기관으로 바꾸는 주관성만이 전체적인 것의 계시라는 은총을 누릴 수 있다. 바로 이것이 『신생 Vita nuova』에서 『신곡 Divina comedia』으로의 도약이자[16] 『베르터 Werther』에서 『빌헬름 마이스터 *Wilhelm Meister*』로의 도약이다.[17] 스스로는 침묵을 지키면서 『돈 키호테』의 세계적 유머가 들리도록 만든 세르반테스가 이룬 것도 바로 이러한 도약이다. 이에 반해 로렌스 스턴[18]과 장 파울[19]의 요란한 목소리는, 단지 주관적이며 그렇기 때문에 제한되고 협소하며 자의적인 세계의 파편에 대한 한갓 주관적인 반영을 제공할 뿐이다.

이는 가치 판단이 아니라 장르를 규정하고 있는 선험성의 문제이다. 즉 삶의 전체는 어떤 초험적 중심도 자기 속에서 드러내는 법이 없으며, 자기를 구성하고 있는 세포 중 하나가 자신의 지배자로 격상되는 것을 용납하지 않는다. 주관이 일체의 삶에서, 또한 삶과 더불어 필연적으로 함께 설정되는 경험에서 멀리 떨어져 나와 본질성의 순수한 고지(高地)에서 군림할 때만, 또 주관이 오로지 초험적 종합의 담지자일 때에만, 주관은 자신의 구조 속에서 총체성의 모든 조건을 포함할 수 있고, 또 자신의 한계를 세계의 한계로 바꿀 수 있다. 하지만 그러한 주관은 서사문학에서는 나타날 수가 없는데, 왜냐하면 서사문학은 삶이고 내재성이며 경험이기 때문이다. 따라서 단테의 「천국 Paradiso」[20]은 셰익스피어의 넘쳐흐르는 충만함보다 삶에 본질적으로 더 가깝다.

본질 영역의 종합적 힘은 극적 문제를 중심으로 구성되는 총체성에서 농축되어 나타난다. 즉 문제로부터 생겨나는 필연적인 것은, 그것이 영혼이든 사건이든, 중심에 대해 그것이 갖는 관계로부터 현존재를 획득한다. 이러한 통일성의 내재적 변증법은 모든 개별 현상 각각에―중심으로부터의 거리와 문제와 관련해 지니는 비중에 따라―그에 걸맞은 존재를 부여한다. 여기에서 문제는 말로 표현될 수 없는데, 왜냐하면 그것은 전체의 구체적 이념이기 때문이며, 또 모든 목소리가 같이 어우러져 울릴 때에만 그 안에 숨겨져 있던 내용의 풍부함이 뚜렷해질 수 있기 때문이다. 그러나 삶에 있어서 문제는 하나의 추상이다. 어떤 문제에 대해 어떤 인물이 가지는 관계는 결코 그 인물의 삶의 충만함 전체를 다 담아낼 수가 없다. 그래서 삶의 영역의 모든 사건은 문제에 대해 알레고리적 관계를 지닐 수밖에 없는 것이다. 헤벨[21]이 정당하게도 "극적"이라고 불렀던 『친화력 Wahlverwandtschaften』에서는 모든 것이 괴테의 고도의 기예를 통해 중심 문제와의 관계 속에서 저울질되고 적절한 뉘앙스를 부여받고 있다. 하지만 여기에서는 처음부터 문제의 좁은 운하(運河) 속으로 이끌려 들어간 영혼들조차 진정한 현존재로 펼쳐질 수 없으며, 문제에 맞추어져 협소하게 재단(裁斷)된 줄거리마저도 전체성으로 완성되지 못한다. 이 자그마한 세계의 앙증맞은 집을 채우기 위해서라도 작가는 낯선 요소들을 같이 가지고 들어올 수밖에 없다. 설령 이것이 배열에서 극도의 감지력[22]이 드러나는 몇몇 계기들에서처럼 모든 곳에서 성공적으로 이루어진다 하더라도, 그것이 총체성을 낳을 수는 없을 것이다.

그리고 『니벨룽겐의 노래』의 '극적' 집중이라는 것도 집중 그 자체를 위해(pro domo) 생겨난 헤벨의 멋진 실수이다. 다시 말해, 변해 버린 세계 속에서 붕괴해 가고 있는, 진정한 서사적 소재의 서사적 통일성을 구제하려는 한 위대한 작가의 필사적인 노력인 것이다. 브룬힐트의 초인적인 형상은 이미 여성과 전쟁의 여신 발퀴레를 뒤섞어 놓은 것으로 타락했으며, 이로써 연약한 청혼자 군터는 까닭 없이 미심쩍은 인물로 전락한다. 그리고 용을 죽인 지크프리트에게서 구제된 것이라고는 기사(騎士) 형상 속에 들어와 있는 몇 가지 산발적인 동화적 모티프뿐이다. 물론 헤벨의 작품에서 충성과 복수의 문제,

곧 하겐과 크림힐트의 문제는 구제·보존되었다. 그러나 그것은 더 이상 자연스럽게 주어져 있지 않은 통일성을 구성 수단들을 통해서, 구성과 조직화를 통해서 만들어내려는 순수하게 기예적인 필사적 시도이다. 그것은 필사적인 시도이자 영웅적인 좌절인데, 그럴 것이 하나의 통일성이 생겨날 수 있을지는 모르지만 진정한 전체성은 결코 생겨날 수 없기 때문이다. 『일리아드』의 ― 시작도 종결도 없는 ― 줄거리에서는 완결된 하나의 우주가 모든 것을 포괄하고 있는 삶으로 활짝 피어난다. 이에 비해 『니벨룽겐의 노래』의 명백히 구성된 통일성은 정교하게 편성된 전면(前面) 뒤에 삶과 부패, 성(城)과 폐허를 숨기고 있다.

3 서사시와 소설

1) 표현 수단으로서의 운문과 산문

대 서사문학의 두 가지 객관화 형식인 서사시와 소설은 형상화하는 의향에 따라 갈라지는 것이 아니라 형상화하려는 의향이 대면하게 되는, 주어진 역사철학적 상황에 따라 갈라진다. 소설은 삶의 외연적 총체성이 더 이상 분명하게 주어져 있지 않고 의미의 삶 내재성이 문제가 되어버린, 그렇지만 총체성에의 의향은 갖고 있는 시대의 서사시이다.

만약 장르를 규정하는 유일하고도 결정적인 표지(標識)를 운문과 산문에서 찾는다면, 이는 피상적이고 단지 기예 차원에 머물러 있는 고찰에 불과할 것이다. 서사문학과 비극에서 운문이 궁극적인 구성요소는 아니지만 하나의 심층적 징후, 다시 말해 서사문학과 비극에 고유한 본질을 가장 본래적이고 가장 순수하게 드러내 보이는 하나의 촉매제이다.

비극의 운문은 날카롭고 엄격하며 절연(絕緣)하고 거리를 만들어낸다. 비극의 운문은 주인공들을 형식이 낳은 고독의 깊이로 온통 감싸며, 주인공들 간의 투쟁과 파멸의 관계 이외의 다른 관계는 일체 나타나지 않게 한다. 비극적 운문의 서정성에서는 도정 및 그 도정의 끝에서 겪는 절망과 도취가 울려 퍼질 수 있으며, 부유(浮游)하고 있는 이 본질성 아래에 있는 측량할 길 없는 심연이 빛을 발할 수도 있다. 그러나 그 서정성에서는 인물들 사이의 순전히 영혼적·인간적인 일치—이는 이따금 산문이 허용하는 것인데—가 발현하는 일은 결코 없을 것이며, 절망이 비가(悲歌)로, 도취가 그 자체의 절정을 향한 동경으로 되는 일도 결코 없을 것이다. 영혼은 결코 심리주의적인 허영심으로 자신의 심연을 측량하려 할 수 없으며, 자기 자신의 깊이가 비친 데 만족하여 스스로에 대해 경탄하고 있을 수도 없다.

극의 운문은—괴테에게 보낸 편지에서 실러는 대략 이렇게 적고 있는데—비극적 허구에 내포된 모든 범속성을 폭로한다. 극의 운문은 특유의 날카로움과 무거움을 지니고 있는바, 그 앞에서 한갓 삶의 양상을 띤 것—이는 극적 범속성에 대한 다른 표현일 따름인데—은 존속할 수가 없다. 즉 언어의 무게와 내실의 무게 사이의 대조를 통해 범속한 의향은 온전히 존속할 수 없게 되는 것이다.

서사적 운문 또한 거리를 창출한다. 그러나 삶의 영역에서 거리가 의미하는 것은 축복이자 가벼움이며, 사물과 인간을 볼품없이 옥죄고 있는 굴레들의 이완이고, 그 자체로 보자면 삶에 단단히 붙어 있으면서 몇몇 행복한 순간에만 풀리는 답답함과 압박감의 극복이다. 그리고 바로 이 행복한 순간들이 서사적 운문의 거리 두기를 통해서 삶의 수준이 되어야 하는 것이다. 따라서 여기에서 운문의 효력은 극적 운문의 효력과는 정반대인데, 왜냐하면 그 직접적 결과가 범속성을 제거하고 고유의 본질에 더 가까이 다가간다는 점에서 동일하기 때문이다. 그도 그럴 것이, 범속함이 비극에서는 가벼움이었다면, 삶의 영역, 곧 서사문학에서는 무거움인 까닭이다.

삶의 양상을 띤 것 일체를 완전히 떼어내는 것이 삶의 공허한 추상화가 아니라 본질의 현존화라는 것을 대상적으로 보증하는 것은, 삶과는 거리가 먼 이러한 형상화가 유지하고 있는 일관성뿐이다. 즉 삶과는 거리가 먼 이러한 형상화가, 삶과의 일체의 비교를 넘어서서, 삶에서 충족을 희구하는 모든 동경이 바랄 수 있는 것보다 더 충일하게, 더 완결적으로, 더 중요하게 되었을 때야만 비극적 양식화가 성취되었다는 것이 구체적 명징성을 띠고 나타난다. 일체의 가벼움이나 또는 창백함—물론 이것은 생기 없음이라는 통속적 개념과는 하등 관계가 없는데—은 규범적인 비극적 의향의 부재를 보여주며, 세부적 허구가 아무리 심리학적으로 세련되고 서정적으로 세심하게 만들어졌다 하더라도 여전히 작품에 간직되어 있는 범속성을 그대로 드러내 보여준다.

그러나 삶에 있어서 무거움이란 현존하는 의미의 부재, 무의미한 인과 관계 속에 헤어날 길 없이 사로잡혀 있는 상태, 지상에 가깝고 천상과는 거리가 먼 불모의 상태에서 시들어감, 있는 그대로의 조야한 대상성의 굴레에 얽매인 채 있을 수밖에 없고 그로부터 벗어날 수 없음 따위를 의미하며, 삶에 내재하는 최선의 힘들에게는 부단히 극복해야 할 목표가 되는 것을 의미한다. 이를 형식의 가치 개념으로 표현하자면, 곧 범속성이다.

복되이 현존하는 삶의 총체성은 예정된 조화 속에서 서사적 운문에 귀속되어 있다. 즉 모든 삶을 신화적으로 포괄하는 전(前)문학적 과정을 통해 이미 존재는 일체의 범속한 무거움에서 정화되었으며,

호메로스의 운문에서는 그러한 봄에 싹터 피어날 준비가 된 꽃봉오리만 개화할 따름이다. 그런데 운문은 그저 꽃봉오리가 벌어지도록 부드럽게 자극할 수 있을 뿐이며, 모든 굴레에서 벗어난 것에만 자유의 화환을 걸어줄 수 있을 뿐이다. 시인의 행위가 파묻혀 버린 의미를 발굴하는 것일 때, 시인의 주인공들이 먼저 자신들의 감옥을 폭파하고, 갈망해 마지않았던 고향, 지상의 무거움으로부터의 자유라는 애타게 그리던 고향을 힘든 투쟁 속에서 비로소 정복해야 하거나 또는 고통스러운 방황 속에서 찾아내야만 할 때, 그런 상황에서 운문의 힘은 이 같은 간극을 ― 심연을 꽃으로 된 융단으로 덮어 가리면서 ― 갈 수 있는 길로 바꾸기에는 충분치 못하다. 대 서사문학의 가벼움이란 역사적 순간에 구체적으로 내재하는 유토피아일 뿐이기 때문이다. 그런 상황에서 운문이 자신이 담지하고 있는 모든 것에 형식을 통해 부여하는 황홀경은, 서사문학의 위대한 무주관성과 총체성을 훼손할 수밖에 없다. 즉 서사문학을 목가나 또는 서정적 유희로 바꿀 수밖에 없는 것이다. 그럴 것이, 대 서사문학의 가벼움이란 밑으로 잡아당기는 굴레를 실제로 벗어 던질 때야만 하나의 가치이자 하나의 현실 창조적 힘이 되기 때문이다. 자유분방해진 환상의 아름다운 유희 속에서, 또는 범속성에 얽매여 있는 세계의 지도에서는 찾을 수 없는 복된 섬으로 태연히 도피하는 가운데, 노예 상태를 망각하는 것은 결코 대 서사문학을 낳을 수 없다.

 이러한 가벼움이 더 이상 주어져 있지 않은 시대에 운문은 대 서사문학에서 추방되어 있거나, 의도와는 달리 부지불식간에 서정시적 운문으로 바뀌고 만다. 이런 시대에는 오직 산문만이 고뇌와 월계관, 투쟁과 등극의 영광, 길과 위엄을 똑같은 강도로 아우를 수 있다. 산문의 구속받지 않는 유연성과 아무런 리듬 없는 결합만이 굴레와 자유, 주어져 있는 무거움과—이제부터는 발견된 의미에서부터 내재적으로 빛을 발하는 세계의—쟁취된 가벼움을 동일한 힘으로 담아낸다. 노래가 되었던 현실이 붕괴함에 따라 세르반테스의 산문에서는 대 서사문학의 고뇌에 찬 가벼움이 생겨난 반면, 아리오스토[1]의 운문이 펼치는 경쾌한 춤은 하나의 유희로, 하나의 서정시로 머물렀는데, 이는 우연이 아니다. 또, 서사작가 괴테가 자신의 목가[2]는 운문의 형태로 만들어낸 데 반해 『마이스터』 소설의 총체성을 위해서는 산문을 선택했던 것도 우연이 아니다. 간극의 세계에서 모든 서사적 운문은 서정시가 되고 마는데—『돈 주앙 Don Juan』[3]과 『오네긴 Onegin』[4]의 운문은 위대한 유머작가에 부합하는 성질의 것이다—그럴 것이, 운문에서는 숨겨진 모든 것이 드러나기 때문이며, 또 산문의 신중한 발걸음이 서서히 다가오는 의미를 통해 정교하게 극복해 나가는 간극이 운문의 날랜 비상 속에서는 적나라하게 조롱의 대상이 되어 짓밟히거나 또는 잊어버린 꿈으로서 드러나기 때문이다.

단테의 운문 또한 호메로스의 운문보다는 한층 더 서정적이지만, 그렇다고 서정시적인 것은 아니다. 즉 단테의 운문은 담시적[5] 어조를 서사시로 농축하고 통합해 낸다. 단테의 세계에서 삶의 의미 내재성은 현존·현재하고 있지만, 다만 피안에서 그렇다. 즉 그 내재성은 초월적인 것의 완전한 내재성이다. 통상적인 삶의 세계에 존재하는 간극은 극복할 수 없을 만큼 커졌지만, 이 세계의 피안에서는 길을 잃고 방황하는 모든 존재가 영겁의 시간 이래 자신을 기다리고 있는 고향을 발견한다. 통상적인 삶의 세계에서 고독하게 사라지는 모든 목소리를 피안에서 합창이 기다리고 있는바, 이 합창은 그 목소리들의 음조를 받아 모아 화음을 만들며 그 목소리들을 통해 화음이 된다. 간극으로 가득 찬 세계는, 이제 명백해진 의미의 눈부시게 빛나는 천상의 장미 아래에서 혼돈에 혼돈을 거듭하는 상태로 넓게 펼쳐져 있으며, 매 순간 숨김 없이 그대로 드러나 있다. 피안의 고향에 살고 있는 사람들은 모두 다 이 간극에 찬 세계 출신이며, 풀 수 없는 운명의 힘으로 이 세계에 묶여 있다. 그러나 의미 있게 된 길을 끝까지 내달렸을 때 비로소 그들 모두는 이 간극에 찬 세계를 인식하고, 균열된 상태로 무겁게 있는 그 세계를 조망한다. 각각의 인물은 자신들의 개별적 운명을 노래하며, 자기들에게 할당된 것이 분명해진 고립된 사건을 노래한다. 즉 한 편의 담시를 노래하는 것이다. 초월적인 세계 구성의 총체성이 각각의 개별적 운명에 대해 미리 정해져 있는, 의미를 부여하는 포괄적인 선험적 토대라면, 이러한 구성물과 그 구조 및 아름다움에 대한 점증하는 파악―방황하는 단테의 위대한 체험이 이것인데―은 이제부터 현현(顯現)하는 의미의 통일성으로 모든 것을 감싸나간다. 즉 단테의 인식은 개별적인 것을 전체를 쌓아 올리는 벽돌로 바꾸며, 담시들은 한 편의 서사시를 구성하는 절(節)들이 된다. 그렇지만 오로지 피안에서만 이 세계의 의미는 아무런 간극 없이 가시적이고 내재적이게 된다. 이 세계에서 총체성은 깨지기 쉬운 총체성이거나 또는 열망되는 총체성이다. 볼프람[6]이나 고트프리트[7]의 운문은 그들의 소설을 서정적으로 장식하는 것에 지나지 않으며, 『니벨룽겐의 노래』[8]의 담시적 성질은 단지 구성상으로만 가려질 수 있을 뿐, 세계를 포괄하는 총체성으로 완성될 수 없다.

2) 주어진 총체성과 부과된 총체성

서사시는 자체적으로 완결된 삶의 총체성을 형상화하고, 소설은 숨겨진 삶의 총체성을 형상화를 통해 드러내고 구축하려고 추구한다. 대상의 주어진 구조가—여기에서 추구란 객관적인 삶 전체이든 이 전체와 주관들의 관계이든 그 어떤 자명한 조화도 담고 있지 않다는 사실을 주관 쪽에서 바라다봤을 때의 표현일 뿐인데—형상화하려는 의향을 결정한다. 즉 역사적 상황이 안고 있는 모든 균열과 심연은 형상화에 포함되어야 하며, 구성 수단들을 통해 은폐될 수 없고, 또 은폐되어서도 안 된다. 그리하여 형식을 규정하는 소설의 근본 의향은 소설 주인공들의 심리로서 객관화된다. 다시 말해서, 소설의 주인공은 추구하는 사람이다. 추구한다는 단순한 사실은 목표도 길도 직접적으로 주어져 있을 수 없다는 것을 시사하거나, 혹은 심리적으로 직접적이고 확고부동하게 주어져 있는 그 목표나 길이라는 것이, 진짜로 존재하는 연관들이나 윤리적 필연성에 대한 명확한 인식이 아니며, 대상들의 세계에서도 규범들의 세계에서도 상응하는 무언가가 있으란 법이 없는 영혼적인 사실에 불과하다는 것을 시사한다.

이를 달리 표현하자면, 추구한다는 것은 범죄나 광기일 수 있다. 그리고 범죄를 긍정적인 영웅적 태도와 구별하고 광기를 삶을 다스리는 지혜와 구별하는 경계란, 비록 도달한 목표가 명백하게 드러난 절망적인 탈선 상태임이 끔찍할 정도로 분명해져 통상적인 현실과 확연히 구분된다 하더라도, 유동적이고 한갓 심리적인 경계에 불과하다. 서사시와 비극은 이러한 의미에서는 어떠한 범죄도 광기도 알지 못한다. 개념의 일상적 용법에서 범죄라고 불리는 것은 서사시와 비극에서는 전혀 존재하지 않든가 아니면 영혼이 자신의 운명에 대해 갖는 관계, 곧 자신의 형이상학적인 고향 갈망의 매체에 대해 갖는 관계가 가시화되는 점(點), 상징적으로 결합되어 있고 감각적으로 계속 빛을 발하는 그런 점에 지나지 않는다. 서사시는 확고하게 전승된 규범들의 위반이 필연적으로 복수를 낳고, 또 그 복수는 다시 복수를 낳는 식으로 무한히 복수가 계속될 수밖에 없는 순진한 어린아이의 세계이든가 아니면 범죄와 형벌이 무게가 같고 서로 동일한 비중으로서 최후의 심판의 저울에 놓여 있는 완벽한 변신론이다. 그리고 비극에서는 범죄가 아무것도 아니거나 하나의 상징이다. 그것은 기법적 합법칙성에 의해 요구되고 규정된, 사건 진행을 구성하는 단순한 한 요소이든가 아니면 본질 이쪽의 형식들을 파괴하는 것이자 영혼이 자기 자신에게 들어가는 입구이다.

서사시는 광기를 전혀 알지 못한다. 만약 서사시에 광기가 있다면 그것은 단지 광기를 통해서만 분명하게 드러나는 초월적 세계의 일반적으로 이해될 수 없는 언어이다. 비문제적인 비극에서 광기는 종말―그것이 육체적 죽음이든 자기성(自己性)이라는 본질의 불길 속에서 다 타버린 영혼의 살아 있는 사멸 상태이든―에 대한 상징적 표현일 수 있다. 범죄와 광기는 초험적인 고향없음의 객관화이기 때문이다. 다시 말해 사회적인 연관들로 이루어진 인간적 질서 속에서 어떤 행동의 고향없음이 객관화된 것이자 초개인적인 가치 체계의 당위적 질서 속에서 영혼의 고향없음이 객관화된 것이 범죄와 광기이다.

모든 형식은 현존재가 안고 있는 근본적인 불협화음의 해소이다. 그것은 부조리한 것이 제자리로 옮겨져 의미의 담지자로, 의미의 필연적인 조건으로 현상하는 세계이다. 따라서 어느 한 형식에서 부조리의 정점, 깊고도 진정한 인간적 노력의 헛됨, 또는 인간적인 면이 궁극적으로 무가치한 것이 될 가능성 따위가 기본적인 사실로서 받아들여져야 한다면, 또 그 자체로 부조리한 것이 설명되고 분석되며, 그럼으로써 존재하는 것으로서, 파기될 수 없는 현존재로서 승인되어야 한다면, 이러한 형식 속에서 몇몇 물줄기는 충만함의 바다로 이어질 수도 있겠지만, 모든 인물과 사건의 근저에는 분명한 목표의 소멸, 삶 전체의 결정적인 방향 상실이 구성의 기초로서, 형성적인 선험적 토대로서 놓이지 않으면 안 된다.

3) 객관적 형성물들의 세계

어떠한 목표도 직접적으로 주어져 있지 않는 곳에서는 형성물들, 즉 영혼이 인간화될 때 그것이 사람들 사이에서 행하는 활동의 무대이자 기반으로서 대면하게 되는 형성물들은 초개인적인 당위적 필연성들 속에 있는 자신의 명증한 뿌리를 잃어버린다. 형성물들은 단순히 존재하는 어떤 것, 경우에 따라서는 권력을 가진 것이지만 또 경우에 따라서는 다 썩어버린 어떤 것이다. 그것들은 절대적인 것의 위엄을 지니지 않으며, 영혼의 넘쳐흐르는 내면성을 담는 자연스러운 그릇도 아니다. 그것들은 관습의 세계를 이룬다. 이 세계는 영혼의 가장 깊숙한 내면만이 그 전권(全權)에서 벗어나 있는 세계이자 조망하기에는 너무나 다양한 모습으로 도처에 현존하는 세계이다. 이 세계의 엄격한 법칙성은 생성에 있어서나 존재에 있어서나 인식하는 주관에게는 필연적으로 명확한 것이 되지만, 그 모든 합법칙성에도 불구하고 이 세계는 목표를 추구하는 주관에게 의미로서 제시되지 않으며, 또 감각적인 직접성의 형태로는 행위하는 주관에게 소재로서 제시되지도 않는다. 이 세계는 제2의 자연이다. 제1의 자연처럼 그것은 의미와는 생소한 인식적 필연성의 총괄 개념으로서만 규정될 수 있고, 그렇기 때문에 그 현실적 실체에서는 파악될 수도, 인식될 수도 없다.

그러나 문학에서는 실체만이 현존재를 지닌다. 그리고 가장 내적인 면에서 서로 동질적인 실체들만이 상호 간의 구성적 관계라는, 투쟁으로 가득 찬 결합 상태로 들어설 수 있다. 서정시는 제1의 자연이 현상되는 것[9]을 무시할 수 있으며, 이러한 무시의 형성적 힘으로부터 실체적인 주관성의 프로테우스적[10] 신화를 창조할 수 있다. 서정시에는 오직 위대한 순간만이 존재한다. 이 순간에 자연과 영혼의 의미충만한 통일성이나 혹은 의미충만한 분리 상태가, 그리고 또 영혼의 필연적이고 긍정된 고독이 영원하게 된다. 맹목적으로 흘러가는 지속[11]에서 떨어져 나오고 그 근거가 미심쩍은 잡다한 사물들에서 벗어남으로써 영혼의 가장 순수한 내면성은 서정적 순간에 실체로 응결된다. 그리고 낯설고 인식될 수 없는 자연은 내부로부터 추동되어 완전히 조명된 상징으로 뭉쳐진다.

그러나 이러한 영혼과 자연의 관계는 오로지 서정적 순간에만 산출될 수 있다. 이 순간 이외의 경우에 자연은 의미와는 거리가 먼 그 성질 때문에 문학을 위한 뚜렷한 상징들이 마구 뒤섞여 있는, 일종의 회화적 폐물 창고로 변한다. 마법에 걸려 부단히 운동하는 상태로 굳어져버린 듯이 보이는 자연은 오로지 서정시의 주문(呪文)에 의해서만 진정되어 의미충만한 역동적 안정성을 지닐 수 있게 된다. 그럴 것이, 이러한 순간들은 오직 서정시에 있어서만 형성적이고 형식 규정적이기 때문이다. 오직 서정시에서만 실체의 이 매개되지 않은 섬광은 오래전 인멸(湮滅)된 원문(原文)을 돌연히 읽어낼 수 있는 것이 된다. 이러한 체험을 담지하는 주관은 오직 서정시에서만 의미의 유일한 담지자가 되며 유일하게 진정한 현실이 된다.

극은 이러한 현실 너머의 영역에서 펼쳐진다. 그리고 서사적 형식들에서는 주관적 체험이 주관 속에 머물러 있다. 즉 주관적 체험은 기분이 된다. 그리고 자연은—의미와는 생소한 독자적인 삶과 의미충만한 상징성을 박탈당한 채—배경으로, 배경화면으로, 반주음으로 변한다. 즉 자연은 독자성을 상실했으며, 감관으로 파악할 수 있는 본질의 투영, 내면성의 투영에 지나지 않게 된다.

인간의 형성물들인 제2의 자연은 서정적 실체성을 갖지 않는다. 즉 그 형식들은 너무나 경직되어 있어서 상징을 창조하는 순간에 자신을 밀착시킬 수 없으며, 그 법칙들의 내용적 침전물은 너무나 확고해서 서정시에서는 에세이적 동기가 될 수밖에 없는 그런 요소들을 버릴 수가 없다. 이러한 요소들은 전적으로 법칙성의 은총으로만 살아가며, 그리하여 법칙성과는 무관한, 현존재의 감각가(感覺價)는 전혀 갖지 않는다. 따라서 그것들은 법칙성이 없으면 무(無)로 와해될 수밖에 없는 것이다. 이러한 자연은 제1의 자연과는 달리 침묵하지도 분명하지도 않으며, 의미와 낯설지도 않다. 즉 그것은 더 이상 내면성을 일깨우지 못하는 경직되고 낯설게 된 의미 복합체이다. 그것은 살해된 내면성들의 형장(刑場)이다. 따라서 그것이 예전의 현존재나 또는 당위적인 현존재에서 창출했고 보존했던 영혼적인 것을—만약 가능하다면—다시 일깨우는 형이상학적 행동을 통해서는 깨어날 수 있을지 모르지만, 다른 내면성에 의해서는 결코 소생할 수 없을 것이다. 이 자연은 영혼이 기분을 위한 단순 원료로 취급하기에는 영혼이 추구하는 바에 너무 가까우며, 영혼이 추구하는 것에 대한 적합한 표현이기에는 너무 낯선 것이다.

자연, 곧 제1의 자연에 대한 낯섦과 근대적인 성찰적[12] 자연 감정은, 인간 스스로 만들어낸 환경이 인간에게 더 이상 생가(生家)가 아니라 감옥이라는 체험이 투영된 것에 지나지 않는다. 인간에 의해, 인간을 위해 만들어진 형성물들이 인간에게 참으로 적합한 동안에는 그 형성물들이 인간의 필연적이고 본래적인 고향이다. 그런 인간에게는 자연을 추구와 발견의 대상으로 설정하고 체험하는 동경이 생겨날 수가 없다. 순수 인식에 대해서는 합법칙성으로서의 자연이고 순수 감정에 대해서는 위안을 가져오는 것으로서의 자연인 제1의 자연은 인간과 그가 만든 형성물들 사이에서 발생하는 소외의 역사철학적 객관화에 다름 아니다. 형성물들에 내재한 영혼적인 것이 더 이상 직접적으로 영혼이 될 수 없을 때, 형성물들이 언제든 영혼으로 뒤바뀔 수 있는 내면성들이 모여 다져진 것으로 더 이상 나타나지 않을 때, 그것들이 존속할 수 있으려면 인간을 무차별적이고 맹목적으로 그리고 예외 없이 지배하는 힘을 획득해야만 한다. 인간을 노예로 만드는 이 힘에 대한 인식을 사람들은 '법칙'이라 부른다. 그 힘의 전능함과 편재성에 대한 낙담이 인식에 있어서 법칙이라는 개념으로 인간과는 거리가 멀고 영원 불변하는 필연성의 숭고하고도 고상한 논리성이 되는 것이다.

법칙으로서의 자연과 기분으로서의 자연은 영혼의 동일한 장소에서 유래한다. 즉 양자는 도달되는 실체, 의미충만한 실체는 불가능하다는 것, 형성적 주관에 적합한 형성적 대상을 발견하기란 불가능하다는 것을 전제로 한다. 자연 체험에서 유일하게 실재하는 주관은 외부 세계 전체를 기분으로 해소해 버리며, 또 관조적 주관과 그 대상은 본질이 완전히 동일하기 때문에 주관 스스로 기분이 된다. 그리고 욕구와 소망에서 말끔히 벗어난 세계에 대한 순수한 인식욕은 주관을 인식 기능들의 비주관적이고 구성적이며 구성된 총괄 개념으로 바꾸어버린다. 그럴 수밖에 없는데, 주관은 내부로부터 행위할 때에만, 곧 윤리적 주관일 때에만 형성적이기 때문이다. 주관은 자신의 행동의 무대, 자신의 행위의 규범적 대상이 순수 윤리의 소재로 형식화되어 있을 때에만 법칙과 기분에 예속되지 않을 수 있다. 즉 법과 관습이 인륜성과 일치할 때, 영혼적인 것이 형성물들에 즉해서 행동이 되기 위해 그것이 행위하면서 형성물들로부터 분리될 수 있는 것 이상으로 형성물들에 이입될 필요가 없을 때, 오직 그럴 때에만 주관은 법칙과 기분에 예속되지 않을 수 있는 것이다.

그러한 세계의 영혼은 법칙을 인식하려 하지 않는데, 그럴 것이 영혼 자체가 인간에게 법칙이며, 인간은 자신을 입증하는 모든 질료 속에서 동일한 영혼의 동일한 모습을 보게 될 것이기 때문이다. 여기에서는 비인간적인 환경의 낯섦을 기분을 불러일으키는 주관의 힘을 통해 극복하는 일이 하찮고 불필요한 유희처럼 보일 것이다. 여기에서 문제되는 인간 세계는, 영혼이 인간이나 신 또는 마신(魔神)[13]으로서 집에 있는 그런 세계이다. 이 세계에서 영혼은 필요한 모든 것을 찾으며, 자기 자신으로부터 아무것도 창조하거나 되살릴 필요가 없다. 영혼의 현존이, 영혼 친화적인 것으로서 영혼에 직접적으로 주어져 있는 것을 찾고 모으며 형식화하는 행위로 충만해 있기 때문이다.

4) 주인공의 유형

　서사문학의 개인, 곧 소설의 주인공은 외부 세계에 대한 이러한 낯섦에서 생겨난다. 세계가 내적으로 동질적인 한, 인간들 또한 서로 질적으로 구별되지 않는다. 영웅과 악당, 의인과 범죄자가 있을지는 모르지만, 가장 위대한 영웅이라 하더라도 자기 동료들보다 머리 하나만큼 더 클 뿐이며, 가장 현명한 사람의 고귀한 말이라 해도 어리석은 자들 역시 알아듣는다. 사람들 사이의 차이가 건널 수 없는 간극이 되어버렸을 때, 신들이 침묵하고, 제물(祭物)도 황홀경도 신들의 비밀의 말문을 열 수 없을 때, 행동들의 세계가 인간으로부터 분리되고, 또 이렇게 독자적으로 됨으로써 공허해질 때, 그리고 행동들의 세계가 행동들의 참된 의미를 받아들일 수 없게 되고 그 행동들에 즉해 상징이 될 수도, 그 행동들을 상징으로 전환할 수도 없게 될 때, 다시 말해 내면성과 모험이 영원히 서로 분리되어 버렸을 때, 그럴 때에만 내면성의 독자적 삶은 가능하고 필연적이게 된다.

　서사시의 주인공은 엄격히 말하면 결코 한 개인이 아니다. 서사시의 대상은 개인의 운명이 아니라 한 공동체의 운명이라는 점이 옛날부터 서사시의 본질적 징표로 간주되어 왔다. 이는 타당한데, 그럴 것이 서사시의 우주를 규정하고 있는 가치 체계의 원환성(圓環性)과 완결성은 지극히 유기적인 전체를 만들어내므로 그 속에서 어떤 한 부분도 스스로를 내면적인 것으로 여기거나 개성적 인물이 될 만큼 자체 완결적일 수 없으며, 또 독자적일 수 없기 때문이다. 각각의 영혼을 고유하고 유일무이한 것으로 설정하는 윤리의 전권(全權)은 이 세계에서는 아직 낯설고 거리가 멀다. 삶 자체가 어떤 내재적 의미를 자체 내에서 발견하는 때에는 유기체의 범주들이 모든 것을 규정하는 범주가 된다. 즉 개체적인 구조와 모습은 부분과 전체가 서로 조건 짓고 있는 가운데 이루어지는 균형의 산물이지, 길을 헤매는 고독한 개성적 인물의 논쟁적인 자각의 산물이 아닌 것이다.

그렇기 때문에 이와 같이 완결된 세계에서 벌어지는 사건이 지닐 수 있는 의의는 언제나 양(量)적인 것이다. 사건의 구상화(具象化)가 이루어지는 일련의 모험이 지니는 무게는, 그것이 한 민족이나 종족과 같은 커다란 유기적 삶복합체의 행복과 불행에 대해 갖는 중요성에 따른 것이다. 따라서 서사시의 주인공이 왕이어야 하는 것은 비극의 주인공이 왕이어야 하는 것과는 그 이유(비록 마찬가지로 형식적인 이유이긴 하지만)가 다르다. 비극에서 주인공이 왕이어야 한다는 요구는, 운명의 존재론의 길에서 자질구레한 삶의 인과성 일체를 제거해야 하는 필연성에서 생겨났다. 왜냐하면 최고의 사회적 지위에 있는 인물이야말로 상징적 현존의 감각적 외관을 유지하는 가운데 오로지 비극적 문제로부터만 생장하는 갈등을 지닌 유일한 인물이기 때문이며, 또 그러한 인물만이 이미 그 외적인 현상 형식에서 꼭 필요한 분위기, 즉 유리된 유의미성의 분위기를 띨 수 있기 때문이다. 비극에서 상징이었던 것이 서사시에서는 현실이 된다. 즉 어떤 한 운명이 어떤 전체성에 결부되어 있는 상태가 무게를 지니는 것이다. 비극에서는 1이라는 숫자에 붙어서 그것을 1,000,000으로 바꾸는 데 필요한 0들에 불과했던 세계의 운명이, 서사시에서는 사건들에 내용을 부여하는 것이 된다. 그리고 이러한 운명을 담지한다고 해서 그 담지자가 고독하게 되는 것은 아니다. 오히려 그는 공동체와 풀 수 없는 끈으로 결합되어 있는바, 그 공동체의 운명이 그의 삶에서 결정화(結晶化)된다.

공동체는 유기적이고—그래서 자체 내에 의미충만한—구체적인 총체성이다. 그래서 서사시에서 모험들은 항상 절합(節合)되어 있지 결코 엄격하게 완결되어 있지 않다. 각각의 모험은 내적으로 무한히 충만한 생명력을 지닌 하나의 생명체로서, 자신과 같거나 유사한 생명체를 이웃 또는 형제로서 가지고 있다. 호메로스의 서사시들은 중간에서 시작하며, 또 끝으로 종결되지 않는다. 진정한 서사적 의향은 모든 건축적 구성에 대해 무관심하기 때문인데, 이런 무관심은 근거가 있는 것이다. 그리고—『니벨룽겐의 노래』의 디트리히 폰 베른(Dietrich von Bern)처럼—낯선 소재들이 들어오더라도 결코 이러한 균형을 방해할 수는 없다. 서사시에서는 모든 것이 그 고유의 삶을 살아가며, 자신의 내적인 유의미성으로 자기를 완성하기 때문이다. 여기에서는 낯선 것도 중심적인 것과 유유히 악수를 나눌 수 있고, 또 구체적인 것들이 서로 닿기만 해도 구체적인 관계가 생겨난다. 그리고 낯선 것 또한, 원근법상 멀리 떨어져 있고 또 그 충만함이 아직 개진되지 않았다고 해서 통일성을 위태롭게 만드는 게 아니라, 유기적 현존재의 명징성을 띨 것이다.

단테는 건축술이 유기체에 대해 분명하게 승리를 거둔 단 하나의 위대한 사례이다. 그렇기 때문에 그는 순수한 서사시에서 소설로 나아가는 역사철학적 과도기인 셈이다. 그는 아직 진정한 서사시의 완벽한 내재적 무간격성과 완결성을 지니고 있지만, 이미 그의 인물들은 그들에게 닫혀 있는 현실에 대해 의식적이고 열정적으로 맞서고, 또 이러한 저항을 통해 진정한 개성적 인물이 되는 개인들이다. 게다가 단테의 총체성을 구성하고 있는 원리는, 유기적인 각 부분 단위가 갖고 있던 서사적 독자성을 지양해서 이를 위계적으로 정렬된 본래적인 부분들로 바꾸는 체계적 원리이다. 물론 인물들의 이러한 개인성은 주인공보다 주변 인물들에게서 더 많이 발견되며, 이러한 경향의 강도는 목표에서 멀어져 주변으로 갈수록 증가한다. 각각의 부분 단위는 고유한 서정적 삶을 보전하고 있는데, 이는 옛 서사시가 알지 못했고 또 알 수도 없었던 범주이다. 서사시의 전제 조건과 소설의 전제 조건이 이같이 통합되고 양자가 서사시로 종합되는 것은 단테의 세계가 갖는 이중적 세계 구조에 그 근거를 두고 있다. 즉 현세적 삶에서의 삶과 의미의 분열이, 체험되는 현재적 초월성에서의 삶과 의미의 일치에 의해 극복되고 지양되는 것이다. 다시 말해 단테는, 아무런 요청도 갖고 있지 않았던 이전 서사시의 유기체적 성격에, 충족된 요청들의 위계질서를 대립시키고 있는 것이다. 마찬가지로 오로지 단테만이, 주인공의 뚜렷한 사회적 지위와 공동체를 결정하는 일에 참여하고 있는 그의 운명이 결여되어 있어도 아무런 문제가 없는데, 왜냐하면 그의 주인공의 체험은 인간 운명 일반의 상징적인 통일이기 때문이다.

4 소설의 내적 형식

1) 소설의 추상적인 기본 특징과 이로부터 생겨나는 위험들

단테적 세계의 총체성은 가시적인 개념 체계의 총체성이다. 개념들 자체와 체계 속에서 그것들이 이루고 있는 위계질서 양자의 바로 이 같은 감각적 물성(物性)과 실체성을 통해서 완결성과 총체성은 규제적인 구성 범주가 아니라 형성적인 구성 범주가 될 수 있으며, 또 전체를 가로지르는 진행은 목표를 탐색하는 편력이 아니라 긴장으로 가득 차 있으면서도 아무런 위험 없이 잘 인도되는 여행이 될 수 있다. 이로써 역사철학적 상황이 이미 문제들을 소설의 경계선으로 바짝 밀어붙이는 곳에서 서사시가 가능하게 된다.

소설의 총체성은 단지 추상적으로만 체계화될 수 있을 것이다. 그렇기 때문에 여기에서 획득될 수 있는 체계―이는 유기체가 완전히 사라진 후 완결된 총체성의 유일하게 가능한 형식인데―는 추상된 개념들의 체계일 수밖에 없으며, 따라서 직접적으로는 미적 형상화를 위한 고려 대상이 되지 못한다. 물론 바로 이 추상적 체계가 모든 것이 구축되는 궁극적인 기초이지만, 주어져 있는 형상화된 현실에서는 구체적인 삶에 대한 이 추상적 체계의 간극만이—객관 세계의 관습성으로서 그리고 주관 세계의 과도한 내면성으로서—가시화된다. 이렇게 소설의 요소들은 헤겔적 의미에서 철저하게 추상적이다. 유토피아적 완성을 추구하면서 단지 자신과 자신의 욕망만을 참된 실재성으로 느끼는 인물들의 동경이 추상적이며, 단지 사실성과 존속의 힘에만 의거하는 형성물들의 현존재가 추상적이다. 그리고 형상화 요소인 이 두 추상적 집단 사이의 간극을 지양하지 않은 채 그대로 두는, 다시 말해 그 간극을 소설 인물의 체험으로서 극복되지 않은 상태로 구체화하고 두 집단의 연결을 위해 사용하며 그리하여 구성의 매체로 만드는, 형상화하는 의향이 추상적이다.

소설의 이 추상적인 근본 성격에서 생겨나는 위험은 이미 인식되었던바, 서정적인 것이나 혹은 극적인 것으로의 초월, 또는 총체성의 목가적인 것으로의 협소화, 또는, 마지막으로, 단순한 오락문학 수준으로의 전락 따위가 그러한 위험으로 인식된 것들이다. 이러한 위험에 맞서 싸우는 일은, 세계의 미완결성과 균열성, 그리고 자기 너머의 것을 가리키는 그 성질을 의식적이고 철두철미하게 궁극적인 현실로 설정할 때에만 가능하다.

모든 예술 형식은 형이상학적인 삶의 불협화음을 통해 정의되어 있는바, 이 불협화음을 자체 내에 완성된 총체성의 토대로서 인정하고 형상화한다. 이로부터 생겨나는 세계의 기분적 성격, 즉 인물과 사건을 에워싸고 있는 분위기는 완전하게 해소되지 못한 불협화음에서 나오는, 형식을 위협하는 위험에 의해 규정된 것이다. 소설 형식의 불협화음 탓에, 다시 말해 의미 내재성이 경험적 삶 속에 들어가려 하지 않는 탓에 한 가지 형식 문제가 제기되는데, 이 문제의 형식적 성격은 다른 예술 형식들의 형식적 성격보다 훨씬 더 은폐되어 있으며, 또 이 형식 문제는 겉보기에 내용성처럼 보이기 때문에 명백하게 순수한 형식 문제들에서보다 훨씬 더 분명하고 단호하게 이루어지는 윤리적 힘과 미적 힘의 협력을 필요로 한다.

 소설은, 서사시의 규범적인 아이다움과 대조되는, 성숙한 남성성의 형식이다. 극은 삶의 가장자리에 있는 형식으로서, 삶의 연령―비록 이것이 선험적인 범주들로서, 규범적인 단계들로서 파악된다 하더라도―너머에 있다. 소설이 성숙한 남성성의 형식이라는 말은, 소설 세계의 완결은 객관적으로 보면 뭔가 불완전한 것이며, 주관적 체험의 측면에서 보면 일종의 체념이라는 것을 의미한다. 그렇기 때문에 이러한 형상화를 제약하고 있는 위험은 이중적이다. 세계의 균열성이 형식에 의해 요구되는 의미 내재성을 파기할 정도로 현저하게 나타나고 체념이 고통스러운 절망으로 전변할 위험이 있는가 하면, 불협화음이 해소·긍정되고 형식으로 안전하게 감싸인 것으로 확신할 만큼 동경이 너무 강한 나머지 성급하게 끝을 맺어 결국 형식이 상반되는 이질성 속에서 와해되게 만들어버릴(왜냐하면 균열성은 단지 표면적으로만 은폐될 수 있을 뿐 극복될 수 없고, 그래서 허약한 연결들을 파괴하는 가운데 가공되지 않은 원료로서 가시화될 수밖에 없기 때문인데) 위험이 있는 것이다. 그런데 이 두 경우에 형성물〔소설 작품―옮긴이〕은 계속 추상적으로 머물러 있다. 즉 소설의 추상적 기초가 형식으로 화(化)하는 것은 추상화의 자기 통찰의 결과이며, 형식이 요구하는 의미 내재성은 의미 내재성의 부재를 무자비할 정도로 철저하게 드러내는 데에서 생겨난다.

2) 소설의 본질의 과정적 성질

　예술은—삶과의 관계에서—언제나 '그럼에도 불구하고'이다. 형식을 창조한다는 것은 불협화음의 현존재를 최대한 깊이 확증하는 것이다. 그런데 이러한 인정이 소설을 제외한 다른 모든 형식에서, 그리고 이미 이제는 자명해진 이유들 때문에 서사시에서도, 형식 부여에 선행하는 것이라면, 소설에서는 형식 그 자체이다. 그렇기 때문에 형식화하는 과정에서의 윤리와 미학의 관계가 소설의 경우 여타의 문학 장르에서와는 다르다. 후자에서 윤리는 순전히 형식적인 하나의 전제 조건이다. 그 깊이를 통해서는 형식에 의해 조건 지어진 본질로까지 파고들 수 있게 하며, 그 넓이를 통해서는 마찬가지로 형식에 의해 조건 지어진 총체성을 가능하게 만들고, 또 그 포괄성을 통해서는 구성 요소들의 균형—정의(正義)란, 이를 순수 윤리학의 언어로 표현한 것일 따름인데—을 이루어내는 그런 전제 조건인 것이다.
　이에 비해 소설에서 윤리, 곧 의향은 모든 세부의 형상화에서 가시화되며, 따라서 가장 구체적인 그 내용성에 있어서 작품 자체의 유효한 구성 요소다. 그리하여 소설은, 기성(既成)의 형식 속에서 쉬고 있는 여타 장르들의 존재와는 달리, 생성 중인 것으로서, 하나의 과정으로서 나타난다. 그렇기 때문에 소설은 예술적으로 가장 위험한 형식이며, 또 많은 이들이 문제적 성질과 문제 있음을 동일시함으로써 소설을 반쪽 예술이라고 불렀던 것이다. '반쪽 예술'이라는 말은 아주 그럴듯해 보이는데, 오로지 소설만이 모든 비본질적인 형식면에서 자신과 거의 헷갈릴 정도로 똑같은 희화(戲畵)를 갖고 있기 때문이다. 오락문학이 그러한 희화인데, 이것은 소설의 모든 외적 특징을 다 보여주지만 그 본질에 있어서는 어떠한 것과도 결부되어 있지 않고 아무 데도 적절히 기반을 두고 있지 않은, 따라서 완전히 무의미한 것이다. 〔과정으로서가 아니라―옮긴이〕 이미 달성된 것으로 있는 존재의 형식들에서는 그와 같은 희화가 불가능한데, 왜냐하면 형식화의 예술 외적인 요소가 단 한 순간도 은폐될 수 없기 때문이다. 이에 반해 소설에서는―외관상―거의 헷갈릴 정도로 근사(近似)한 것이 있을 수 있는데, 이는 작용하고 결합하며 형식화하는 이념들의 규제적인 은밀한 성격 때문에, 그리고 그 궁극적 내용이 합리화될 수 없는 〔소설의―옮긴이〕 과정이 〔오락문학의―옮긴이〕 공허한 파란만장함과―겉보기에―유사하기 때문에 그러한 것이다. 그리고 이러한 유사함은 구체적인 경우 경우마다 정확히 보면 희화로서 드러날 수밖에 없다.

그리고 소설이 진정한 예술적 특성을 지닌다는 것을 부정하기 위해 다른 데에서 가져온 증거들 또한 겉보기에만 타당해 보일 뿐인데, 그 이유는 다음과 같다. 첫째, 소설의 규범적인 미완성과 문제성은 역사철학적으로 적통(嫡統)의 형식이며, 또 그것이 지니는 정통성의 표지로서 그 기반, 곧 현재적 정신의 진정한 상태에 닿아 있는 것이다. 둘째, 소설의 과정성은 단지 내용상으로만 종결을 배제할 뿐, 형식으로서는 생성과 존재의 부유(浮游)하는, 하지만 안전하게 부유하는 균형을 나타내며, 생성의 이념으로서 상태가 되고, 그리하여 생성의 규범적 존재로 변하면서 자기 자신을 지양한다. 말하자면, "길은 시작되었는데 여행은 끝났다"라고 할 수 있다.

따라서 이러한 '반쪽 예술'은 '완결된 형식들'보다 한층 더 엄격하고 한층 더 확실한 예술적 법칙성을 정해 놓고 있다. 그리고 이러한 법칙들은 그 본질상 뭐라고 정의할 수도 정식화할 수도 없는데, 이렇게 정의하고 정식화하기 힘들면 힘들수록 그만큼 더 큰 구속력을 가진다. 그것은 감지력의 법칙들이다. 전적으로 단순한 삶의 영역에 속하며 그 자체로서는 본질적인 윤리적 세계에 대해서 아무런 중요성을 갖지 않는, 본디 하위 범주인 감지력과 취미가 소설에서는 중대한 형성적 의의를 얻게 된다. 소설의 총체성의 시작과 끝을 이루는 주관성은 오직 이 양자〔감지력과 취미—옮긴이〕를 통해서만 균형을 잡을 수 있고, 스스로를 서사적으로 규범적인 객관성으로서 정립할 수 있으며, 그리하여 이 형식의 위험인 추상성을 극복할 수 있다. 그럴 것이, 위험이 다음과 같은 식으로도 표현될 수 있기 때문이다. 즉 윤리가 한갓 형식적인 선험적 토대로서가 아니라 내용적으로 어떤 형식의 구성을 담지해야 하는 곳에서는, 그리고 서사시의 시대에서와는 달리 삶의 내면적 요소인 윤리와 형성물들 속에 있는 그 행위 기반 사이에 일치는 말할 것도 없고 분명한 수렴조차 주어져 있지 않는 곳에서는, 현존하는 총체성 대신 그것에 대한 주관적 시각이—대서사문학이 요구하는 의향, 곧 그대로 받아들이는 객관성에의 의향을 교란하거나 심지어 파괴하면서—형상화될 위험이 있다. 이러한 위험은 회피될 수 없고 단지 내부로부터 극복될 수 있을 뿐이다. 이러한 주관성이 표현되지 않은 채 있거나 또는 객관성에의 의지로 바뀌게 될 경우, 그것은 제거된 것이 아니기 때문이다. 이러한 침묵과 이러한 지향은 명백하게 의식적인 주관성의 공공연한 등장보다 훨씬 더 주관적이며, 그렇기 때문에—다시 헤겔적 의미에서—한층 더 추상적이다.

3) 형식 원리로서의 반어(反語)

주관성의 자기 인식 및 자기 지양을 최초의 소설 이론가들인 초기 낭만주의 미학자들은 '반어'라고 불렀다. 소설 형식의 형식적 구성소(構成素)로서 반어는, 규범적으로 문학적인 주관이 다음과 같은 두 가지 주관성으로 내적 분열되는 것을 의미한다. 그 두 가지 주관성 중 하나는, 낯선 힘들의 복합체와 마주해서 그 낯선 세계에 자신의 동경의 내용들을 각인하려 애쓰는 내면성으로서의 주관성이고, 다른 한 주관성은 서로 낯선 주관 세계와 객관 세계의 추상성 및 제한성을 통찰하고, 이 두 세계를 그 한계(두 세계의 현존의 필연성과 조건으로 파악되는) 속에서 이해하며, 이러한 통찰을 통해 세계의 이원성을 그대로 존속시키긴 하지만 이와 동시에 서로 본질적으로 낯선 요소들의 상호 제약성 속에서 하나의 통일적 세계를 일별하고 형상화하는 주관성이다. 그런데 이러한 통일성은 순수하게 형식적인 통일성이다. 내면 세계와 외부 세계의 낯섦과 적대성은 지양되지 않았고, 단지 필연적인 것으로 인식되었을 뿐이다. 그리고 이러한 인식의 주관은 자신의 대상이 된 다른 주관들과 마찬가지로 경험적 주관이며 따라서 세계에 사로잡혀 있고 내면성 속에 제한되어 있는 주관이다. 이리하여 반어는 객관적인 형식을 주관적인 형식인 풍자로, 총체성을 시각으로 좁혀버릴 냉정하고도 추상적인 우월성에서 자유롭게 된다. 그럴 것이, 이러한 주관은 직관하고 창조하는 주관으로 하여금 자신의 세계 인식을 자기 자신에게 적용하고 자기 자신을 자신의 창조물들처럼 자유로운 반어의 자유로운 대상으로 취하도록, 요컨대 대 서사 문학에 있어서 규범적으로 정해져 있는 주관, 곧 순전히 받아들이기만 하는 주관으로 스스로를 바꾸도록 강제하기 때문이다.

이러한 반어는 균열 상태의 자기 교정이다. 즉 서로 부합하지 않는 관계들이 〔반어를 통해―옮긴이〕 상호 오해와 엇갈림의 환상적이고 잘 정돈된 원무(圓舞)로 바뀔 수 있는 것이다. 이러한 원무에서는 모든 것이 다양한 측면에서, 즉 유리된 것과 연결된 것, 가치의 담지자와 무가치한 것, 추상적인 분리와 더할 나위 없이 구체적인 독자적 삶, 위축과 개화(開花), 괴롭게 하는 것과 괴로워하는 것 따위로서 보여진다.

4) 소설 세계의 우발적 구조와 전기(傳記) 형식

이리하여 질적으로 완전히 새로운 기초 위에서 삶을 보는 하나의 관점, 즉 부분들의 상대적 자립성과 전체에의 결속성이 풀릴 수 없게 얽혀 있는 상태를 보는 하나의 관점이 다시 획득되었다. 그러나 부분들은 이렇게 연결되어 있음에도 불구하고 자기 자신에 입각해 있는 추상적 상태의 견고함을 결코 상실할 수가 없으며, 총체성에 대한 부분들의 관계는 유기체적인 것에 최대한 근접한 것이긴 하지만 항상 또다시 중단되고 마는 개념적 관계이지 적통(嫡統)의 유기체는 아니다. 이는 구성적 측면에서 보자면 다음과 같은 결과를 낳는다. 즉 인물들과 행위 방식은 진정한 서사적 소재의 무제한성을 갖지만, 그 구조는 서사시의 구조와는 본질적으로 상이하다. 소설 소재의 근본적으로 개념적인 이 의사(擬似) 유기체성이 표현되는 그 구조상의 차이는 동질적·유기체적인 연속성과 이질적·우발적인 불연속성 간의 차이이다. 상대적으로 자립적인 부분들은 이러한 우발성 때문에 서사시의 부분들보다 한층 더 독자적이고 한층 더 자체 완결적이다. 따라서 부분들이 전체를 파괴하지 않기 위해서는 자신들의 단순한 현존재를 초월하는 수단들을 통해 전체에 편입되어야만 한다. 부분들은 서사시에서와는 달리 엄격한 구성적·건축술적인 의의를 가져야 하는데, 그것은 『돈키호테』에 나오는 노벨레들처럼 문제를 역으로 조명하는 것으로서 그럴 수도 있고, 〔『빌헬름 마이스터의 수업시대』에 나오는―옮긴이〕「아름다운 영혼의 고백」처럼 은폐되어 있지만 결말과 관련해 결정적으로 중요한 모티프를 전주(前奏)하는 삽입부로서 그럴 수도 있다. 부분들이 그냥 단순히 있다고 해서 그 존재가 정당화되는 것은 결코 아니다. 단지 구성상 통합되어 있을 뿐인 부분들이 불연속적인 독자적 삶을 영위할 수 있는 이러한 가능성은 물론 징후로서만, 소설의 총체성의 구조가 가장 명확하게 드러나는 징후로서만 유의미하다. 전범이 되는 모든 소설이 이와 같이 극도로 일관된 구조를 보여줄 필요는 전혀 없다. 소설 형식의 문제성을 전적으로 이같은 특성에 초점을 맞추어 극복하려는 시도는 심지어 구성의 작위성과 과도한 명확성을 낳을 수밖에 없는데, 낭만주의나 파울 에른스트[1]의 첫 번째 소설이 그런 경우이다.

그도 그럴 것이, 앞서 말한 것은 우발성의 징후에 지나지 않기 때문이다. 이 징후를 통해 밝혀지는 것이라고는, 필연적으로 언제 어디서나 존재하지만, 구성의 정교한 반어적 감지력을 통해 유기체의 가상(이는 항상 다시 가상임이 폭로되는데)으로 은폐되는 사태뿐이다.

소설의 외적 형식은 본질적으로 전기적 형식이다. 항상 삶이 탈각되는 개념 체계와, 내재적·유토피아적인 완성의 안정 상태에는 결코 도달할 수 없는 삶복합체, 이 양자 사이에서 부유하는 상태는 전기가 추구하는 유기체성 속에서만 객관화될 수 있다. 유기체성이 전체 존재의 모든 것을 지배하는 범주인 세계 상황에서라면, 한정적으로 제한되어 있는 한 생명체의 개체성을 양식화의 출발점으로 삼고 형상화의 중심점으로 만들려고 할 경우, 그것은 바로 그 유기체적 성격을 어처구니없이 훼손하는 것으로 나타날 것이다. 형성적 체계들의 시대에서는, 한 개별적 삶이 전범으로서 갖는 의의란 결코 하나의 예 이상이 되지 못한다. 개별적 삶을 가치들의 기반으로서가 아니라 가치들의 담지자로 현시(顯示)하는 것[2)]은, 설령 그러한 계획이 나타날 수 있다손 치더라도, 더할 나위 없이 우스꽝스러운 월권 행위가 될 수밖에 없을 것이다.

전기 형식에서 개별자, 곧 형상화된 개인은 고유한 무게를 가지는데, 그 무게는 삶의 전일적 지배와 관련해서 보면 너무 무겁고, 체계의 전일적 지배와 관련해서 보면 너무 가벼울 것이다. 또, 그는 일정 정도 유리되어 있는데, 그 유리의 정도는 체계의 전일적 지배와 관련해서 보면 너무 크고, 삶의 전일적 지배와 관련해서 보면 하찮은 것일 터이다. 그리고 또 그는 자신이 담지하고 실현하는 이상과 관계를 가지는데, 그 관계는 체계의 전일적 지배와 관련해서 보면 너무 강조된 것이고, 삶의 전일적 지배와 관련해서 보면 충분히 종속되어 있지 않은 것이 될 것이다.

전기 형식에서는 삶의 직접적 통일성 및 모든 것을 완결짓는 체계의 건축적 구성을 얻고자 하는, 실현 불가능한 성찰적 추구가 안정과 균형을 얻고 존재로 변하게 된다. 그럴 것이, 전기의 중심 인물은 자기를 넘어서는 이상 세계와의 관련을 통해서만 의미를 가지지만, 이 이상 세계는 또한 오로지 이러한 개인의 삶을 통해서만 그리고 이러한 체험의 작용을 통해서만 실현되기 때문이다. 그리하여 전기 형식에서는 현실화되지 않은, 또 유리된 상태 속에서 현실화 능력이 없는 삶의 두 영역의 균형으로부터 자체 내에—비록 역설적인 방식으로 이긴 하지만—완성되어 있고 내재적으로 의미 충만한 새롭고 특별한 삶, 곧 문제적 개인의 삶이 생겨난다.

우발적 세계와 문제적 개인은 서로를 조건 짓는 현실이다. 개인이 문제적이지 않다면, 그에게는 목표들이 직접적으로 명확하게 주어져 있는 것이다. 그리고 실현된 이 목표들에 의해 구성되는 세계는 그에게 목표들을 현실화하는 데 있어서 단지 어려움과 장애를 야기할 수 있을 뿐, 결코 내면적으로 심각한 위험을 야기할 수 없다. 외부 세계가 더 이상 이념들과의 연관 속에 있지 않을 때, 이념들이 인간 속에서 주관적인 영혼적 사실들, 곧 이상들이 될 때 비로소 위험이 생겨난다. 이념들이 달성될 수 없는 것으로, 또—경험적인 의미에서—비현실적인 것으로 설정됨으로써, 다시 말해 이념들이 이상들로 전환됨으로써, 개인성의 직접적인, 아무런 문제 없는 유기체성이 깨어진 것이다. 개인성은 자기 자신에게 목표가 되었는데, 왜냐하면 개인성은 자신에게 본질적인 것, 자신의 삶을 본래적인 삶으로 만드는 것을 자신 속에서 발견하긴 하지만 자기 것이자 삶의 기반으로서가 아니라 추구해야 하는 것으로서 발견하기 때문이다. 그런데 개인을 둘러싸고 있는 환경은 그의 내부 세계를 근거 짓고 있는 것과 동일한 범주적 형식들의 내용상 다른 기반이자 질료에 지나지 않는다. 따라서 있는 현실과 있어야만 하는 이상 간의 넘어설 수 없는 간극은, 단지 구조만 상이한 질료에 따라서 외부 세계의 본질을 이루지 않을 수 없는 것이다.

이러한 구조적 상이성은 이상의 순수한 부정성에서 가장 분명하게 드러난다. 영혼의 주관적인 세계 속에서 이상은, 비록 그 현실성의 수준에서는 체험 수준으로 전락한 듯 보이며 그렇기 때문에 직접적으로, 또 내용상 긍정적으로 나타날 수 있다 하더라도, 다른 영혼적 현실들과 마찬가지로 자기 집에 있는 것이다. 이에 반해 인간을 에워싸고 있는 환경에서 현실과 이상의 간극은 단지 이상의 부재로, 그리고 이를 통해 야기된, 한갓된 현실의 내재적인 자기비판으로, 즉 내재적 이상이 결여된 무가치한 현실의 자기 폭로로 모습을 드러낸다.

5) 소설 세계의 현시(顯示) 가능성과 그 현시의 수단

주어진 단순한 상태에서는 전적으로 사유의 변증법만 보여줄 뿐 직접적인 문학적·감각적인 명징성을 보여주지는 않는 이러한 자기 파괴의 현상 형식은 이중적이다. 첫째는 내면성과 그 행위 기반 간 일치의 결여인데, 이러한 결여는 내면성이 진정한 것일수록, 내면성의 원천이 영혼 속에서 이상이 된 존재의 이념에 가까이 있을수록 더욱더 뚜렷하게 드러날 수밖에 없다. 둘째는 이상과는 낯선 상태에서 내면성과 적대하는 가운데 실지로 자기 완결적이 될 수 없는 이 세계의 무능력인데, 이는 전체로서의 자신과 관련하여 총체성의 형식을 발견할 수 없는 무능력이자 그 요소들과의 관계 및 요소들 서로 간의 관계와 관련하여 응집력 있는 형식을 발견할 수 없는 무능력이다. 이를 달리 표현하자면, 현시 불가능성이라 할 수 있다. 그러한 외부 세계의 부분들 및 전체는 직접적인 감각적 형상화의 형식들에서 벗어나 있다. 그것들은 그 속에서 길을 잃고 헤매는 인물의 체험적 내면성과 관련될 수 있을 때, 혹은 작가의 서술적 주관성이 취하는 직관적·창조적인 시선과 관련될 수 있을 때, 다시 말해서 기분의 대상이 되거나 혹은 반성의 대상이 될 때 비로소 생명을 얻는다.

 이것은 소설이 모든 형식들을 자체 내에 통합하는 가운데 순수한 서정시와 순수한 사유를 자신의 구성 속에 받아들여야 한다는, 소설에 대한 낭만주의적 요구의 형식적 근거이자 문학적 정당화이다. 이 현실의 불연속적 성격은 역설적이게도 다름 아닌 서사적 유의미성과 감각가(感覺價)를 위해 그 자체로서는 서사문학에 본질적으로 낯설거나 문학 일반에 본질적으로 낯선 요소들을 이같이 포함할 것을 요구한다. 이러한 요소들이 하는 역할은, 그것들이 다른 때에는 산문적이고 산발적이며 비본질적인 사건들에 부여했을 서정적 분위기와 개념적으로 파악되는 유의미성으로 끝나지 않는다. 모든 것을 결합하는 전체의 궁극적 토대, 곧 총체성을 구성하고 있는 규제적 이념들의 체계 또한 이러한 요소들 속에서만 가시화될 수 있다. 궁극적으로 외부 세계의 불연속적 구조는 이념 체계가 현실에 대해 오직 규제적인 힘만을 가진다는 사실에 기인한다. 이념들이 현실의 내부로 파고들어 올 수 없다는 사실이 현실을 이질적인 불연속체로 만드는 것이며, 또 바로 이와 동일한 관계에서 이념 체계와 강한 관계를 맺고자 하는 현실 요소들의 강렬한 욕구를, 단테의 세계에서 그랬던 것보다 한층 더 강렬한 욕구를 야기하는 것이다. 단테의 세계에서는 모든 현상이 세계의 건축적 구조 속에서 자기 장소를 할당받음으로써 그 각각의 현상에 삶과 의미가―호메로스의 유기체적 세계에서 삶과 의미가 모든 삶의 표현 속에서 완전히 내재적으로 현존해 있었던 것과 마찬가지로―직접적으로 부여되어 있었다.

 우리가 소설의 내적 형식이라고 파악했던 과정이란, 문제적 개인이 자기 자신을 향해 가는 편력, 즉 자체 내 이질적이고 그 개인에게는 아무런 의미도 없는, 단순히 현존해 있는 현실 속에 흐릿하게 사로잡혀 있는 상태에서 명확한 자기 인식으로 가는 길이다. 이러한 자기 인식에 도달한 이후, 삶의 의미로서 발견된 이상이 삶의 내재성 속에 빛을 비추긴 한다. 그러나 존재와 당위의 균열은 극복된 것이 아니며, 또 이러한 일이 전개되는 영역, 곧 소설 속 삶의 영역에서도 그 균열은 극복될 수가 없다. 달성할 수 있는 것이라고는 존재와 당위의 간극이 최대한 좁혀지는 것, 즉 인물이 자신의 삶의 의미에서 나오는 빛의 세례를 아주 깊고 강렬하게 받는 상태뿐이다. 형식에 의해 요구되는 의미 내재성은, 의미를 이렇게 단순히 일별하는 것이 삶이 줄 수 있는 최고의 것이자 삶 전체를 걸 만한 유일한 것이고, 이렇게 투쟁할 가치가 있었던 유일한 것이라는 인물의 체험을 통해서 이루어진다. 이러한 과정은 한 인간의 생애를 포괄한다. 그리고 한 인간의 자기 인식으로 가는 길이라고 하는, 그 과정의 규범적 내용과 더불어 그 방향과 범위가 주어져 있다.

과정이라는 내적 형식과 이에 가장 적합한 형상화 가능성인 전기 형식은, 소설 소재의 불연속적인 무제한성과 서사시 소재의 연속적인 무한성 사이의 커다란 차이를 아주 첨예하게 보여준다. 소설 소재의 이러한 무제한성은 악무한성(schlechte Unendlichkeit)을 띠며, 그렇기 때문에 형식이 되기 위해서는 한계를 필요로 한다. 이에 반해 순수하게 서사적인 소재의 무한성은 내적 무한성이자 유기적 무한성이며 자체적으로 가치를 담지하고 있고 가치가 두드러지는 무한성이다. 이러한 무한성은 자신의 한계를 스스로 그리고 내부로부터 설정한다. 여기에서 범위의 외적 무한성이란 어떻게 되든 거의 상관이 없는 것으로서, 단지 하나의 결과에 불과하거나 기껏해 봐야 하나의 징후에 지나지 않는다. 전기 형식은 소설에서 악무한의 극복을 수행한다. 즉 세계의 범위는 주인공의 가능한 체험의 범위를 통해 한정되고, 체험은 자기 인식 속에서 삶의 의미를 발견하려는 주인공의 형성 과정이 취하는 방향을 통해 조직화되는 한편, 유리된 인간들, 의미와는 생소한 형성물들, 아무런 의미도 없는 사건들이 엉켜 있는 불연속적·이질적인 덩어리는 모든 개별 요소들이 주인공 및 그의 삶의 역정에 의해 구상화(具象化)되는 삶의 문제와 관련됨으로써 통일적인 짜임새를 얻게 된다.

6) 소설의 내적 범위

소설의 내용을 채우는 과정의 시작과 끝에 의해 규정되어 있는 소설 세계의 처음과 끝은, 이로써 명확하게 측정된 도정의 의미심장한 경계석이 된다. 본디 소설은 삶의 자연스러운 시작과 끝, 곧 탄생과 죽음에 별로 결부되어 있지 않다. 그렇지만 소설은 그것이 시작하고 끝나는 바로 그 지점을 통해서 문제에 의해 규정되어 있는 전적으로 본질적인 구간을 — 그 구간 이전과 이후에 놓여 있는 모든 것은, 단지 원근법적인 모사와 문제와의 관련성 속에서만 건드리면서 — 제시하며, 또 자신에게 본질적인 삶의 진행 속에서 자신의 서사적 총체성 전체를 전개하려는 경향이 있다. 이러한 삶의 처음과 끝은 인생의 처음과 끝과는 일치하지 않는데, 이 사실을 통해 이러한 전기 형식의 이념 정향적 성격이 드러난다. 다시 말해, 한 인물의 발전은 세계 전체가 거기에 얽혀 들고 또 그것을 통해 풀려 나오는 그런 실과 같은 것이 사실이지만, 이러한 삶은 소설의 내·외적 세계를 규제적으로 규정하고 있는 저 체계, 즉 이념들과 체험된 이상들의 체계를 전형적으로 대표하는 것일 때에만 유의미하게 된다.

빌헬름 마이스터의 문학적 현존재가 자신에게 주어진 생활 환경과의 첨예해진 위기에서부터 본질에 합당한 천직(天職)을 발견하는 데까지 뻗어 있다면, 이러한 전기적 형상화는 주인공이 유년기에 겪은 최초의 중요한 체험에서 시작해서 그의 죽음에 이르기까지 지속되는 폰토피단 소설[3]에서의 인생 행로와 그 원리가 동일하다. 어떤 경우이든 이러한 양식화는 서사시의 양식화와는 현저하게 다르다. 서사시에서는 중심 인물과 그의 중요한 모험들이 그 자체로 유기적인 것이 된 덩어리여서, 처음과 끝이 의미하는 것이 소설에서와는 전혀 달리 본질적으로 덜 중요하다. 즉 서사시에서 처음과 끝은 전체의 정점들을 이루고 있는 다른 계기들과 마찬가지로 높은 강렬성의 계기이며, 커다란 긴장의 발생이나 해소 이상의 의미는 결코 가지지 않는다.

단테는 다른 모든 점에서 그렇듯이 여기에서도 독특한 위치를 차지한다. 그의 경우에는 소설을 향해 나아가려 하는 형상화 원리들이 서사시로 뒤바뀌고 있는 것이다. 그의 경우 처음과 끝은 본질적인 삶의 결단이며, 또 의미를 부여하는 것으로서 유의미해질 수 있는 모든 것이 그 처음과 끝 사이에서 펼쳐진다. 시작 이전에는 헤어날 길 없는 혼돈이 있고, 끝 이후에는 더 이상 위험이 없는 안전한 구원의 상태가 있다. 하지만 처음과 끝이 포괄하고 있는 것은 무엇보다도 과정의 전기적 범주들에서 벗어나 있다. 그것은 무아경의 영원히 존재하는 생성이다. 소설 형식에서라면 파악되고 형상화될 수 있을 것이, 이러한 체험의 절대적 의의에 의해 절대적인 비본질성이 되는 운명에 처하게 된다.

소설은 처음과 끝 사이에 자신의 총체성의 본질적인 것을 포함한다. 소설은 그럼으로써 한 개인을, 그의 체험을 통해 하나의 전체적 세계를 창조해야 하고 또 그렇게 창조된 세계의 균형을 잡아야 하는 인간의 무한한 높이로 고양시킨다. 이 높이는 서사시적 개인은 물론이고 단테의 개인, 즉 이 같은 의의를 자신의 순수한 개인성 덕택이 아니라 그에게 베풀어진 은총 덕택에 얻는 단테의 개인조차도 결코 도달할 수 없는 높이다. 하지만 바로 그와 같은 완결을 통해〔소설에서—옮긴이〕 개인은 단순한 도구가 되는데, 이러한 도구가 중심적 위치를 차지하는 것은 그것이 세계의 특정한 문제성을 보여주기에 적합하기 때문이다.

5 소설의 역사철학적 제약과 의의

1) 소설의 의향

　소설의 구성은 이질적이고 분산된 요소들이 융합되어 하나의 유기체를 이루었다가 항상 다시 해체되는 역설적인 양상을 띤다. 추상적인 요소들을 결속시키는 관계들은 순전히 추상적이며 형식적이다. 그렇기 때문에 궁극적인 통합 원리는 내용상으로 분명하게 드러나는 창조적 주관성의 윤리일 수밖에 없다. 그러나 이 윤리는 서사적 창조자의 규범적 객관성이 실현되기 위해 다시금 지양되어야만 한다. 또 이 윤리는 결코 형상화의 대상들 속에 완전히 스며들 수가 없으며, 따라서 주관성을 완전히 버리고 객관 세계의 내재적 의미로서 현상할 수가 없다. 이런 이유들 때문에 윤리 자체는 균형을 창조하는 감지력을 구현하기 위해 재차 내용적으로 규정된 새로운 윤리적 자기 교정을 필요로 한다. 두 윤리적 복합체의 이 같은 상호 작용, 즉 형식화에서의 양자의 이원성과 구성 양식에서의 양자의 통일성이 소설의 규범적 의향인 반어—주어져 있는 그 조건의 구조 탓에 지극히 복잡하게끔 되어 있는—의 내용이다.

이념이 현실로서 형상화되는 모든 형식에서는 현실에서의 이념의 운명이 변증법적 반성의 대상이 될 필요가 없다. 이념과 현실의 관계는 순수하게 감각적인 형상화 속에서 처리되며, 그 양자 사이에 작가의 의식적이고 현저한 지혜에 의해 채워져야 할 간극의 빈 공간은 남아 있지 않다. 따라서 이러한 지혜는 형상화 이전에 처리될 수 있으며, 형식들 뒤에 숨겨질 수 있고, 작품 자체 속에서—반어로서—자기를 억지로 지양할 필요가 없다. 작가의 지혜가 작품 자체 속에서 지양되는 이유는 창작하는 개인의 반성, 곧 작가의 내용적 윤리가 이중적이기 때문이다. 반성은 우선 삶 속에서 이상에 부합하는 운명에 대한 반성적 형상화에 관계되는 문제이다. 즉 그러한 운명 연관의 사실성에 관계되는 문제이자 그 운명 연관의 실재성을 평가하는 고찰에 관계되는 문제이다. 그러나 이 반성은 또다시 숙고의 대상이 된다. 즉 반성 그 자체가 한갓 이상이자 주관적이고 단지 요청적인 것에 불과하며, 또 자기와는 낯선 현실 속에 있는 어떤 운명에 직면해 있는 것이다. 그런데 이번에는 이 운명이 순수하게 반성적으로, 단지 서술자 속에 머물면서 형상화되어야 한다.

반성하지 않을 수 없다는 바로 이와 같은 점이 모든 진정하고 위대한 소설의 가장 깊은 멜랑콜리이다. 작가의 소박성—이는 오로지 순수한 숙고의 근본적인 비예술성과 관련해서만 긍정적인 표현인데—은 여기에서 억압되고 대립물로 굴절된다. 필사적으로 획득된 평형, 상호 지양하는 반성들의 자유롭게 부유하는 균형, 제2의 소박성, 소설가의 객관성 따위는 그러한 사실에 대한 형식적 벌충에 불과하다. 즉 소설가의 객관성은 형상화를 가능케 하며 형식을 완결짓지만, 완결의 방식 자체는 [형식의 완결을 위해―옮긴이] 바쳐야만 했던 제물, 곧 찾으려 애썼으나 결국은 찾지 못한 영원히 잃어버린 낙원을 웅변조로[1] 가리키고 있다. 그 낙원을 헛되이 추구하다 결국에는 체념하여 포기하는 것을 통해 형식의 원(圓)은 완성되었던 것이다.

  소설은 성숙한 남성성의 형식이다. 즉 소설 작가는 "운명과 마음은 한 개념의 다른 이름"(노발리스)이라고 하는, 모든 시문학[2]이 갖고 있던 찬란한 청춘의 믿음을 잃어버렸다. 모든 문학의 가장 본질적인 이 신앙 고백을 삶에 맞서 요구로서 내세워야만 하는 필연성이 작가의 마음속에 더 고통스럽고 더 깊숙이 뿌리내리고 있으면 있을수록, 그러한 신앙고백은 하나의 요구일 뿐 실제로 작용하는 현실은 아니라는 것을 작가는 더욱더 고통스럽고 깊게 파악할 수밖에 없다. 그리고 이러한 통찰, 곧 작가의 반어는 시문학에 필수적인 젊음 속에서 이러한 믿음을 실현하다가 파멸하는 그의 주인공들을 향한 것일 뿐만 아니라, 이러한 싸움의 부질없음과 현실의 궁극적인 승리를 통찰하지 않을 수 없었던 그 자신의 지혜를 향한 것이기도 하다. 정말이지 반어는 두 방향에서 배가(倍加)된다. 반어는 이 싸움이 몹시 절망적이라는 것뿐만 아니라, 이 싸움을 포기하는 것은 더욱더 절망적이라는 것도 파악하고 있다. 즉 현실을 이겨내기 위해 영혼의 비현실적인 이상성을 포기하고 이상과는 거리가 먼 세계에 의도적으로 적응하는 것은 저열한 패배라는 것도 파악하고 있는 것이다. 그리고 반어는 현실을 승자로 형상화하는 과정에서, 패자 앞에서 그 승자는 아무런 가치도 없다는 것을 드러낼 뿐 아니라 이 승리가 결코 궁극적인 승리일 수 없고 이념의 새로운 봉기에 의해 거듭 뒤흔들리게 되리라는 것도 드러낸다. 나아가 반어는 세계의 우세가 세계 자체의 힘 덕택이라기보다는(이 힘의 조야한 무방향성 자체로는 그와 같은 우세를 누리기에 충분치 못하다), 이상의 무게에 눌린 영혼의 내적인—비록 필연적이긴 하지만—문제성 탓이라는 것도 드러낸다.

성숙한 상태의 멜랑콜리는 분열적 체험에서 생겨난다. 즉 소명 받았다고 하는 내면의 목소리에 대한 청춘의 절대적 신뢰가 중단되거나 감소하는 한편, 이제 사람들이 영리한 지배욕으로 몰두하는 외부 세계에서는 분명하게 길을 가리키고 목표를 규정하는 목소리를 듣기란 불가능하다는 체험에서 생겨나는 것이다. 청춘의 주인공들은 신들의 길 안내를 받는다. 그 길의 끝에서 손짓하고 있는 것이 파멸의 광휘이든 성공의 행복이든, 아니면 두 가지 다이든 간에, 그들은 결코 홀로 길을 가지 않는다. 그들은 언제나 인도받고 있는 것이다. 그렇기 때문에 그들의 걸음걸이는 확신에 차 있다. 그들은 모두로부터 버림받아 홀로 외딴 섬에서 슬퍼하며 눈물지을 수도 있으며, 또 앞을 보지 못해 길을 잃고 헤매다가 지옥의 입구까지 와 비틀거릴 수도 있다. 그렇지만 언제나 그들을 감싸고 있는 것은 안전이 보장되어 있는 이 같은 분위기, 즉 주인공이 갈 길들을 미리 정해 주고 주인공에 앞서 그 길들을 걸어가는 신의 분위기이다.

2) 마성

추방되어 아직 권세를 부리지 못하는 신들은 마신(魔神)[3]이 된다. 그들의 힘은 효력이 있고 또 살아 있지만, 세계 속에 더 이상, 또는 아직은 파고들지 못한다. 세계는 이미 하나의 의미 연관, 하나의 인과성을 가졌는바, 그 인과성은 마신이 되어버린 신의 생생히 활동하는 힘에게는 도무지 이해될 수 없는 것인 반면, 인과성의 관점에서 보자면⁴⁾ 그 신의 충동이란 전혀 무의미한 것으로 나타난다. 그러나 그 신의 활동력은 소멸되지 않은 채 있는데, 왜냐하면 옛 신의 사라짐이 새로운 신의 존재를 뒷받침하고 있기에 그 활동력은 소멸될 수 없기 때문이다. 그리고 이러한 이유 때문에 새로운 신은—유일하게 본질적인 존재, 곧 형이상학적인 존재의 영역에서—옛 신과 동일한 현실가(現實價)를 지닌다. 괴테는 마성(魔性)에 관해 다음과 같이 말했다.

그것은 신적이지 않았는데, 그럴 것이 비이성적인 듯이 보였기 때문이다. 그것은 인간적이지 않았는데, 그럴 것이 지성을 가지지 않았기 때문이다. 그것은 악마적이지 않았는데, 그럴 것이 선행을 베풀었기 때문이다. 그것은 천사적이지 않았는데, 그럴 것이 남이 잘못되는 것을 즐기는 모습을 종종 보였기 때문이다. 그것은 우연과 닮았는데, 그럴 것이 어떠한 결과도 증명하지 않았기 때문이다. 그것은 섭리(攝理)와 비슷했는데, 그럴 것이 연관성을 예시(豫示)했기 때문이다. 그것은 우리를 제한하는 모든 것을 꿰뚫을 수 있는 듯이 보였다. 그것은 우리의 현존재를 위해 필요한 요소들을 자의적으로 다루는 듯이 보였다. 그것은 시간을 수축시켰고 공간을 확장했다. 그것은 오로지 불가능한 것만 마음에 들어 하는 듯이 보였고, 가능한 것은 경멸하면서 배척하는 듯이 보였다."*

---

* 독일어 판 편집자 주 : J. W. v. Goethe, *Dichtung und Wahrheit*, 4. Teil, 20. Buch, *Goethes Werke. Hamburger Ausgabe, Bd. 10*, Hamburg, 1963(3), 171~187쪽.

그러나 오로지 본질적인 것—그것이 어디에서 유래하건 그 목표가 무엇이건 간에—만이 문제가 되는 영혼의 본질적인 추구가 존재한다. 고향에 대한 갈구가 하도 강해서 귀향길인 듯한 오솔길이 보이자마자 맹목의 격정으로 그 길에 들어설 수밖에 없는, 그런 영혼의 동경이 존재한다. 이 열정은 그 길을 끝까지 갈 수 있을 만큼 강하다. 다시 말해서, 이러한 영혼에게는 모든 길이 본질로 가는 길, 집으로 가는 길인데, 그럴 것이 이 영혼에게는 그 자신이 고향인 까닭이다. 따라서 서사시의 경우 설령 어떤 마신이 서사시의 영역에 발을 들여 놓는다 해도 그는 무력한 존재, 굴복하는 고차적 존재이자 연약한 신인 데 반해, 비극은 신과 마신 사이의 어떤 현실적 차이도 알지 못한다. 비극은 상위 세계들의 위계질서를 파괴한다. 비극에는 신도 마신도 없는데, 그럴 것이 외부 세계는 영혼이 자기 발견을 하게 하는 동기, 영웅을 영웅이게 하는 동기에 불과하기 때문이다. 외부 세계는 그 자체로서는 완전하게든 불완전하게든 의미에 의해 관철되어 있지 않으며, 존재해 있는 객관적인 의미 형성들과는 무관하게 맹목적인 사건이 혼란스럽게 뒤섞여 있는 것이다. 그러나 영혼은 모든 사건을 운명으로 바꾸며, 또 영혼만이 모든 사건을 가지고 그렇게 한다. 비극이 과거의 것이 되고 극의 의향이 초월적으로 될 때야 비로소 신과 마신이 무대에 등장한다. 은총극에 와서야 비로소 상위 세계의 백지상태(*tabula rasa*)는 다시 높은 지위를 가진 형상과 낮은 지위를 지닌 형상으로 채워진다.

3) 소설의 역사철학적 위치

소설은 신에게 버림받은 세계의 서사시이다. 소설 주인공의 심리는 마성적이다. 소설의 객관성이란, 현실 속에 의미가 결코 완전히 스며들 수는 없지만 의미가 없으면 현실은 아무런 본질도 없는 무(無)로 붕괴하고 말리라는 것을 꿰뚫어 보는 남성적인 성숙한 통찰이다. 이 모든 것은 결국 같은 말이다. 그것은 소설적 형상화 가능성들의 생산 한계, 내부로부터 그어진 한계를 나타내는 것이자 이와 동시에 위대한 소설들이 가능한 역사철학적 순간, 다시 말해서 말해져야만 하는 본질적인 것을 구현하고 있는 상(像)으로 소설이 성숙하는 역사철학적 순간을 명확하게 가리킨다. 소설의 의향은 성숙한 남성성이며 소설 소재의 특징적 구조는 불연속성, 곧 내면성과 모험의 균열이다.

"나는 내 영혼을 시험하러 간다"라고 브라우닝의 파라셀서스[5]는 말한다. 멋진 말이긴 한데, 다만 그것이 극의 주인공이 하는 말이라는 점에서는 부적절하다. 극의 주인공은 모험을 알지 못한다. 그도 그럴 것이, 그에게 모험이 될 법한 사건은 그가 도달한 영혼의 힘(이 힘은 운명에 의해 신성하게 되는데) 덕분에 영혼과 닿기만 해도 운명이 되고, 영혼이 자기를 입증하는 단순한 기회가 되며, 영혼의 도달 행위 속에서 미리 형성되어 있었던 것이 드러나게 되는 동인이 된다. 극의 주인공은 내면성을 모른다. 내면성이란 영혼과 세계의 적대적인 이원성에서, 심리와 영혼 간의 고통스러운 간극에서 생겨나는 것이기 때문이다. 또한 비극의 주인공은 이미 자신의 영혼에 도달했으며, 그렇기 때문에 그는 자신에게 낯선 현실을 모른다. 외적인 것은 모두 다 그에게, 미리 정해져 있는 적합한 운명이 펼쳐지는 기회가 된다. 때문에 극의 주인공은 자신을 시험하기 위해 길을 나서지 않는다. 그가 주인공인 까닭은, 그의 내적 확실성이 일체의 시험받음 저편에서 선험적으로 보장되어 있기 때문이다. 운명을 형성하는 사건은, 그에게는 단지 하나의 상징적 객관화이자 심오하고도 장엄한 의식(儀式)에 불과하다.(극의 중심인물들이 시험받아야만 한다는 것, 그들이 자신들의 영혼에 대한 간극을 자기 속에서 느끼고 그 간극을, 사건들로 직면하게 되는 시험에 필사적으로 합격하고자 하는 가운데 극복하려 한다는 것이 현대극, 특히 입센[6]의 극이 가지고 있는 가장 본질적이고 내적인 몰양식성(沒樣式性)이다. 현대극의 주인공들은 극의 전제 조건들을 체험한다. 즉 작가가—그의 창작의 현상학적 전제 조건으로서—극 이전에 수행했어야 했을 양식화 과정을 극 자체가 거치는 것이다.)

소설은 내면성이 갖는 고유한 가치가 감행하는 모험의 형식이다. 소설의 내용은 자신을 알기 위해 길을 나서는 영혼의 이야기이자, 모험에서 자신을 시험하기 위해, 자신을 입증하는 가운데 자기 고유의 본질성을 찾기 위해 모험을 찾아 나서는 영혼의 이야기이다. 서사시적 세계의 내적인 안정성은 이와 같은 본래적 의미에서의 모험을 배제한다. 즉 서사시의 주인공들은 일련의 다채로운 모험들을 겪어나가지만 그들이 그 모험을 내·외적으로 이겨내리라는 데에는 의문의 여지가 없다. 세계를 지배하고 있는 신들은 마신들(인도 신화는 이들을 방해의 신이라 부르는데)에게 항상 승리하게 되어 있다. 그래서 서사시의 주인공은 괴테와 실러가 요구한 수동성을 지닌다. 다시 말해서, 그의 삶을 장식하며 채우고 있는 모험의 원무(圓舞)는 세계의 객관적이고 외연적인 총체성의 형상화이며, 그 자신은 이러한 모험의 원무가 펼쳐지는 한가운데에서 빛을 발하는 중심점이자, 세계의 리듬 운동 가운데에서 내적으로 가장 부동(不動)하는 점에 불과하다. 그러나 소설 주인공들의 수동성은 형식적 필연성이 아니라, 주인공이 자신의 영혼과 자신의 환경에 대해 갖는 관계를 나타낸다. 소설의 주인공이 꼭 수동적일 필요는 없다. 그렇기 때문에 소설 주인공에게 나타나는 모든 수동성은 고유한 심리적·사회적 성질을 지니며, 소설의 구성 가능성들 가운데 하나의 특정 유형을 규정하는 것이다.

소설 주인공의 심리는 마성의 활동 영역이다. 생물학적·사회적 삶은 자기 자신의 내재성에 머물고자 하는 경향을 강하게 갖는다. 즉 인간은 그저 살아가고자 하며, 형성물들은 건드려지지 않은 채 그냥 그대로 있고자 한다. 활동하는 신이 멀리 떨어져 있고 부재하는 탓에 이같이 조용히 썩어가는 삶의 태만과 자족성에 전권(專權)이 부여될는지도 모른다. 만약 인간들이 종종 마신의 힘에 사로잡힌 채 이유없이, 이유를 댈 수 없는 방식으로 스스로를 넘어서며 자신들의 현존재의 심리적이거나 사회적인 모든 기초를 허물지 않는다면 말이다. 마신의 힘에 사로잡힐 경우 신에게 버림받은 세계는 돌연 아무런 실체도 없는 것으로, 농밀함과 성김이 비합리적으로 뒤섞여 있는 것으로 드러난다. 즉 이전에는 더할 나위 없이 견고한 것으로 나타났던 것이 마신에 사로잡힌 인간과 한번 접촉만 해도 마치 바싹 마른 찰흙처럼 무너져 내린다. 그리고 그 뒤로 매혹적인 풍경들을 들여다볼 수 있었던 텅 빈 투명함은 갑자기 유리벽이 되고 만다. 뚫고 나갈 수 없을뿐더러 여기에는 길이 존재하지 않는다는 인식조차 할 수 없는 상태에서 사람들이 — 창문에 달라붙은 벌처럼 — 헛되고도 분별 없이 달라붙어 고생하고 있는 그런 유리벽으로 말이다.

4) 신비주의로서의 반어

작가의 반어는 신 없는 시대의 부정적 신비주의, 다시 말해서 의미에 대한 일종의 유식한 무지(eine *docta ignorantia*)[7]이다. 그것은 마신들의 호의적이고 악의적인 작용을 드러내 보이는 것이며, 이렇게 작용하고 있다는 사실 이상을 파악하기를 단념하는 것이다. 그리고 그것은 단지 형상화를 통해서만 표현될 수 있는 다음과 같은 깊은 확신, 즉 이와 같은 알고자 하지 않음과 알 수 없음 속에서 궁극적인 것, 참된 실체, 현재하는 비(非)존재적 신을 진짜로 만났으며 일별하고 파악했다는 깊은 확신이다. 그렇기 때문에 반어는 소설의 객관성이다.

"작가가 만든 인물들(Charaktere)*은 어느 만큼 객관적인가?"라고 물으면서 헤벨은 "인간이 신과의 관계에서 자유로운 만큼"이라고 말한다. 신비주의자는 자신을 포기하고 신과 완전히 일체가 되었을 때 자유롭다. 영웅은, 그가 루시퍼[8]처럼 반항하면서 자기 자신 속에서 그리고 자기 자신으로부터 스스로를 완성했을 때, 그리고 자신의 파멸에 의해 지배되는 세계로부터—자기 영혼의 행동을 위해—어중간한 것을 모두 다 추방했을 때 자유롭다. 규범적 인간은, 작품들과 실체적 윤리의 높은 규범들이 모든 것을 완성한 신의 존재 속에, 구원

---

* 독일어 판 편집자 주 : Friedrich Hebbel, *Sämtliche Werke, hist.-krit. Ausgabe* v. R. M. Werner, Abt. II, Bd. II, Berlin, 1905, 45쪽. 루카치는 'Charaktere' 대신 'Gestalten'이라고 적고 있다.(루카치가 'Gestalten'이라고 바꿔 쓴 것을 독일어 판 편집자가 다시 'Charaktere'로 고쳤다—옮긴이)

의 이념 속에 뿌리박고 있기 때문에, 그리고 그 규범들이 가장 내적인 그 본질에 있어서는 현재의 지배자—그것이 신이든 마신이든—에 의해 건드려지지 않은 채 있기 때문에, 신에 대해 자유를 획득했다. 그러나 영혼이나 작품에서 규범성의 현실화는 그 기반, 곧 현재적인 것(역사철학적 의미에서의)에서 분리될 수가 없다. 만약 그럴 경우 자기 대상과의 형성적인 부딪침이라고 하는 규범의 가장 고유한 힘은 위태롭게 되고 말 것이다. 형식화된 신들을 넘어서 궁극적이고 유일한 신성의 체험을 추구하며 거기에 도달하는 신비주의자도, 이러한 자신의 체험 속에서 현재적인 신에 묶여 있다. 그리고 그의 체험이 작품으로 완성되는 한, 그것은 세계 시계의 역사철학적 상태가 지정하는 범주들 속에서 완성되는 것이다. 따라서 이러한 자유는 이중적인 변증법, 즉 영역이론적인 변증법과 역사철학적인 범주적 변증법[9]에 종속되어 있다. 이 변증법에서 자유의 가장 고유한 본질, 곧 구원에의 형성적 연관성은 말로 표현할 수 없는 것으로 남아 있다. 표현되고 형상화될 수 있는 모든 것은 이러한 이중적 예속의 언어를 말한다.

그런데 말을 통해 침묵으로, 범주를 통해 본질로, 신을 통해 신성으로 가는 이 우회로는 건너뛸 수 없는 것이다. 이러한 우회로를 거치지 않고 바로 침묵하려고 하는 것은, 미숙한 역사적 범주들로 더듬대는 반성적인 중얼거림이 될 수밖에 없다. 그리하여 완벽하게 성취된 형식 속에서 작가는 신에 대해 자유로운데, 그럴 것이 그런 형식 속에서, 오로지 그런 형식 속에서만 신 자체가, 형식의 규범적으로 주어져 있는 다른 모든 질료와 동질적이고 등가적으로 형상화의 기반이 되며, 형식의 범주 체계에 의해 완벽하게 포괄되기 때문이다.

다시 말해서, 신의 현존재와 이 현존재의 성질은, 구성하는 형식들에 대해 신이 ─ 형상화 가능성으로서 ─ 갖는 규범적인 관계에 의해, 즉 작품의 구성과 편성에 있어서 기법상 그에게 귀속되는 가치에 의해 조건 지어져 있다. 그러나 개별 형식들이 갖고 있는, 질료로서의 진품성이라는 기법적 개념 하에 신이 이렇게 포섭되는 것은 예술적 완결의 이중적 모습을 보여줌과 아울러 형이상학적으로 유의미한 작품들의 계열 속에 신이 편입되는 것을 보여준다. 즉 이와 같이 완벽한 기법적 내재성은 궁극적인 초월적 존재와의 ─ 심리적으로가 아니라 규범적으로 ─ 선행하는 형성적 관계를 전제로 한다. 다시 말해, 현실을 창조하는 초험적인 작품 형식은 그 속에 참된 초월성이 내재하게 되었을 때에만 생겨날 수 있는 것이다. 작가의 체험 속에만 근거를 두고 있을 뿐, 이와 동시에 모든 사물의 고향으로 돌아가는 작가의 귀향에는 근거를 두고 있는 않는 공허한 내재성은, 틈들을 덮어 가리고 있는 표면의 내재성에 불과하다. 그것은 표면으로서조차도 이러한 내재성을 지탱할 수 없으며, 또 그 자체로서도 구멍투성이가 될 수밖에 없다.

소설에서 반어는 신에 대해 작가가 가지는 이러한 자유이자 형상화의 객관성을 위한 초험적인 조건이다. 반어는 신에게 버림받은 세계가 신에 의해 가득 차 있음을 직관적인 이중적 안목으로 일별할 수 있다. 반어는 이상이 되어버린 이념의 잃어버린 유토피아적 고향을 보지만, 이와 동시에 그 이상이 주관적 · 심리적으로 제약되어 있음 ─ 이것이 이상의 유일하게 가능한 현존 형식인데 ─ 을 파악한다. 그 자체가 마성적인 반어는 주관 속의 마신을 메타주관적인 본질성으로 파악하며, 이를 통해 ─ 그것이 아무런 본질도 없는 공허한 현실 속에서 길을 잃고 헤매는 영혼들의 모험을 두고 말할 때―과거의 신과 미래의 신에 대해, 어렴풋이 예감하면서 그러나 입 밖에는 내지 않은 채 말한다. 반어는 내면성의 고뇌에 찬 과정 속에서 그 내면성에 걸맞은 세계를 추구하지만 발견할 수는 없다. 반어는 자신이 만든 막강하면서도 무가치한 졸작에 맞선 모든 연약한 봉기의 실패에 대해 고소해하는 창조주의 심술을 형상화함과 동시에, 이 세계 속에 자신이 아직 들어올 수 없음에 대해 마음 아파 하는 구세주의 도저히 표현할 수 없는 고귀한 고뇌를 형상화한다. 끝까지 간 주관성의 자기 지양으로서의 반어는 신 없는 세계에 있을 수 있는 최고의 자유이다. 그렇기 때문에 그것은 총체성을 창조하는 진정한 객관성의 유일하게 가능한 선험적 조건일 뿐만 아니라, 이러한 총체성, 곧 소설을―소설의 구성 범주들이 세계의 상태와 형성적으로 부딪침으로써―시대의 대표적 형식으로 끌어올린다.

II

소설 형식의 유형론 시론(試論)

1 추상적 이상주의

1) 두 가지 주요 유형

   세계가 신에게 버림받았다는 것은 영혼과 작업,[1] 내면성과 모험이 서로 일치하지 않는 데에서, 인간의 노력에 초험적 귀속성이 결여되어 있는 데에서 드러난다. 이러한 불일치에는, 거칠게 표현하자면 두 가지 유형이 있다. 영혼[2]이 자신의 행동을 펼치는 무대이자 기반으로서 자기에게 부여되어 있는 외부 세계보다 더 좁은 경우와 더 넓은 경우가 그것이다.

   첫 번째 경우에서는 과감하게 길을 나서는 문제적 개인의 마성적 성격이 두 번째 경우보다 더 분명하게 드러나는데, 하지만 이와 동시에 그 개인의 내적인 문제성은 두 번째 경우보다 덜 두드러지게 나타난다. 그래서 첫 번째 경우에서 문제적 개인이 현실에서 겪는 좌절은 언뜻 보면 한갓 외적인 좌절의 모습을 더 많이 띠고 있다. 영혼을 좁게 만드는 마력(魔力)은 추상적 이상주의의 마력이다. 그것은 이상을 실현하기 위해 곧장 앞으로 치달을 수밖에 없는 의향이자, 마성에 눈이 멀어 이상과 이념, 심리와 영혼 사이에 존재하는 일체의 간극을 망각하는 의향이다. 또한 그것은 가장 순수하고 확고부동한 믿음을 가지고 이념의 당위에서 그 이념의 필연적인 현존을 추론해 내고, 이 선험적 요구에 현실이 부합하지 않는 것은 그 현실이 마법에 걸려 있어서 그렇다고 여기는 의향이다. 이때 마법에 걸려 있는 이러한 상태는 사악한 마신들에 의해 만들어진 것인바, 마법을 풀 주문을 찾아내거나 또는 마법의 힘에 맞서 싸움으로써 탈마법화되고 구원될 수 있다고 여겨진다.

2) 돈키호테

소설의 구조를 규정하는 이 같은 주인공 유형의 문제성은, 따라서 내적인 문제성이 완전히 결여된 데에, 그리고 그 결여의 결과 초험적인 공간 감각, 즉 간극들을 현실로 체험하는 능력이 완전히 결여된 데에 있다.

아킬레우스나 오디세우스, 단테나 아르주나[3]는 ― 그들이 가는 길을 신들이 인도한다는 바로 그 이유 때문에 ― 이러한 인도가 중단될 수도 있다는 것, 그리고 만약 그러한 도움이 없다면 자기들은 무력하고 속수무책인 상태로 막강하기 그지없는 적을 마주 대하게 되리라는 것을 잘 알고 있다. 그렇기 때문에 객관 세계와 주관 세계의 관계는 적절하게 균형을 이루고 있다. 즉 주인공에 의해 그가 대면하고 있는 외부 세계의 우세가 적절하게 감지되는 것이다. 그러나 주인공은 이 같은 마음속 깊은 겸손에도 불구하고 끝내는 승리를 거둘 수 있는데, 그 자체로는 연약한 그의 힘을 세계의 지고한 힘이 승리로 인도하기 때문이다. 이럴 경우 주인공의 힘과 외부 세계의 힘 간의 상상된 관계와 진정한 관계가 서로 일치할 뿐만 아니라, 승리와 패배는 세계의 사실적 질서와 존재해야만 하는 질서 양쪽 어디와도 모순되지 않는다.

간극에 대한 이 같은 본능적 감각—이러한 감각이 강하면 그것은 서사시의 완벽한 삶 내재성, '건강성'에 아주 본질적으로 기여하는데—이 없어지자마자 주관 세계와 객관 세계의 관계는 역설적으로 된다. 서사문학에서 문제되는 행위하는 영혼이 좁아지게 되면, 그 결과 영혼이 행동을 펼치는 기반인 세계 역시 그 영혼에게는 실제보다 더 좁은 세계가 된다. 그러나 한편으로는 세계의 이러한 변형 및 이로부터 생겨나는, 이 변형된 세계만을 향한 일체의 행동이 외부 세계의 실제적 중심에 적중할 수 없기 때문에, 그리고 다른 한편으로는 이러한 태도가 필연적으로, 세계의 본질은 건드리지 않은 채 놔두고 세계의 왜곡된 모상만을 제공하는 순수하게 주관적인 태도이기 때문에, 영혼에 대한 반응은 영혼과는 완전히 이질적인 원천에서 나온다. 따라서 〔영혼의—옮긴이〕 행동과 〔이에 대한 세계의 반작용으로서의—옮긴이〕 저항은 그 범위나 성질에서 공통점이 없으며, 현실이나 지향 대상도 공유하지 않는다. 그렇기 때문에 양자의 관계는 결코 진정한 투쟁일 수 없고, 단지 그로테스크하게 서로 지나쳐버리는 것이거나 또는 쌍방의 오해에 의해 조건 지어진, 마찬가지로 그로테스크한 충돌일 수 있을 뿐이다. 이러한 그로테스크한 성격은 영혼의 내용과 강렬성을 통해 때로는 완화되고 때로는 강화된다. 그럴 것이, 영혼의 이러한 협애화는 존재하는 이념, 유일하고 통상적인 현실로 설정된 이념에 의해 그 영혼이 마성적으로 홀린 상태이기 때문이다. 그렇기 때문에 이러한 행위 방식의 내용과 강렬성은 영혼을 가장 진정한 숭고성의 영역으로 고양시킴과 동시에 상상된 현실과 실제 현실 사이의 그로테스크한 모순―이것이 소설의 줄거리인데―을 그 그로테스크한 성격에 있어서 강화하고 굳힐 수밖에 없다. 소설의 불연속적·이질적인 특성은 여기에서 가장 강력한 상승을 경험하게 된다. 영혼의 영역과 행동의 영역, 심리와 행위는 더 이상 아무런 공통점도 갖지 않는다.

게다가 양쪽의 원리 중 어느 것도 내재적인 전진 운동 및 발전의 계기를 자체 내에는 물론 다른 것들과의 관계에서도 갖지 않는다. 영혼은 자신에게 도달된 초월적 존재 속에서 아무런 문제 없이 안식한다. 이러한 영혼에서는, 영혼을 자기 바깥으로 끌어내어 움직이게 할 어떠한 의심도, 추구도, 절망도 나타날 수가 없다. 그리고 외부 세계에서 스스로를 현실화하기 위해 헛되이 벌이는 그로테스크한 투쟁들도 영혼에게는 아무런 해를 끼칠 수 없다. 즉 그 어떤 것도 영혼의 내적 확실성을 뒤흔들 수 없는데, 영혼이 이같이 안전이 보장된 세계 속에 갇혀 있고 또 아무것도 체험할 수 없기 때문에 그런 것이다. 내면적으로 체험되는 문제성이 전혀 없기 때문에 영혼은 순수한 능동성으로 변한다. 영혼이 그 본체적 존재에 있어 어떠한 것에 의해서도 건드려지지 않은 채 자기 속에 안식하고 있기 때문에 영혼의 움직임은 모두 다 바깥을 향한 행위일 수밖에 없다. 따라서 그와 같은 인간의 삶은 스스로 선택한 모험의 연속일 수밖에 없다. 그는 모험 속으로 뛰어든다. 그에게 삶이란 모험을 이겨내는 만큼만 의미를 가질 수 있기 때문이다. 그의 내면성의 아무런 문제 없는 집중은 그로 하여금 그가 세계의 평균적이고 일상적인 본질로 간주하는 그 내면성을 행동으로 옮기도록 강제한다. 영혼의 이러한 측면과 관련하여 그에게는 여하한 종류의 관조도 결여되어 있으며, 내부로 향해진 행위를 할 성향과 가능성도 전적으로 결여되어 있다. 그는 모험가일 수밖에 없다. 하지만 그가 행동을 펼치는 무대로 선택할 수밖에 없는 세계는, 이념과는 전혀 거리가 먼 채 번성하는 유기체와 그의 영혼 속에서 순수하게 초월적인 삶을 살아가고 있는 바로 그 이념들의 경직된 관습이 특이하게 뒤섞여 있는 곳이다. 이로부터 그의 자연발생적이면서 동시에 이데올로기적인 행위의 가능성이 생겨난다. 즉 그가 대면하고 있는 세계는 삶으로 가득 차 있을 뿐만 아니라, 그의 마음속에서 유일하게 본질적인 것으로 생생하게 존재하는 바로 그런 삶의 가상(假像)으로도 가득 차 있다. 하지만 세계의 이러한 오해 가능성으로부터, 그가 세계에 발을 들여놓자마자 세계를 스쳐 지나가면서 행하는 그의 그로테스크한 행위의 강렬성 또한 생겨난다. 이념의 가상은 자체 내로 경직된 이상의 광기에 찬 모습 앞에서 산산이 부서지고 만다. 그리하여 존재하는 세계의 현실적 본질, 즉 자기 자신을 보존하는 무이념적인 유기체가 자신에게 걸맞은, 모든 것을 지배하는 지위를 차지한다.

바로 여기에서 이같이 홀린 상태의 비신(非神)적이고 마성적인 성격이 가장 분명하게 드러남과 동시에 그것이 지닌 신적인 것과의 유사성, 즉 마찬가지로 마성적이면서 헷갈리게 하고 현혹하는 그 유사성 또한 가장 분명하게 드러난다. 즉 주인공의 영혼이 마치 하나의 예술 작품이나 또는 신성(神性)처럼 조용히 쉬고 있고 완결되어 있으며 자체 내에 완성되어 있는 것이다. 그러나 이 같은 특성은 외부 세계에서는 단지 부적합한 모험들을 통해서만 표현될 수 있는데, 이 모험들은 주인공의 영혼이 광기에 찬 가운데 자신 속에 갇혀 있을 때에만 반박하는 힘을 갖지 않는다. 이처럼 예술 작품같이 유리되어 있음으로써 영혼은 일체의 외부 현실로부터 분리될 뿐만 아니라, 마신에 의해 사로잡히지 않은 영혼 자체의 다른 모든 영역들로부터도 분리된다. 그리하여 체험을 통해 도달된 의미의 최대치는 무의미의 최대치가 되고 만다. 즉 숭고성은 광기로, 편집광적 망상으로 되는 것이다.

그리고 이러한 영혼 구조는 가능한 행위의 덩어리를 완전히 원자화(原子化)할 수밖에 없다. 이 내면성의 순전히 재귀(再歸)적인 성격 때문에 외부 현실은 내면성에 의해서 전혀 건드려지지 않은 채 있으면서 '완전히 있는 그대로의 모습'을 유지한 채 주인공이 하는 모든 행위에 대해 반격으로서 나타난다. 설령 그렇다 하더라도, 아니 바로 그렇기 때문에 외부 현실은 그 자체로는 전혀 활기가 없고 아무런 형식도, 아무런 의미도 없는 덩어리, 계획적이고 통일적인 반작용을 할 능력이라고는 전혀 결여되어 있는 덩어리이다. 이 덩어리에서 주인공의 마성적인 모험 욕구는 자기 자신을 입증하기 위한 계기들을 자의적으로, 아무런 맥락도 없이 마구 골라낸다. 이런 식으로 심리의 경직성과 제각기 유리된 모험들로 원자화된 행위의 성격, 이 양자는 상호 조건 짓고 있으며, 이러한 소설 유형이 갖는 위험, 곧 악무한성과 추상성이 아주 분명하게 드러나도록 만든다.

3) 『돈키호테』와 기사서사문학의 관계

돈키호테의 영혼 속에서 신성과 광기를 더 이상 파고들어 갈 수 없을 정도로 깊이 있게 그리고 명확히 감각적으로 교직(交織)해 냄으로써 이러한 위험을 극복한 주역은, 이러한 구조의 영원한 객관화인 작품 『돈키호테』를 쓴 세르반테스의 천재적인 감지력만이 아니라 그의 작품이 창조되었던 역사철학적 순간이기도 하다. 『돈키호테』가 원래 기사소설의 패러디로 의도되었던 것은 그저 역사적 우연에 그치는 일이 아니며, 기사소설에 대한 『돈키호테』의 관계도 에세이적인 관계를 넘어서는 것이다. 기사소설은, 그 존재의 초험적 조건들이 역사철학적 변증법에 의해 이미 없어졌는데도 순전히 형식적인 수단을 통해서 형식을 계속 보전하고자 한 모든 서사문학이 봉착했던 운명에 빠져 들었다. 기사소설은 초월적 존재 속에 내리고 있던 자신의 뿌리를 상실했다. 그리고 더 이상 내재적으로 만들 것이라고는 전혀 없던 형식들은 위축되고 추상적으로 될 수밖에 없었는데, 형식들이 갖는, 대상을 창조하는 힘이 자기 자신의 무대상성으로 인해 훼손될 수밖에 없었기 때문이다. 위대한 서사문학 대신 오락문학이 생겨났다. 하지만 이 죽어버린 형식들의 텅 빈 집 뒤에는 한때 순수하고도 진정한, 비록 문제적이긴 하지만 위대한 형식이 존재했던바, 중세의 기사서사문학이 그것이다.

    이것은 신에 의해 안전이 보장됨으로써 서사시가 가능했고 요구되었던 시대에 존재하는 소설 형식의 가능성을 보여주는 특이한 사례이다. 기독교적 우주의 커다란 역설은, 차안 세계의 균열과 규범적인 미완성, 혼란과 죄에 빠져 있는 상태 맞은편에, 피안의 삶 속에서 영원히 존재하는 구원, 영원히 현재적인 변신론이 자리 잡고 있다는 것이다. 단테는 이 두 세계의 총체성을 『신곡』의 순수하게 서사적인 형식으로 포착하는 데 성공했다. 이에 반해 차안에 머물러 있던 다른 서사작가들은 초월적인 것을 전혀 예술적으로 손대지 않은 초월성 속에 머물러 있도록 할 수밖에 없었으며, 따라서 단지 성찰적으로 파악된 삶의 총체성, 단지 추구될 뿐 존재하는 의미 내재성은 결여하고 있는 삶의 총체성 — 서사시가 아니라 소설 — 을 창조할 수밖에 없었다.

이러한 소설들의 독특함, 즉 그 꿈같은 아름다움과 마법 같은 우아함의 본질은, 그 소설들에서 추구란 모두 다 추구의 가상일 뿐이며 주인공들의 모든 방황은 불가해한 메타형식적 은총에 의해 인도되고 보호된다는 데 있으며, 또 그 소설들에서 간극은 그 대상적 현실성을 상실한 채 어두우면서도 아름다운 장식이 되고, 그 간극을 극복하는 도약은 춤사위 같은 몸짓이 되며, 따라서 양자, 곧 간극과 그것을 극복하는 도약은 순수하게 장식적인 요소가 된다는 데 있다. 이러한 소설들은 본디 위대한 동화(童話)인데, 그럴 것이, 초월성이 소설 속에 받아들여져 내재화되지도, 대상을 창조하는 초험적 형식에 흡수되지도 않고, 조금도 약화되지 않은 그 자체의 초월성 속에 완강히 머물러 있기 때문이다. 단지 초월성의 그림자만이 차안적 삶의 틈과 간극들을 장식적으로 채우며, 차안적 삶의 질료를 — 모든 진정한 예술 작품의 역동적인 동질성 때문에 — 마찬가지로 그림자로 만들어진 실체로 바꾼다.

호메로스의 서사시들에서는 삶이라는 순수 인간적 범주의 전일적인 지배가 인간뿐만 아니라 신들도 포괄했으며, 또 신들로 순수하게 인간적인 본질을 만들어냈다. 여기 기사소설들에서는 이해할 수 없는 신적 원리가 동일한 전권(全權)을 지니고 인간의 삶을, 그리고 자기 너머를 가리키고 있는 그 삶의 보완 욕구를 지배하고 있다. 이러한 평면성 탓으로 인물들은 탈(脫)양각화되며 순수한 표면으로 바뀐다.

형상화된 우주 전체의 이같이 안전하고도 완결된 비합리성은 인간의 삶 사이로 두루 비치는 신의 그림자를 마성적인 것으로 현현(顯現)하게 만든다. 즉 이러한 삶의 시각에서 보자면 신은 파악될 수도, 어떤 질서 속에 들어갈 수도 없다. 따라서 신은 신으로서 계시될 수 없다. 또 형상화가 차안적 삶을 겨냥하고 있기 때문에, 단테에서처럼 신으로부터 전체 존재의 형성적 통일성을 찾아내고 밝혀내기란 불가능하다.

『돈키호테』가 논박과 패러디의 대상으로 삼고 있는 기사소설들은 〔중세의 기사서사문학이 갖고 있던—옮긴이〕 이와 같은 초월적 관계를 상실했다. 이러한 의향이 상실된 이후에는—아리오스토에서처럼 세계 전체로부터 반어적으로 아름다운 순수한 유희가 생겨나지 않는 한—비밀스럽고 동화적인 표면으로부터 뭔가 진부한 피상적인 것이 생겨날 수밖에 없었다. 이러한 범속성에 대한 세르반테스의 형상화를 통한 비판은 이 형식 유형의 역사철학적 원천으로 가는 길을 재발견하고 있는바, 주관적으로 파악할 수는 없으나 객관적으로 확고했던 이념의 존재가 주관적으로 명확하고도 광적으로 고수되는, 그렇지만 객관적 관계를 결여하고 있는 존재로 변한 것이며, 또 자기를 받아들이는 질료의 부적합성 때문에 마치 마신처럼 현현할 수밖에 없었던 신으로부터 실제로 하나의 마신이—신의 섭리에 의해 버림받고 초험적 정향을 결여하고 있는 세계에서 감히 신의 역할을 참칭하는 그런 마신이—생겨난 것이다. 그 마신이 세계라고 생각하고 있는 것은, 사악한 마신들의 마법에 걸려 산문이 되어버렸지만 믿음에 찬 영웅적 행위를 통해 다시 원래대로 바뀌길 고대하고 있다는 점만 제외한다면, 이전에 신에 의해서 위험하지만 경이롭기 그지없는 마법의 정원으로 바뀌었던 세계와 동일한 세계이다. 동화의 세계에서는 오로지 선의의 마법에서 깨어나지 않기 위해 조심하기만 하면 되었던 것이, 여기에서는 적극적인 행동이 되었다. 즉 마법을 풀어줄 한마디 구원의 말만 기다리고 있는, 현존하는 동화적 현실의 낙원을 위한 투쟁이 된 것이다.

이렇게 세계문학 최초의 위대한 이 소설은 바야흐로 기독교의 신이 세계를 떠나기 시작하는 시대의 초엽에 서 있다. 인간이 고독하게 되고 또 그 어디에도 안주하지 못하는 자신의 영혼 속에서만 의미와 실체를 발견할 수 있는 시대, 세계가 현재적인 피안에 역설적으로 닻을 내리고 있던 상태에서 벗어나 자신의 내재적인 무의미성에 내맡겨지는 시대, 기존의 것이 지닌 권력이 — 이제는 한갓된 존재로 전락한 유토피아적인 연결 고리들을 통해 강화되어 — 유례없을 정도로 크게 성장하면서, 부상하고 있는 아직은 불가해한 힘들, 자기를 드러낼 능력도 세계에 파고들 능력도 없는 힘들에 맞서 미친 듯이 격렬하면서도 아무런 목표도 없어 보이는 싸움을 벌이고 있는 시대, 이런 시대의 초엽에 세계문학 최초의 위대한 소설 『돈키호테』가 서 있는 것이다. 세르반테스는 위대하고 필사적이었던 최후의 신비주의의 시기, 퇴락하고 있는 종교를 그 자체 내로부터 갱신하려는 광적인 시도가 행해지던 시기에 살고 있다. 신비주의적 형태를 한 채 부상하고 있는 새로운 세계 인식의 시기, 정말로 체험은 되지만 이미 목표를 잃어버린 상태에서 추구하고 시도하는 신비적 기도(企圖)들이 행해지던 마지막 시기에 그가 살고 있는 것이다.

이것은 자유롭게 풀려난 마력의 시기이자, 아직 기존의 가치 체계가 현존해 있는 가운데 가치들의 대혼란이 일어난 시기이다. 믿음이 깊은 기독교인이자 소박한 충성심을 가진 애국자 세르반테스는 형상화를 통해 이러한 마성적 문제들의 가장 깊은 본질을 짚어냈다. 초험적인 고향으로 가는 길이 갈 수 없게 되었을 때, 가장 순수한 영웅적 태도는 그로테스크한 것으로, 가장 확고한 믿음은 광기로 될 수밖에 없다는 것을, 주관적인 명확성이 아무리 진정하고 아무리 영웅적인 것이라 하더라도 그것에 현실이 반드시 조응하리란 법은 없다는 것을 형상화를 통해 짚어냈던 것이다. 영원한 내용과 영원한 태도도 그 시간이 끝나 버리면 의미를 잃어버린다는 사실, 시간은 영원한 것을 지나쳐버릴 수 있다는 사실을 통해 드러나는 것은 바로 역사의 경과, 시간의 흘러감에 대한 깊은 멜랑콜리이다.『돈키호테』는 외적 삶의 산문적 저열성에 맞서 내면성이 벌인 최초의 위대한 싸움이며, 또 내면성이 더럽혀지지 않은 채 싸움에서 빠져나오는 데 성공했을 뿐만 아니라 승리한 적조차 내면성 자신의—물론 자기 반어적이긴 하지만—무훈에 빛나는 포에지적 광휘로 감싸는 데 성공했던 유일한 투쟁이다.

『돈키호테』는 참으로 위대한 모든 소설이 거의 다 그렇듯이 자기 유형의 단 하나의 유의미한 객관화로 남을 수밖에 없었다. 포에지와 반어, 숭고성과 그로테스크, 신성과 편집광적 망상의 이 같은 뒤섞임은 그 당시의 정신 상태에 아주 강하게 결부되어 있었다. 그래서 정신 구조가 동일한 유형은 다른 시대에는 다른 모습으로 나타날 수밖에 없었으며, 결코 더 이상 『돈키호테』와 동일한 서사적 중요성을 가질 수가 없었다. 『돈키호테』로부터 순전히 예술적 형식만을 넘겨받았던 모험소설들은 『돈키호테』의 직접적 선행자인 기사소설들과 마찬가지로 무이념적으로 되고 말았다. 모험소설들은 또한 유일하게 생산적인 긴장, 곧 초험적인 긴장을 잃어버리고, 그 긴장을 순전히 사회적인 긴장으로 대체하거나 아니면 모험 그 자체를 위한 모험욕 속에서 줄거리를 가동하는 원리를 찾았다.

　이런 식으로 창작하는 몇몇 작가들의 실로 대단한 재능에도 불구하고 이 두 경우에서는 종국적인 통속성, 즉 위대한 소설이 오락문학에 점점 더 강하게 가까워지고 마침내는 오락문학이 되어버리는 것을 피할 도리가 없었다. 점차 증대하는 세계의 산문화와 더불어, 그리고 일체의 내면성에 맞서 무정형의 덩어리가 벌이는 답답한 저항에 싸움의 무대를 점점 더 많이 넘겨주면서 활동적 마신들이 퇴각함과 더불어, 마성적으로 좁아진 영혼에게는 다음과 같은 딜레마, 즉 '삶' 복합체와의 모든 관계를 포기하든지 아니면 진정한 이념 세계에 직접 뿌리박고 있는 상태를 포기하든지 하는 딜레마가 생겨난다.

4) 돈키호테의 후계자

a) 추상적 이상주의의 비극

　독일 이상주의의 위대한 극은 첫 번째 길을 걸었다. 추상적 이상주의는 비록 몹시 부적합한 관계이긴 했지만 어쨌든 『돈키호테』가 지녔던 것과 같은 삶과의 관계 일체를 상실해 버렸다. 추상적 이상주의는 자신의 주관성에서 빠져나오고 투쟁과 패배에서 자신을 입증하기 위해 극의 순수한 본질 영역을 필요로 했다. 즉 내면성과 세계는 서로 엇갈리는 정도가 워낙 커져서, 양자의 결합을 위해 특별히 구상되고 구성된 극적 현실 속에서만 그 엇갈림이 총체성으로서 형상화될 수 있었다. 클라이스트가 『미하엘 콜하스 *Michael Kohlhaas*』[4]에서 행한 예술적으로 아주 중요한 시도를 보면, 극적 세계 상황에서 주인공의 심리학은 순전히 개인적인 병리학으로, 서사적 형식은 노벨레적 형식으로 될 수밖에 없었다는 것을 알 수 있다. 모든 극적 형식화에서와 마찬가지로 이러한 노벨레적 형식에서 숭고성과 그로테스크의 깊은 상호 결합은 사라질 수밖에 없으며 순수한 숭고성에 자리를 내줄 수밖에 없다. 편집광적 망상으로의 첨예화와 추상성의 과도한 상승이―이상주의는 필연적으로 점점 더 빈약하고 무내용적으로 되며, 점점 더 강력하게 이상주의 '일반'이 되는데―아주 심해져서 인물들은 모두 뜻하지 않았던 희극성의 언저리에서 얼쩡거리는바, 그 인물들을 반어적으로 다루려는 사소한 시도조차 숭고성을 사라지게 만들면서 그 인물들을 전혀 유쾌하지 않게 우스꽝스러운 인물로 변모시킬 수밖에 없게 된다.(브란트[5]와 슈토크만[6] 그리고 그레게르스 베를레[7]는 이러한 가능성을 보여주는 경악스러운 예이다.) 그렇기 때문에 돈키호테의 적손(嫡孫)인 포자 후작(Marquis Posa)[8]은 그의 선조와는 전혀 다른 형식 속에 살고 있다. 아주 깊이 상통하는 이 두 영혼의 운명이 갖는 예술적 문제들은 더 이상 공통점이라고는 전혀 갖고 있지 않다.

b) 근대 유머소설과 그 문제성

그러나 영혼의 협애화가 순전히 심리적인 것이라면, 영혼이 이념 세계의 존재에 대한 일체의 가시적 관계를 상실했다면, 그 영혼에게는 서사적 총체성을 지탱하는 중심점이 될 능력 또한 없어진 것이다. 인물과 외부 세계가 맺는 관계의 부적합성은 더욱더 강화된다. 『돈키호테』에서는 부단히 요구되었고 또 요구될 수밖에 없었던 당위적 일치의 그로테스크한 대응물에 지나지 않았던 사실 차원에서의 불일치에 이념 차원에서의 불일치가 추가된다. 즉 접촉은 순전히 외면적인 접촉이 되었으며, 또 그런 식으로 구상된 인물은 불가결한 부차적 인물이 되었는데, 그런 인물은 총체성을 장식하고 그 구성을 돕지만 결코 중심점이 아니라 언제나 구성 요소에 지나지 않는다. 이러한 상황에서 생겨나는 예술적 위험은, 이제 추구해야 하는 중심은 뭔가 가치 있고 의미 있는 것이지만 삶 내재성을 초월하지는 않는 것이어야만 한다는 데 있다. 그러니까 말하자면 초험적 입장의 변화로 초래되는 예술적 결과는, 유머의 원천이 포에지 및 숭고성의 원천과 더 이상 동일하지 않다는 것이다. 그로테스크하게 형상화된 인물들은 전혀 무해(無害)한 희극성으로 전락하거나, 아니면 이들의 영혼의 협애화―이들이 다른 모든 것을 제거하면서 이념 세계와는 더 이상 아무런 관계도 없는 현존재의 한 지점에 집중하는 것을 말하는 것인데―가 이 인물들을 순수한 마력으로 끌고 갈 수밖에 없으며, 비록 유머러스하게 다루어지긴 하지만 이들을 나쁜 원리나 순수한 무이념성의 대표자로 만들어낼 수밖에 없다.

    예술적으로 극히 중요한 인물들의 이러한 부정성은 하나의 긍정적인 평형추를 필요로 하는데 이 '긍정적인 것'은―이는 근대 유머소설의 심각한 불행인데―시민적 건전성의 객관화일 수밖에 없었다. 그도 그럴 것이, 만약 이 '긍정적인 것'이 이념 세계와 실제적인 관계를 가진다면, 그 관계는 의미의 삶 내재성을, 그리고 그럼으로써 소설 형식을 파괴할 수밖에 없을 터이기 때문이다. 하지만 세르반테스(그리고 그 후계자들 중에는 예컨대 로렌스 스턴[9])만 하더라도 다름 아닌 숭고성과 유머의 통일성, 영혼의 협소함과 초월성에의 관계의 통일성을 통해서 내재성을 산출할 수 있었다.

    유머러스한 인물들이 무한할 정도로 풍부한 디킨스(Charles

Dickens)의 소설들을 결국에는 평면적이고 속물적으로 보이게 하는 예술적 이유가 바로 여기에 있다. 즉 오늘날의 시민 사회에 내적으로 아무런 갈등 없이 순응하는 인간성의 이상형을 주인공으로 형상화할 수밖에 없는 필연성, 그리고 그들이 시문학적 효과를 발하도록 하기 위해 이에 필요한 특성들을 미심쩍고 억지스러운, 또는 그들과는 어울리지도 않는 포에지의 광휘로 감쌀 수밖에 없는 필연성이 여기에 있는 것이다. 고골의 『죽은 혼 *Tote Seele*』[10]이 단편(斷片)으로 머문 것도 십중팔구는 같은 이유 때문이었다. 예술적으로는 몹시도 성공적이고 풍요로운 인물이지만 '부정적인' 인물인 치치코프와 관련하여 '긍정적인' 평형추를 찾는 일은 애당초 불가능했던 것이다. 고골의 진정한 서사적 의향이 요구했던 진정한 총체성을 창조하기 위해서 그와 같은 조정[단편으로 머문 것—옮긴이]은 절대적으로 필요했다. 그러한 조정이 없었다면 그의 소설은 서사적 객관성, 서사적 현실성을 획득할 수 없었을 것이며, 하나의 주관적 시각으로, 한 편의 풍자나 혹은 한 편의 팸플릿으로 남을 수밖에 없었을 것이다.

외부 세계는 완전히 관습적으로 되었다. 그리하여 긍적적인 것이나 부정적인 것, 유머러스한 것이나 포에지적인 것 모두가 단지 이 영역, 곧 관습의 영역 내부에서만 전개된다. 마성적으로 유머러스한 것은 관습의 어떤 측면의 왜곡된 과장이거나 혹은 관습에 내재적인, 그렇기 때문에 마찬가지로 관습적으로 머물러 있는 [관습에 대한—옮긴이] 부정이나 투쟁에 다름 아니다. 그리고 '긍정적인 것'은 관습에 순응할 수 있음을 의미하며, 관습에 의해 정확히 규정된 경계선 내부에 있는 유기적 삶의 외양이다.(역사철학적·질료적으로 조건 지어져 있는 근대 유머소설의 이 같은 관습성을 희극에서 형식에 의해 요구되고, 그렇기 때문에 시대를 초월하는 관습의 의의와 혼동해서는 안 된다. 사회적 삶의 관습적 형식들은 희극에서는 내포적으로 완결된 극적 본질 영역의 형식적·상징적인 종결일 따름이다. 위대한 희극들은 사기꾼과 범죄자로 밝혀진 인물들을 제외한 주요 인물들 모두가 결혼함으로써 끝나는데, 이러한 결혼은 비극의 결말에서 보는 주인공들의 죽음과 마찬가지로 순수하게 상징적인 의식(儀式)이다. 이 두 가지는 명확한 경계석, 다시 말해 극 형식의 입상(立像) 같은 본질성이 요구하는 뚜렷한 윤곽선에 다름 아니다. 삶과 서사문학에서 관습이 강화됨과 더불어 희극들이 점점 더 관습적이지 않은 결말을 갖게 되는 것은 특징적인 일이다. 『깨어진 항아리 *Der zerbrochene Krug*』[11]와 『검찰관 *Revisor*』[12]은 아직 폭로라고 하는 옛 형식을 사용할 수 있지만—하우프트만[13]이나 버나드 쇼[14]의 희극은 말할 것도 없고—『파리의 여인 *Parisienne*』[15]만 하더라도 이미 죽음 없이 끝을 맺는 동시대의 비극들과 마찬가지로 윤곽이 결여되어 있고 또 완결되어 있지 않다.)

5) 발자크

발자크는 순수하게 서사적인 내재성으로 가는 전혀 다른 길을 걸었다. 그의 경우에는 여기에서 특징적인 주관적·심리적인 마력이 완전히 궁극적인 어떤 것이다. 다시 말해, 주관적·심리적인 마력이, 서사적 행동들에서 객관화되는 모든 본질적 인간 행위의 원리인 것이다. 그 마력과 객관 세계의 부적합한 관계는 극도로 강렬하게 강화되었지만, 그러나 이러한 강화는 순수하게 내재적인 반격을 경험한다. 즉 외부 세계는 순전히 인간의 세계이며, 또 본질적으로 그 세계는 유사한—비록 전혀 다른 방향과 내용을 가진 것이긴 하지만—정신

구조를 내보이는 인간들로 북적대고 있는 것이다. 이를 통해 이 같은 마성적 부적합성, 즉 끝없이 이어지는 영혼들 상호 간의 숙명적인 엇갈림이 현실의 본질이 된다. 운명들과 고독한 영혼들이 뒤얽혀서 끝없고 조망할 수 없는 기묘한 혼잡이 생겨나는바, 바로 그것이 이러한 소설들의 특이성을 구성한다. 소재를 이루는 요소들의 극단적인 이질성에서 생겨난, 소재의 이 같은 역설적 동질성을 통해 의미 내재성이 구제된다. 추상적 악무한성의 위험은 사건들의 위대한 노벨레적 집중과 그렇게 획득된 진정한 서사적 유의미성을 통해 극복된다.

그러나 형식의 이러한 최종적 승리는 각각의 개별적 이야기에 있어서만 획득된 것일 뿐,『인간 희극 Comédie humaine』전체에 있어서는 달성되지 못했다. 사실 그와 같은 승리를 위한 전제 조건들이 있는데, 모든 것을 포괄하는 그 소재의 거대한 통일성이 그것이다. 또한 이 통일성은 이러한 이야기들의 무한한 혼돈 속에서 인물들이 거듭 등장했다가 사라짐을 통해 실현되었을 뿐만 아니라, 이러한 소재의 가장 내적인 본질에 전적으로 부합하는 현상 방식, 즉 혼돈에 차 있고 마성적인 비합리성의 현상 방식을 발견했다. 그리고 이러한 통일성의 내용적 성취는 진정한 대 서사문학의 성취, 곧 한 세계의 총체성이다. 그런데 이러한 통일성은 궁극적으로 보자면 순수하게 형식에서 태어난 통일성이 아니다. 즉 전체를 실제로 전체로 만드는 것은, 삶의 공통적 근거에 대한 기분상의 체험이며, 이 체험이 오늘날의 삶의 본질적 면모에 적중한다는 인식이다. 그러나 서사적으로 형상화되어 있는 것은 개개의 이야기일 뿐이며, 전체는 단지 짜 맞추어진 것에 불과하다. 각 부분에서 극복되었던 악무한성은 통일적인 서사적 형상화로서의 전체에 대립하는 방향을 취하는바,『인간 희

『극』의 총체성은 서사적 형식을 초월하는 원리들, 즉 기분과 인식에 근거하고 있지 행위와 주인공에 의거한 것은 아니다. 그렇기 때문에 그것은 그 자체로 완전하고 완결된 것일 수가 없다. 전체에서 보자면, 어떠한 부분도 현존의 진정한 유기적 필연성을 갖고 있지 않다. 어떤 부분이든 빠질 수 있으며, 설사 그렇게 된다 하더라도 전체는 아무런 손상도 입지 않을 것이다. 수많은 새로운 부분들이 더 추가될 수 있을 것이며, 어떠한 내적 완벽성도 그렇게 추가되는 부분들을 이제는 불필요하다고 거절하지 않을 것이다. 이러한 총체성은 각각의 개별적 이야기 배후에서 거대한 서정적 배경으로 감지되는 어떤 삶의 연관에 대한 예감이다. 이 삶의 연관은 위대한 소설들의 그것과는 달리 문제적이지 않으며 힘든 싸움 속에서 쟁취된 것도 아니다. 그것은—서사적인 것을 초월하는 그 서정적인 본질적 특성에 있어서—소박하고 비문제적이다. 그러나 그 삶의 연관을 소설의 총체성으로 만들기에도 충분치 못한 점이 있는 형편인 터라 발자크가 자신의 세계를 서사시로 구성하기란 훨씬 더 어려운 일이다.

6) 폰토피단의 『행복한 한스』

이 모든 형식화 시도에는 심리의 정태성이 공통적으로 나타나며, 영혼의 협애화가 추상적인 선험적 토대로서 변함 없이 주어져 있다. 그렇기 때문에 19세기의 소설이 심리적 동요 경향과 심리주의적 해체 경향을 띠면서 점점 더 이 유형에서 멀어지고, 영혼과 현실이 부합하지 않는 원인을 반대 방향에서 찾고자 한 것은 자연스러운 일이었다. 단 한 편의 위대한 소설, 곧 폰토피단의 『행복한 한스 *Hans im*

Glück』만이 이러한 영혼 구조를 중심적으로 다루면서 그것을 운동과 발전 속에서 현시(顯示)하는 시도를 보여준다. 이러한 문제 설정을 통해 전혀 새로운 구성 방식이 주어졌다. 출발점, 즉 주관이 초월적 본질과 맺고 있는 아주 확고한 결속이 최종 목표가 되었으며, 이러한 선험성에 부합하지 않는 모든 것으로부터 영혼을 완전히 떼어놓는 영혼의 마성적 경향이 현실적 경향이 된 것이다.

『돈키호테』에서는 모든 모험의 근거가 주인공의 내적 확실성 그리고 이에 맞서는 세계의 부적합한 태도였으며, 그리하여 마성에 긍정적인 추동적 역할이 부여되었다. 이에 반해 여기에서는 근거와 목표의 통일성이 은폐되어 있으며, 영혼과 현실의 불일치는 수수께끼 같이 되고 완전히 비합리적인 것으로 보이게 된다. 영혼의 마성적 협애화가 단지 부정적으로만 나타나기 때문이다. 달리 말하자면, 영혼의 마성적 협애화가 모든 성취를, 필요한 '그것'이 아니라는 이유 때문에, 영혼이 찾아 나섰던 것보다 한층 더 광범위하고 한층 더 경험적이며 한층 더 삶으로 가득 찬 것이라는 이유 때문에 포기해야만 하는 식으로 나타나기 때문이다. 『돈키호테』에서 삶의 순환의 완성은 동일한 모험의 다채로운 반복이자, 그 모험이 모든 것을 함축하는 총체성의 중심점으로 확장되는 것이었다. 이에 반해 여기에서 삶의 운동은 명확하고도 특정한 하나의 방향을 가진다. 즉 순수하게 자기 자신에 도달한 영혼의 순수성을 향하는 것이다. 이 영혼이 모험을 통해 배운 것은, 오로지 영혼 자신만이—완고하게 자기 자신 속에 갇혀 있는 가운데—모든 것을 지배하는 가장 깊숙한 자신의 본능에 부합할 수 있다는 점, 그리고 현실에 대항해 거둔 승리란 모두가 다 언제나 영혼을 본질과는 생소한 것과 연루시켜 붕괴하도록 만드는 것이기 때문에 영혼에 있어서는 일종의 패배라는 점, 또 정복한 한 조각의 현실에 대한 포기란 모두 다 실제로는 일종의 승리, 즉 환상에서 자유롭게 된 자기 자신의 정복을 위한 일보전진이라는 점이다.

그렇기 때문에 폰토피단의 반어는, 그가 자신의 주인공이 모든 곳에서 승리하도록 만들지만, 어떤 마성적 강권(強權)이 그 주인공으로 하여금 모든 성취를 무가치하고 비본래적인 것으로 간주하도록 강요하고, 또 그가 그것을 소유하는 바로 그 순간 그것을 포기하도록 강요하는 데 있다. 그리고 이러한 부정적 마력의 의미는 끝에 가서야 비로소, 다시 말해 주인공이 이르게 된 체념에서야 비로소 드러날 수 있으며, 그리하여 전체 삶에 의미 내재성의 회고적 명확성이 부여되는바, 이로부터 독특한 내적 긴장이 생겨난다. 그와 같은 결말의 명백해진 초월성 그리고 여기에서 가시화되는 이것과 영혼 간의 예정된 조화는 선행한 모든 혼란을 필연적으로 보이게 만든다. 정말이지 결말에서 보면 영혼과 세계의 운동 관계가 전도된다. 마치 주인공은 늘 똑같이 머물러 있고 그런 상태에서 조용히 자기 속에 깃들여 있으면서 사건의 진행을 주시했던 것처럼, 그리고 전체 줄거리란 이러한 영혼을 가리고 있었던 장막이 제거되는 데에만 존립했던 것처럼 보이는 것이다. 심리의 역동적 성격은 단지 가상적인 역동성으로 드러난다. 하지만 그러한 가상적 역동성은—여기에 폰토피단의 대가적 솜씨가 있는데—그 운동의 가상을 통해 역동적이고 생생한 삶의 총체성을 두루 거치는 여행을 가능하게 한 연후에야 비로소 그 정체를 드러낸다. 근대 소설에서 이 소설이 차지하는 고립된 위치는 여기에 연유하는 것이다. 이 소설은 과거의 소설들을 모범으로 삼아 엄격한 줄거리성을 고수하고 있으며, 단순한 심리학을 일체 삼가고 있다. 그리고 또 기분의 측면에서 보자면, 이 소설의 최종적 감정인 체념은 동시대의 다른 작품들에서 나타나는 환멸의 낭만주의와는 거리가 아주 멀다.

2 환멸의 낭만주의

**1) 환멸의 낭만주의의 문제,
그리고 이 문제가 소설의 형식에 대해 갖는 의의**

19세기 소설에서는 영혼과 현실 사이의 필연적으로 부적합한 관계의 또 다른 유형이 더 중요해졌다. 삶이 영혼에 제공할 수 있는 운명들보다 영혼이 더 넓고 더 크게 구상되어 있는 데에서 생기는 불균형이 더 중요하게 된 것이다. 이로부터 생겨나는 구조상의 결정적인 차이를 말하자면, 여기에서는 〔추상적 이상주의 유형에서처럼—옮긴이〕 삶과 마주하고 있는 추상적 선험성, 즉 행동들로 자기를 실현하려 하고 그것이 외부 세계와 빚어내는 갈등들이 플롯을 낳는 그런 추상적 선험성이 중요한 것이 아니라, 그 자체로 다소간 완전하며 내용적으로 충만한, 순수하게 내면적인 현실이 중요하다. 외적 현실과 경쟁하는 이 내면적 현실은 풍부하고 역동적인 독자적 삶을 가지고 있는데, 이 삶은 자연발생적인 자기 확실성 속에서 스스로를 유일하게 참된 실재, 세계의 본체로 간주한다. 이렇게 동일시를 실현하려는 그 삶의 시도는 좌절하게 되는데, 이 좌절된 시도가 문학의 대상을 이룬다.

따라서 여기에서는 외부 세계와 마주하고 있는 하나의 구체적이고 질적이며 내용적인 선험성이 문제이다. 현실과 선험성 일반의 투쟁이 아니라 두 세계의 투쟁이 문제인 것이다. 그런데 이를 통해 내면성과 세계의 균열은 더욱더 커진다. 내면성의 우주적 양상은, 그 내면성을 자체 내에서 안식하면서 자족하도록 만든다. 즉 추상적 이상주의는 현존하기 위해 스스로를 행위로 옮겨야 했으며 외부 세계와 갈등에 빠질 수밖에 없었던 반면, 여기에서는 갈등을 피할 가능성이 애당초 배제된 것으로 보이지는 않는다. 그럴 것이, 삶의 모든 내용을 자기 자신으로부터 만들어낼 수 있는 삶이란, 설사 외부의 낯선 현실과 전혀 접촉하지 않는다 하더라도 원환적(圓環的)이고 완전할 수 있기 때문이다. 따라서 추상적 이상주의의 심리 구조에서는 바깥으로 향한 과도하고도 아무런 방해도 받지 않는 능동성이 특징적이었던 반면, 여기에서는 수동성으로의 경향이 더 크다. 외적인 갈등과 투쟁을 받아들이기보다는 피하는 경향, 영혼과 관계되는 모든 것을 순전히 영혼 속에서 처리하는 경향이 더 큰 것이다.

물론 이러한 가능성에 이 소설 형식의 결정적인 문제들이 있다. 즉 서사적 구상화(具象化)가 소실되고, 형식은 기분과 기분에 대한 반성의 모호하고도 형상화되지 않은 나열로 해체되며, 감각적으로 형상화된 플롯은 심리 분석을 통해 대체되는 따위의 문제들이 있는 것이다. 이러한 문제들은 이 같은 내면성과 접촉하는 외부 세계가, 양자의 관계에 걸맞게, 완전히 원자화된 것이거나 또는 무정형(無定形)적인 것일 수밖에 없으며, 여하튼 간에 아무런 의미도 없는 것일 수밖에 없다는 사실 탓에 한층 더 심화된다. 이 경우 외부 세계란 완전히 관습에 의해 지배되는 세계이자 제2의 자연 개념이 현실적으로 실현된 세계이다. 달리 말해서, 영혼과의 관계라고는 전혀 발견할 수 없는, 의미와는 생소한 법칙성들의 총괄 개념인 것이다. 이로써, 사회적 삶이 형성물의 모습을 띠고 객관화된 모든 것은 영혼에 대한 의미 일체를 상실할 수밖에 없다. 그것들은 궁극의 본질적 핵심에서는 아무런 본질도 없는 공허한 것이면서도 사건들의 필수 불가결한 무대이자 사건들을 구체화하는 것으로서 갖는 역설적인 의의조차도 간직할 수가 없다. 직업은 개별 인간의 내적 운명에 대해 아무런 중요성도 지니지 않게 되며, 결혼, 가족 그리고 계급은 서로 간의 관계들이 가지는 운명에 대해 아무런 중요성도 띠지 않게 된다.

돈키호테를, 그가 기사 신분에 속한다는 사실을 빼놓고 생각하기는 힘들 것이며, 그의 사랑은 음유시인의 여성 숭배 관습을 빼놓고는 생각할 수 없을 것이다. 『인간 희극』에서는 모든 인간들이 마성에 들린 상태가 사회적 삶의 형성물들로 집중되고 객관화된다. 그리고 폰토피단의 소설에서는 비록 이 형성물들이 영혼에게는 비본질적인 것으로 밝혀지긴 하지만, 바로 이 형성물들을 둘러싼 투쟁 — 이 같은 형성물들의 비본질성에 대한 통찰과 그것들을 떨쳐버리기 위한 투쟁 — 이 작품의 줄거리를 이루는 삶의 과정을 형성한다. 그러나 여기에서는 이와 같은 관계들 일체가 처음부터 중지되었다. 그럴 것이, 하나의 완전히 독자적인 세계로 내면성이 고양되는 것은 영혼적 사실일 뿐만 아니라 현실에 대한 결정적인 가치 판단이기 때문이다. 즉 주관성의 이와 같은 자족성은 주관성의 필사적인 자기 방어이자, 자기 바깥의 세계에서 자신을 실현하고자 하는 모든 투쟁을 이미 선험적으로 아무런 가망도 없는 것으로, 단지 굴욕일 뿐인 것으로 간주하면서 포기하는 것이다.

이러한 입장은 서정성이 아주 극단적으로 강화된 것이어서 더 이상 순수하게 서정적인 표현조차 할 수가 없다. 서정적 주관성도 자신의 상징들을 위해서는 외부 세계를 정복하기 때문이다. 비록 이 외부 세계가 서정적 주관성에 의해 창조된 세계라 할지라도, 그것만이 유일하게 가능한 세계이다. 내면성으로서의 서정적 주관성은 자신에게 귀속되는 외부 세계에 대해 결코 논쟁적·거부적인 태도를 취하지 않으며 그 세계를 잊어버리기 위해 자기 자신 속으로 도피하지도 않는다. 오히려 그것은 자의적으로 외부 세계를 정복하는 가운데 이 원자화된 혼돈에서 단편(斷片)들을 끄집어내어 그것들을—모든 기원을 잊도록 만들면서—새로 생겨난, 순수한 내면성의 서정적 우주로 융합·개조해 낸다.

그러나 서사적 내면성은 항상 반성된 것이다. 그것은 진정한 서정시의 소박한 무간극성과는 반대로, 의식적이고 일정한 간극이 있는 방식으로 실현된다. 그렇기 때문에 서사적 내면성의 표현 수단으로서의 기분과 반성은 이차적인 것이다. 이것은 겉보기에는 비슷해 보임에도 불구하고 순수한 서정시의 본질에게는 전혀 생소한 표현 수단이다. 기분과 반성이 소설 형식의 형성적인 구성 요소인 것은 사실이다. 하지만 그것들이 지니는 형식적 의의는, 전체 현실의 근저에 놓여 있는 규제적인 이념 체계가 그것들 속에서 드러날 수 있고 그것들의 매개를 통해 형상화된다는 바로 그 점을 통해 규정되어 있다. 말하자면, 그것들이 외부 세계와 비록 문제적이고 역설적이긴 하지만 긍정적인 관계를 가진다는 점에 그것들이 지니는 형식적 의의가 있는 것이다. 그런데 이러한 이차적 표현 수단이 자기 목적이 되어버리면, 그것들의 비문학적 성격이 확연하게, 일체의 형식을 파괴하면서 나타날 수밖에 없다.

이와 같은 미학적 문제는 하지만 그 궁극적인 뿌리에 있어서는 윤리적인 문제이다. 따라서 그 문제의 예술적 해결은 그것을 야기한 윤리적 문제들의—소설의 형식 법칙들에 부합되게 이루어지는—극복을 전제로 한다. 내적 현실과 외적 현실 간의 상하 관계라는 위계의 문제는 유토피아와 관련된 윤리적 문제이다. 즉 더 나은 세계를 상상할 수 있는 것이 윤리적으로 어느 정도까지 정당화될 수 있는지, 그리고 그렇게 생각된 세계를 삶의 형상화의 출발점으로 삼아 그 세계 위에서 자체 완결적인 삶, 하만[1])이 '마무리짓지 못하고 틈이 생겼다'라고 말한 것과는 다른 삶이 어느 정도까지 구축될 수 있는지 하는 문제인 것이다. 서사적 형식의 관점에서 보면 이 문제는 다음과 같이, 즉 현실의 이 같은 완결적 교정이, 외적인 성공이나 실패와는 무관하게 개인이 이렇게 전권(專權)을 행사할 권리를 입증하는 행동들로, 그 행동들이 생겨난 의향을 위험에 빠트리지 않는 그런 행동들로 옮겨질 수 있는지 하는 문제로 설정될 수 있다. 이와 같은 꿈나라에 부합하거나 또는 적어도 실제의 현실보다는 더 많이 부합하는 현실을 순수하게 예술적으로 창조하는 것은 단지 가상적인 해결책에 불과하다. 그럴 것이, 영혼의 유토피아적 동경은, 그것이 정신의 현재적 상태에서, 혹은—같은 말인데—과거 세계든 신화 세계든 현재 상상될 수 있고 형상화될 수 있는 세계에서는 결코 충족될 수 없을 때에만 진정한 유토피아적 동경이며, 그럴 때에만 세계 조형의 중심점이 될 자격이 있기 때문이다. 만약 유토피아적 동경이 충족된 세계를 찾을 수 있다면, 이는 현재에 대한 불만이 현재의 외적 형식들에 대한 기예 차원에서의 트집 잡기였으며, 한층 더 대담한 선 긋기나 한층 더 다채로운 색채를 가능하게 하는 시대에 장식적으로 끌린 것이었음을 입증하는 것이다. 물론 이러한 동경은 충족될 수도 있다.

하지만 그러한 충족은, 가령 월터 스콧(Walter Scott)의 아주 잘 지은 소설들에서처럼, 형상화의 무이념성 속에서 그 내적인 공허함을 드러낸다.

현재로부터의 도피라고 하는 또 다른 경우도 결정적인 문제에 전혀 도움이 되지 못한다. 기념비적이든 장식적이든 [현재에 대해—옮긴이] 거리를 두는 형상화에서 동일한 문제들이—구조물과 영혼, 외적 운명과 내적 운명 사이의 깊고도 예술적으로 해결할 수 없는 불협화음을 종종 만들어내면서—드러난다. 『살람보 *Salambo*』[2]나 노벨레로 구상된 C. F. 마이어[3]의 소설들이 이를 보여주는 특징적인 예이다. 기분과 반성, 서정성과 심리를 진정한 서사적 표현 수단들로 변환하는 미학적 문제는, 그렇기 때문에 윤리의 근본 문제, 즉 필연적이고 가능한 행동의 문제로 집중된다. 이러한 영혼 구조를 가진 인물 유형은 그 본질상 활동적이기보다는 관조적이다. 따라서 그러한 인물 유형의 서사적 형상화는, 이와 같이 자기 속으로 움츠려드는 태도나 머뭇대는 단편적 행위가 어떻게 행동들로 옮겨질 수 있을지 하는 문제에 직면해 있다. 그리고 그러한 형상화의 과제는, 이러한 인물 유형의 필연적인 현존재 및 상재(相在)와 그의 필연적인 좌절, 이 양자의 통일점을 형상화를 통해 드러내는 것이다.

실패가 미리 결정되어 있다는 것은 순수하게 서사적인 형상화를 어렵게 만드는 또 다른 객관적 장애물이다. 즉 운명이 이렇게 결정되어 있는 것이 긍정되든 부정되든, 애도되든 조소되든 간에, [운명이 미리 결정되어 있는 경우—옮긴이] 사건들을 규범적·서사적으로 순수하게 수용하고 재현하는 대신 그것들에 대해 주관적·서정적인 입장을 취할 위험이, 내면적으로 처음부터 결정된 것이 적은 투쟁에서 그런 것보다 훨씬 더 크다. 이러한 서정성을 떠받치고 기르는 것이 환멸의 낭만주의의 기분이다. 그것은 삶과 마주해 있는 존재해야만 하는 것에 대한 과도하게 고조되고 과도하게 확정적인 갈망이자, 이러한 동경의 헛됨에 대한 절망적인 통찰이고, 또 처음부터 양심의 가책과 패배의 확신을 갖고 있는 유토피아이다. 이러한 확신에서 결정적인 것은, 그것이 양심과 불가분 결합되어 있다는 점이다. 좌절은 그 확신에 고유한 내적 구조의 필연적인 결과이며, 또 그 확신은 그것의 최상의 본질과 최고의 가치에 있어서 사형 선고를 받은 것임이 명백한 것이다. 그렇기 때문에 주인공과 외부 세계 양자에 대해 취하는 입장은, 사랑과 원망, 슬픔, 동고(同苦)와 경멸 따위와 같은 서정적인 것이다.

개인의 내적인 중요성이 역사적 정점에 도달했다. 개인은 더 이상 추상적 이상주의에서처럼 초월적 세계들의 담지자로서 유의미한 것이 아니라 전적으로 자기 자신 속에서 자신의 가치를 갖는다. 아니, 존재의 가치들은 이제 주관적 체험을 통해서야 비로소, 개인의 영혼에 대해 그것들이 갖는 의의를 통해서야 비로소 그 타당성이 정당화될 수 있는 것처럼 보일 지경이다.

> 너의 율법을 찾을 수 있을 거라고 생각했던 방주(方舟)가 텅 비어 있다면,
> 너의 춤보다 더 실재적인 것은 아무것도 없다 ;
> 너의 춤은 대상이 없으니 고갈되지 않을 것이고,
> 사막을 위한 춤, 너른 공간을 위한 춤이 될 것이다.
> ― 앙리 프랑크[4)]

하지만 주관의 이 같은 한도 없는 고양의 전제 조건이자 그 대가는, [주관이—옮긴이] 외부 세계의 조형에서 일체의 역할을 포기하는 것이다. 환멸의 낭만주의는 시간적·역사적으로 추상적 이상주의의 뒤를 잇는다. 뿐만 아니라 그것은 개념적으로도 추상적 이상주의의 상속자인바, 선험적 유토피아주의라는 측면에 있어서 역사철학적으로 추상적 이상주의의 뒤를 잇는 단계이다. 말하자면, 추상적 이상주의에서는 현실에 대한 유토피아적 요구의 담지자인 개인이 현실의 조야한 힘에 의해 압살되었다면, 여기에서는 이러한 패배가 주관성의 전제 조건인 것이다. 전자에서는 주관성으로부터 전투적인 내면성의 영웅적 태도가 생겨났다면, 후자에서는 인물이 작가와 유사하게 체험하고 삶을 조형할 내적 가능성을 지니고 있기 때문에 주인공이 될 자격, 문학 작품의 중심 인물이 될 자격을 얻는다. 전자에서는 외부 세계가 이상들의 전범에 따라 새로이 창조되어야 하는 것이었다면, 후자에서는 스스로를 문학 작품으로 완성하는 내면성이 외부 세계에 대해, 내면성의 자기 조형에 적합한 질료로서 내면성에 헌신할 것을 요구한다.

낭만주의에서는 현실과 마주해 있는 모든 선험성의 문학적인 성격이 의식된다. 즉 초월성과는 단절된 자아가 자기 자신을 모든 존재해야만 하는 것의 원천으로서, 그리고 또—그 필연적인 결과로서—자기를 현실화하기에 걸맞은 유일한 질료로서 인식하는 것이다. 삶이 문학 작품이 되는데, 그러나 이를 통해 인간은 자기 자신의 삶의 작가가 됨과 동시에 창조된 예술 작품으로서의 이 삶의 관찰자가 된다. 이러한 이중성은 오로지 서정적으로만 형상화될 수 있다. 이 이중성이 상호 연관을 맺고 있는 하나의 총체성 속에 집어넣어진 순간, 실패의 필연성은 명확해진다. 즉 낭만주의는 자기 자신과 세계에 대해

회의적이게 되고 환멸을 겪게 되며 잔인하게 된다. 이렇듯 낭만주의적인 삶의 감정을 가진 소설이 환멸문학의 소설이다. 현실에 영향을 미칠 모든 길을 거부당한 내면성은 안쪽으로 쌓이는데, 그렇다고 해서 영원히 잃어버린 것을 완전히 포기할 수 있는 것은 결코 아니다. 설사 내면성이 그러고 싶어 하더라도 삶이 그와 같은 종류의 만족을 내면성에 일체 허용하지 않기 때문이다. 즉 삶은 내면성에게 투쟁을, 그리고 투쟁을 하더라도 피할 도리가 없는—작가에 의해 예견되고 주인공에 의해 미리 감지된—패배를 강요한다.

이러한 상황에서 모든 방향에서의 낭만주의적 무한도성(無限度性)이 생겨난다. 순수하게 영혼적인 것의 내적인 풍부함이 유일한 본질성으로 한도 없이 고양되며, 또 세계 전체 속에서 그 영혼적인 것의 현존재가 지니는 무의미성 또한 마찬가지로 한도 없이 가차 없게 드러난다. 영혼의 고독화, 일체의 발판과 결합 관계를 차단당한 영혼의 고립 상태가 한도 없이 강화됨과 동시에 이러한 영혼 상태가 바로 이 세계 상황에 의존해 있다는 것 또한 명명백백하게 드러난다. 구성의 측면에서 보자면 연속성의 최대치가 추구되고 있는 셈인데, 그럴 것이 어떠한 외적인 것에 의해서도 단절됨이 없는 주관성 속에만 하나의 현존이 있기 때문이다. 그렇지만 현실은 서로 완전히 이질적인 단편들로 해체되는데, 이 단편들은 『돈키호테』에서의 모험들과는 달리 따로 고립된 각각으로조차도 감각적으로 독자적인 현존재가(現存在價)를 지니지 못한다. 이 단편들은 모두 다 체험을 통한 기분의 은총에 의해서만 살아가는데, 하지만 전체는 이 기분이 아무런 반성적 가치도 없는 것임을 드러낸다.

그리하여 여기에서는 모든 것이 부정될 수밖에 없는데, 여하한 긍정도 힘들 사이의 부유(浮游)하는 균형을 파기할 것이기 때문이다. 달리 말하자면, 세계에 대한 긍정은 둔감하게 이러한 현실과 타협할 수 있는, 아무런 이념도 없는 속물근성을 정당화하게 될 것이며, 또 진부하고 비속한 풍자를 낳을 것이다. 그리고 낭만적 내면성에 대한 단호한 긍정은 우쭐대면서 경박하게 스스로를 찬양하는 서정적 심리화에 대한 몰형식적인 탐닉을 낳을 수밖에 없을 것이다. 그런데 세계 형상화의 이 두 가지 원리는, 서사시로 초월해 갈 가능성을 지닌 소설들에서 그런 것처럼 동시에 긍정되기에는 서로 너무나도 적대적으로 이질적이다. 그리고 유일하게 주어져 있는 형상화 방도인 양자의 부정은 이러한 소설 유형에 내재한 근본적인 위험, 즉 암울한 염세주의로 형식이 자기 해체되는 위험을 되살리고 강화한다. 이러한 상황에서 생기는 순수하게 기예적인 면모는 두 가지인데, 표현 수단으로서 지배하고 있는 심리학의 필연적인 결과,[5] 즉 절대적으로 확실한 모든 인간적 가치의 해체와 그러한 가치의 궁극적인 무가치성의 폭로가 그 한 면모라면, 기분의 지배가 낳는 마찬가지로 필연적인 결과, 즉 그 자체에 아무런 본질도 없는 세계에 대한 무기력한 슬픔과 부패해 가고 있는 표면에서 발산되는 무력하고 단조로운 광채가 다른 한 면모이다.

2) 야콥슨과 곤차로프의 해결 시도

모든 형식은, 형식으로서 실체를 가지려면 어딘가가 긍정적이지 않으면 안 된다. 소설의 형식적 요구들에 가장 잘 부합하며 소설이 유일하게 적합한 형식이 되는 세계 상황 및 인간 부류는 형상화로 하여금 거의 해결할 수 없는 과제에 봉착케 하는데, 이 점에서 소설의 역설적 성격은 커다란 문제성을 드러낸다. "세상에는 아무런 의미 없는 우아함이 너무나 많다"는 데에 대한 슬픔을 놀랍도록 멋진 서정적 이미지들로 표현하고 있는 야콥슨[6]의 환멸소설은 분열적이고 산만하다. 그의 소설 주인공 닐스 뤼네의 영웅적인 무신론에서, 그리고 불가피한 고독을 용감하게 받아들이는 태도에서 필사적인 긍정성을 발견하려는 작가의 시도는, 본래적인 문학 작품 바깥에서 가져온 보조물 같은 인상을 준다. 그럴 것이, 문학 작품이 되길 바랐지만 조악한 단편(斷片)이 되어버린 그 삶은, 형상화 과정에서 실제로 파편들이 쌓인 산이 되고 마는 것이다. 환멸의 혹독함은 단지 기분의 서정성만을 무가치하게 만들 수 있을 뿐, 인물들과 사건들에 현존재의 실체와 무게를 부여할 수 없다. 남아 있는 것이라고는, 아름답긴 하지만 그림자 같이 희미하게 뒤섞여 있는 탐닉과 쓰라림, 슬픔과 경멸의 혼합물이지 그것들의 통일성이 아니며, 이미지들과 양상들이지 삶의 총체성이 아니다.

대담하고 정확하며 깊이 있게 파악된 오블로모프라는 인물을 긍정적인 대비적 인물을 통해 하나의 총체성 속에 넣으려던 곤차로프[7]의 시도 역시 마찬가지로 실패할 수밖에 없었다. 이러한 인간 부류의 수동성을 보여주기 위해 작가는 속수무책으로 영원히 누워만 있는 오블로모프 같은 감각적이고도 매우 강력한 형상을 발견했지만 이는 헛된 일이었다. 내면 깊숙한 곳에서 본래적인 것만을 직접적으로 체험하지만, 극히 사소한 외적 현실에 부딪쳐 비참하게 좌절할 수밖에 없는 오블로모프의 비극성이 갖는 깊이 앞에서 그의 강한 친구 스톨츠의 의기양양한 행복은 천박하고 비속한 것이 되고 만다. 그렇지만 스톨츠는 오블로모프의 운명을 좀스러운 것으로 격하시키기에 충분한 힘과 무게를 가진다. 다시 말하자면, 침대에 누워 있는 오블로모프가 드러내는 내부와 외부 사이의 이러한 이질성은 전율을 불러일으킬 정도로 희극적이지만, 이 희극성은 친구의 교육 작업과 그것의 실패라고 하는 본 줄거리의 시작과 더불어 그 형상화된 깊이와 크기를 상실해 가는 정도가 심해지며, 그럼으로써 점점 더 처음부터 실패한 한 인간의 대수롭지 않은 운명이 되어간다.

3)『감정 교육』, 그리고 소설에서 시간의 문제

이념과 현실 간의 가장 큰 차이는 시간, 곧 지속으로서의 시간의 경과이다. 스스로를 입증할 수 없다는, 주관성의 가장 심각하고도 치욕적인 무능력은, 아무런 이념도 없는 형성물들과 그 인간적 대표자들에 맞선 헛된 투쟁에 있다기보다는 주관성이 완만하게 부단히 흐르는 [시간의—옮긴이] 경과를 이겨낼 수 없다는 데에 있다. 다시 말해, 주관성은 애써 도달한 정점들에서 서서히, 그러나 시시각각 미끄러져 내릴 수밖에 없다는 데에, 그리고 또 붙잡을 수도 볼 수도 없이 움직이는 이 본질은 점차 주관성에게서 모든 소유물을 앗아가 버리고, 그 주관성에 —눈에 띄지 않게— 낯선 내용들을 강요한다는 데에 주관성의 그와 같은 무능력이 있는 것이다. 그렇기 때문에 이념의 초험적인 고향없음의 형식인 소설만이 현실적인 시간, 곧 베르그송이 말한 '지속(durée)'을 자신의 형성적 원리들의 대열 속에 받아들인다.

극은 시간 개념을 알지 못한다는 것, 그리고 모든 극은 올바르게 이해된 삼위일치의 법칙에 —이때 시간의 일치는 시간의 경과에서 떨어져 나온 상태를 의미하는데—종속되어 있다는 것을 나는 다른 맥락에서 밝힌 바 있다.* 서사시는 물론 시간의 지속을 알고 있는 것처럼 보인다. 『일리아스』의 10년과 『오디세이아』의 10년만 생각해 봐도 그렇게 보인다. 그러나 이러한 시간은 실재성, 현실적인 지속을 거의 지니지 않는다. 서사시에서 인물과 운명 들은 시간에 의해 건드려지지 않은 채 있다. 시간은 고유한 운동성을 가지지 않으며, 시간의 기능이라고 하는 것은 어떤 시도나 긴장의 크기를 명백하게 표현하는 것에 불과하다. 트로이의 점령이 무엇을 의미하는지, 오디세우스의 방랑이 무엇을 의미하는지를 청자가 체험하도록 하기 위해, 수많은 전사(戰士), 오디세우스가 헤매고 다녀야 했던 지구의 표면 따위가 필요한 것과 마찬가지로 10년이라는 시간이 필요한 것이다. 그러나 주인공들은 작품 내부에서 시간을 체험하지 않으며, 그들의 내적 변화나 또는 불변성에 시간은 아무런 영향도 미치지 않는다. 주인공들은 자신들의 캐릭터 속에 나이를 받아들였다. 그래서 네스토르는, 마치 헬레나가 아름답고 아가멤논은 강력한 것과 마찬가지로, 늙은이이다. 노화와 죽음 같은, 모든 삶의 고통스러운 인식을 물론 서사시의 인물들도 가지고 있지만, 단지 인식으로서만 그럴 뿐이다. 그들이 체험하는 것 그리고 그들이 그것을 체험하는 양상은, 신들의 세계처럼 복되게도 시간이 탈각된 성격을 띠고 있다.

---

* *A modern dráma fejlödésének története* (*Entwicklungsgeschichte des modernen Dramas* 근대극의 발전사), 전 2권, Budapest, 1912. 서론은 '근대극의 사회학을 위하여(Zur Soziologie des modernen Dramas)'라는 제목으로 독일어로 출판되어 있다. 실려 있는 곳은 *Archiv für Sozialwissenschaften und Sozialpolitik XXXVII* (1914), 303쪽 이하, 662쪽 이하. 〔이 책에서 루카치가 단 유일한 각주이다—옮긴이〕

괴테와 실러에 따르면 서사시에 대한 규범적 입장은 완전히 과거적인 것에 대한 입장이다. 따라서 여기에 주어져 있는 시간은 정지해 있으며 한눈에 개관할 수 있다. 시인과 인물들은 이 시간 속에서 어느 방향으로든지 자유롭게 움직일 수 있으며, 시간은 모든 공간이 그러한 것처럼 몇 가지 차원을 가지고 있지만 방향은 가지고 있지 않다. 또 괴테와 실러는 극의 규범적인 현재성을 정립했는데, 이 규범적 현재성 또한—구르네만츠(Gurnemanz)[8)]의 말을 빌려 표현하자면—시간을 공간으로 바꾼다. 완전히 방향성을 잃어버린 현대 문학에 와서야 비로소 발전을, 다시 말해 점진적인 시간의 경과를 극적으로 현시하고자 하는 불가능한 과제가 제기된다.

시간은 초험적인 고향과의 연결이 중단되었을 때에야 비로소 형성적으로 될 수 있다. 황홀경이 신비주의자를 일체의 지속과 경과가 중단된 영역—그가 여기에서 다시 시간의 세계로 전락할 수밖에 없는 것은 단지 그가 피조물이자 유기체적 존재로서 지니는 제약성 때문인데—으로 고양시키는 것처럼, 본질과 내적·가시적으로 결속되어 있는 모든 형식은 이러한 필연성에서 선험적으로 벗어나 있는 하나의 우주를 창조한다. 오로지 소설에서만, 즉 본질을 추구하지 않을 수 없지만 발견할 수는 없다는 것이 그 제재를 구성하고 있는 소설에서만, 시간은 형식과 더불어 같이 설정되어 있다. 즉 시간은 단순히 살아 있을 뿐인 유기체가 현재적인 의미에 맞서 반항하는 것이며, 삶이 전적으로 완결된 자신의 내재성 속에 머물러 있고자 하는 것이다. 서사시에서는 의미의 삶 내재성이 몹시도 강력해서 시간은 그 내재성에 의해 지양된다. 즉 삶은 삶 그 자체로서 영원성 속으로 들어가며, 유기체는 시간으로부터 오직 개화(開花)만을 취할 뿐, 모든 시듦과 죽음은 망각하고 뒤로했다. 소설에서는 의미와 삶이 분리되며, 이로써 본질적인 것과 시간적인 것이 분리된다. 소설의 내적 줄거리 전체는 시간의 힘에 맞선 투쟁에 다름 아니라고 말해도 무방할 정도이다.

환멸의 낭만주의에서 시간은 타락시키는 원리이다. 포에지, 곧 본질적인 것은 사라질 수밖에 없는데, 이 같은 사라짐을 궁극적으로 야기하는 것이 바로 시간이다. 그렇기 때문에 여기에서 모든 가치는 패하는 부분―이는 차츰 사라져가기 때문에, 시들어가는 젊음의 성격을 띠는데―쪽에 있고, 모든 조야함과 아무런 이념도 없는 완고함은 시간 쪽에 있다. 자기 반어는 승승장구하는 힘에 맞서 벌이는 이 일방적으로 서정적인 싸움에 대한 사후적 교정으로서만, 몰락하고 있는 본질에 대항한다. 본질이 이제는 거부의 대상이 되는 새로운 맥락에서 다시 한 번 청춘의 속성을 띠고 있는 것이다. 다시 말해서, 이상은 영혼의 미성숙 상태에 대해서만 형성적으로 나타나는 것이다. 그런데 이러한 투쟁에서 가치와 무가치가 선명하게 갈라져 양쪽으로 분할되어 버리면 소설의 전체 구성은 왜곡될 수밖에 없다. 형식이 삶의 원리를 실제로 부정할 수 있는 경우란, 자신의 영역에서 삶의 원리를 선험적으로 배제할 수 있을 때에 한해서이다. 형식이 삶의 원리를 자신 속에 받아들여야만 한다면, 삶의 원리는 형식에 대해 긍정적으로 된 것이다. 그럴 경우 삶의 원리는 저항하는 것으로서뿐만 아니라 그 본래적인 현존으로서도 가치의 실현을 위한 전제 조건이 된다.

그도 그럴 것이, 비록 시간의 충만이 삶 및 시간의 자기 지양이긴 하지만, 시간은 삶의 충만이기 때문이다. 그리고 긍정적인 것, 즉 소설의 형식이 그 내용들의 모든 암담함과 슬픔 저편에서 표현하고 있는 긍정은, 실패한 추구의 이면에서 흐릿한 빛을 발하면서 멀리서 아른거리고 있는 의미일 뿐 아니라, 실패를 거듭하는 바로 이 헛된 추구와 투쟁 속에서 드러나는 삶의 충만이기도 하다. 소설은 성숙한 남성성의 형식이다. 즉 소설이 들려주는 위안의 노래는 잃어버린 의미의 맹아와 족적이 어디에서나 가시화된다는 것을, 그리고 적대자도 본질의 기사(騎士)와 같은 고향, 그 잃어버린 고향 출신이며, 그렇기 때문에 의미 내재성이 어디에서나 똑같이 현존하기 위해서는 의미 내재성이 삶에서 사라질 수밖에 없었다는 것을 어렴풋이 예감하는 통찰에서 울려 나오는 것이다.

그렇게 시간은 소설의 고상한 서사적 포에지의 담지자가 된다. 즉 시간은 가차 없이 현존하게 되었는바, 이제부터는 그 누구도 시간의 흐름이 지닌 명확한 방향을 거슬러 갈 수 없으며, 또 그 흐름의 예측할 수 없는 진행을 선험성의 둑으로 통제할 수도 없다. 그렇지만 모종의 체념적 감정이 생생하게 남아 있다. 즉 이 모든 것은 어딘가에서 나와 어딘가로 갈 수밖에 없으며, 또 비록 그 방향이 어떠한 의미도 드러내지 않는다 하더라도 여하튼 하나의 방향은 있다는 것이다. 이와 같은 체념적·남성적인 감정에서 생겨나는 것이 희망과 회상[9]인데, 이 양자는 행동을 일깨우고 행동에서 유래하기 때문에 서사적으로 진정한 시간 체험들이다. 시간의 극복이기도 한 이 시간 체험들은, 삶[10]을 응결된 통일체로서 사전에(*ante rem*) 공관(共觀)하는 것이며, 또 삶을 사후에(*post rem*) 공관하면서 파악하는 것이다. 비록 사태의 진행 중에(*in re*) 이루어지는 소박하고 복된 체험은 이러한 형식과 그것을 낳는 시대에 거부된 것일 수밖에 없다 하더라도, 또 그러한 체험들은 주관성으로, 늘 반성적인 것으로 될 수밖에 없는 것이라 하더라도, 의미를 파악한다고 하는 형상화하는 감정이 그러한 체험들에서 박탈될 수는 없다. 그 체험들은 신에게 버림받은 세계의 삶에 주어져 있을 수 있는, 최대한 본질에 근접한 체험이다.

그와 같은 시간 체험이 플로베르의 『감정 교육 Education sentimentale』의 근저에 놓여 있는데, 규모가 큰 다른 환멸소설들이 결국 실패할 수밖에 없었던 것은 이러한 시간 체험의 결여, 즉 시간에 대한 일방적으로 부정적인 파악 때문이다. 이런 유형의 모든 위대한 작품들 가운데 『감정 교육』은 구성이 가장 취약한 듯 보인다. 여기에서는 외부 현실이 부패하고 단편적인 이질적 부분들로 해체되는 것을 그 어떤 통합 과정을 통해 극복하려는 여하한 시도도 행해지지 않으며, 또 연결 및 감각가(感覺價)의 부족을 분위기 있는 서정적 회화를 통해 대치하려는 시도도 전혀 행해지지 않는다. 현실의 개별 파편들이 경직되게, 지리멸렬하고 유리된 상태로 병렬해 있는 것이다. 그리고 중심 인물의 경우, 인물의 수를 제한하고 중심에 맞추어 엄격히 구성하는 방식이나 다른 인물들보다 뛰어난 그의 인격성을 강조하는 방식을 통해 중요하게 만들어지는 것도 아니다. 즉 주인공의 내적 삶은 그를 에워싸고 있는 환경과 꼭 마찬가지로 조각 나 있으며, 그의 내면성은 이러한 사소성(些少性)에 맞설 수 있을 서정적이거나 냉소적인 파토스의 힘을 소유하고 있지 않다. 그렇지만 소설 형식의 모든 문제성과 관련해 19세기 소설들 중 가장 전형적인 이 소설은, 그 어떤 것에 의해서도 완화되지 않는 소재의 암울함 속에서 진정한 서사적 객관성을 획득한, 그리고 이 객관성을 통해 성취된 형식의 긍정성과 긍정하는 에너지를 획득한 유일한 소설이다.

이러한 극복을 가능하게 만드는 것이 바로 시간이다. 그 어떤 것에도 방해받지 않고 중단되지 않는 시간의 흐름은 모든 이질적인 조각들을 갈아서 닳게 만들어 서로―물론 비합리적이고 말로 표현할 수 없는―관계를 맺게 하는 동질성의 통합 원리이다. 시간은 인간들의 무분별한 혼란을 정돈하고, 그 혼란에 자체적으로 만개하는 유기체의 외관을 부여한다. 인물들은, 다른 경우라면 가시적일 의미 없이 등장했다가 어떠한 의미도 가시화하지 못한 채 다시 사라지며, 다른 이들과 관계를 맺었다가 다시 그 관계를 중단한다. 하지만 인물들이, 인간들보다 먼저 있었고 인간들보다 더 오래 지속될, 의미와는 생소한 이 같은 생성과 소멸 속에 그냥 단순하게 편입되어 있는 것은 아니다. 사건들이나 심리 너머에서 그와 같은 생성과 소멸은 인물들에게 그들 현존재의 본래적 성질을 제공한다. 즉 한 인물의 등장이 실제적인 측면에서나 심리적인 측면에서 아무리 우연적이라 하더라도, 그는 현존하고 체험되는 연속성에서 나오는 것이다. 그리고 일회적이고 유일한 삶의 흐름에 의해 이같이 뒷받침되어 있다는 분위기는, 그가 겪는 체험들의 우연성과 그가 등장하는 사건들의 고립성을 지양한다. 모든 인간을 떠받치고 있는 삶 전체는 이를 통해 뭔가 역동적이고 생생하게 살아 있는 것이 된다. 이 소설〔『감정 교육』―옮긴이〕이 포괄하고 있는 거대한 시간적 통일성, 인간들을 세대로 분절하고 그들의 행동을 역사적·사회적인 복합체 속에 편입시키는 그 시간적 통일성은 추상적인 개념이 아니며, 『인간 희극』 전체의 통일성처럼 사유를 통해 나중에 구성된 통일성도 아니다. 그것은 그 자체로 현존하는 것이며 구체적이고 유기적인 연속체이다. 다만 이러한 전체는 다음과 같은 경우, 즉 이념들의 모든 가치 체계가 삶에 대해서도 규제적으로 있는 한, 그리고 삶에 내재해 있는 이념은 단지 삶 자체의 현존의 이념, 삶 일반의 이념일 뿐인 한, 삶에 대한 하나의 참된 모상(模像)이다. 그런데 인간의 마음속에서 이상이 되어버린 진정한 이념 체계들과의 거리를 한층 더 현저하게 보여주는 이러한 이념은, 모든 노력의 좌절에서 삭막한 절망감을 제거한다. 즉 모든 세상사가 무의미하고 균열되어 있으며 또 슬픔으로 가득 차 있지만, 그러나 그것은 언제나 희망이나 혹은 회상에 의해 구석구석 빛이 비추어져 있다.

여기서 희망은 삶에서 유리된 추상적인 예술 작품이 아니다. 삶에 부딪쳐 좌초됨으로써 모독당하고 더럽혀지는 그런 예술 작품이 아닌 것이다. 희망은 그 자체로서 삶의 한 부분이다. 희망은 삶에 달라붙어서 그리고 삶을 장식하는 가운데 삶을 지배하려 시도하는, 그렇지만 항상 삶에서 미끄러져 떨어져 나갈 수밖에 없는 그런 것이다. 이 부단한 투쟁이 회상에서는 흥미롭고도 파악할 수 없는 길, 그렇지만 체험되는 현재적 순간과 끊어질 수 없는 끈으로 연결되어 있는 그런 길로 변한다. 그리고 이 순간은 미끄러져 들어오고 미끄러져 나가는 지속—이러한 지속의 정체(停滯)로서 그 순간은 의식적 직관의 순간을 제공하는데—으로 아주 풍부해서, 그 풍부함은 지나간 것과 잃어버린 것에도 전달되며, 심지어 그 당시에는 알아채지 못한 채 지나쳐 버린 것을 체험의 가치로써 장식하기까지 한다. 이렇게 하여 실패했던 것이 가치의 계기가 되고, 삶이 거부했던 것에 대한 생각과 체험이 삶의 충만함이 흘러나오는 듯 보이는 원천이 되는, 기이하고도 멜랑콜리한 역설적 사태가 생겨난다. 모든 의미 실현의 전적인 부재가 형상화되어 있지만, 그 형상화는 진정한 삶의 총체성이 갖는 풍부하고 원환적인 충만성으로 고양되는 것이다.

이것이 이러한 기억의 본질적인 서사성이다. 극(그리고 서사시)에서 과거의 것은 현존하지 않거나 아니면 완전히 현재적이다. 이 두 형식은 시간의 경과를 알지 못하기 때문에, 그것들에게는 지나간 것과 현재적인 것 사이에 체험의 질적 차이가 존재하지 않는다. 시간은 변화를 창조하는 힘을 소유하지 못하며, 그 어떤 것도 시간에 의해 그 의의가 강화되거나 약화되지 않는다. 이것이 아리스토텔레스가 제시한 폭로와 인지(認知)의 전형적 장면들이 갖는 형식적 의미이다. 극의 주인공들이 실제적으로 몰랐던 뭔가가 이제 그들의 시야 속에 들어오면 그들은 이로 인해 바뀐 세계 속에서 자신들이 바랐던 것과는 다르게 행동할 수밖에 없다. 하지만 새로 들어오는 요소가 시간의 원근법에 의해 상대적으로 더 희미하게 되는 법은 없다. 그것은 현재적인 것과 완전히 동일한 양상을 띠고 동일한 가치를 지닌다. 서사시에서도 시간의 경과는 그렇게 아무것도 바꾸지 않는다. 크림힐트와 하겐의 복수에서 전제 조건이었던 순수하게 극적인 망각 불능을 헤벨은 『니벨룽겐의 노래』[11]로부터 그대로 넘겨받을 수 있었다. 그리고 『신곡』에 나오는 모든 인물의 영혼 앞에서는 그들이 살았던 지상의 삶의 생생함이, 그들과 이야기를 나누고 있는 단테와 마찬가지로, 또 그들의 귀환처인 형벌의 장소나 혹은 은총의 장소와 마찬가지로 현재적이다. 서정적인 과거 체험에 있어서는 단지 변화만이 본질적이다. 서정시는 대상으로서 형상화된 객체, 무시간성의 텅 빈 공간이나 아니면 경과의 분위기 속에 있음 직한 그런 객체를 알지 못한다. 서정시는 회상이나 망각의 과정을 형상화하며, 객체는 체험을 위한 하나의 동인(動因)에 불과하다.

오직 소설에만 그리고 이에 근접한 몇몇 서사적 형식들에만, 대상과 맞부딪치면서 대상을 변화시키는 창조적 회상이 존재한다. 이러한 기억의 진정한 서사성은 삶의 과정을 체험을 통해 긍정하는 것이다. 주관이 그의 삶 전체의 유기적인 통일성을, 회상에 응축되어 있는 지나간 삶의 흐름에서 자신의 생생한 현재가 성장한 것으로서 일별한다면, 그 주관에게는 내면성과 외부 세계의 이원성이 지양될 수 있다. 이원성의 극복, 즉 대상과 맞부닥치고 대상을 포함하는 것은 이러한 체험을 진정한 서사적 형식의 요소로 만든다.

환멸소설의 분위기 있는 의사(擬似) 서정성은, 회상을 통한 체험 속에서 대상과 주관이 뚜렷하게 구분되어 있는 데에서 특히 잘 드러난다. 즉 회상은 실제로 존재했던 그대로의 객관, 그리고 주관이 이상으로 열망했던 전범, 이 양자 사이에 있는 불일치를 현재적인 주관성의 관점에서 파악한다. 그와 같은 형상화에 내재하는 신랄함과 불쾌함은 형상화된 내용의 암울함에서 유래한다기보다는 형식에서 그대로 방치된 불협화음에서 유래한다. 즉 체험의 대상은 극의 형식 법칙들에 따라 구성되어 있는 반면, 그 대상을 체험하는 주관성은 서정적인 주관성인 데에서 유래하는 것이다.

그러나 극과 서정시 그리고 서사문학은—그 위계를 어떻게 생각하든—하나의 변증법적 과정 속에서 정, 반, 합으로 존재하는 것이 아니다. 그것들 각각은 서로 질적으로 완전히 다른 세계 형상화 방식이다. 따라서 각 형식의 긍정성이란 각기 고유한 구조적 법칙을 실현하는 것이다. 각각의 형식에서 기분으로서 발산되는 듯이 보이는 삶의 긍정은, 각 형식에 의해 요구된 불협화음의 해소, 각 형식에 의해 창조된 고유한 실체의 긍정에 다름 아니다.

소설 세계의 객관적 구조는 단지 규제적 이념들에 의해서만 통제되는 하나의 이질적인 총체성을, 그 의미가 찾아야 할 것으로서 부과되어 있을 뿐 주어져 있지는 않은 그런 총체성을 보여준다. 그렇기 때문에 비록 회상 속에서 가물거리며 나타나는 통일성이긴 하지만, 주관적·형성적이고 객관적·반성적인 특성을 띠고 체험되는 인격성과 세계의 통일성이, 소설 형식에 의해 요구되는 총체성을 성취하기에 가장 깊이 있고 진정한 수단인 것이다. 이러한 체험에서 드러나는 것은 주관이 자기 자신으로 돌아가는 귀향인데, 희망 체험의 근저에 놓여 있는 것도 이러한 귀향의 예감과 요구이다. 시작한 것, 중단한 것 그리고 포기한 것 모두를 사후적으로 행동들로 마무리 짓는 것은 바로 이 귀향이다. 귀향 체험의 기분 속에서 기분의 서정적 성격이 극복되는데, 왜냐하면 그것이 외부 세계, 삶의 총체성과 연관되기 때문이다. 그리고 이러한 통일성을 파악하는 통찰은 대상과의 이러한 연관 때문에 해체적인 분석학에서 벗어난다. 그것은 도달하지 못한, 그렇기 때문에 말로 표현할 수 없는 삶의 의미에 대한 예감적·직관적인 파악이 되며, 모든 행동들의 분명해진 핵심이 된다.

아주 위대한 소설들이 서사시로 초월해 나아가려는 모종의 경향을 갖는 것은 이 예술 장르의 역설적 성격에 따른 자연스러운 결과이다. 여기에서 『감정 교육』은 유일하고도 진정한 예외인데, 그렇기 때문에 그것은 소설의 형식에서 가장 전범적인 것이다. 시간의 경과와 이것이 작품 전체의 예술적 중심과 맺는 관계의 형상화에서 이러한 경향이 가장 명확하게 나타난다. 아마도 19세기의 모든 소설 중에서 플로베르의 위대한 성공에 가장 가까이 다가가 있을 소설인 폰토피단의 『행복한 한스』는 목표 — 이 목표의 달성이 주인공 한스의 삶의 총체성을 정초하고 완성하는데 — 를 내용상 너무 구체적으로, 또 지나치게 가치 있는 것으로 규정하고 있어서, 결말에서 이같이 완성된 진짜 서사적인 통일성이 생겨나기란 불가능하다. 한스에게도 도정이 이상(理想) 탓에 가중되는 불가피한 곤란 이상인 것은 사실이다. 그 도정은 필연적인 우회로이다. 그것을 거치지 않을 경우 목표는 공허하고 추상적으로 머물러 있게 되며, 따라서 목표의 달성도 그 가치를 잃어버리고 말, 그런 우회로인 것이다. 그러나 그 도정[12)]은 이같이 규정된 목표와의 관계 속에서만 가치를 가진다. 그리고 그렇게 발생하는 가치는 성장 자체의 가치가 아니라 성장된 상태의 가치일 따름이다. 따라서 주인공의 시간 체험은 극적인 것으로, 다시 말해 가치에 의해 담지되는 것과 의미가 탈각된 것을 재단(裁斷)하여 구분하는 것으로 초월하려는 조용한 경향을 띤다. 이러한 극적인 성격이 경탄할 만한 감지력을 통해 극복되고 있는 것은 사실이지만, 그러나 그 흔적들은 제거될 수가 없어서, 완전히 지양되지는 못한 이원성으로서 작품 속에 남아 있다.

4) 추상적 이상주의 소설의 시간 문제에 대한 회고

추상적 이상주의와 그것이 시간 저편에 있는 초월적 고향과 맺고 있는 내적 관계는 이러한 형상화 방식을 필연적인 것으로 만든다. 그렇기 때문에 이 유형의 가장 위대한 작품인 『돈키호테』는 한층 더 강하게, 그것도 형식적·역사철학적 토대에 따라 서사시로 초월할 수밖에 없다. 『돈키호테』의 사건들은 거의 무시간적인 것으로서, 유리되고 자체로 완결적인 모험들의 다채로운 연속이다. 그리고 결말은 원칙과 문제의 측면에서 볼 때 전체를 완성하고 있는 것이 사실이지만, 그러나 그것은 전체의 대미를 장식할 뿐이지 부분들의 구체적인 전체성을 완성하고 있는 것은 아니다. 이것이 바로『돈키호테』가 보여주는 서사시적 양상, 곧 분위기에서 자유로운 놀라울 정도의 견고함과 쾌활함이다. 물론 이러한 방식으로 시간의 경과에서 빠져나와 한층 더 순수한 지대로 올라가는 것은 형상화된 것 그 자체뿐이다. 형상화된 것을 떠받치고 있는 삶의 토대 자체는 무시간적·신비적인 것이 아니라 시간의 경과에서 생겨났으며, 모든 개별성이 가진 이 같은 출신의 흔적들을 매개하고 있다. 단, 현존하지 않는 초월적 고향에서 확보된 광기 어린 마성적 확실성에서 나오는 빛살이 이러한 출생의 그늘과 음영을 완화하고 그 빛의 뚜렷한 윤곽선으로 모든 것을 둘러싸고 있다. 그러나 그 빛살이 그러한 그늘과 음영을 잊어버리게 만들 수는 없는데, 그럴 것이, 정말이지 작품이 보여주는 씁쓸하기 그지없는 쾌활함과 강력한 멜랑콜리의 두 번 다시 되풀이될 수 없는 혼합은 시간의 무게를 이 같이 일회적이고도 유일무이하게 극복한 덕택에 이룩된 것이기 때문이다. 다른 모든 점에서도 그렇지만, 그로서는 알지 못한 형식의 위험들을 극복하고 믿기 어려울 만큼 엄청난 완성에 이른 것은 소박한 작가 세르반테스가 아니라, 다시는 되돌아오지 않을 역사철학적 순간의 직관적 환시자(幻視者)〔세르반테스—옮긴이〕이다. 그의 비전은 두 시대가 갈라지는 지점에서 생겨났으며, 그 두 시대를 인식하고 파악했다. 그리고 그것은 종잡을 수 없이 복잡다단한 문제들을 완전히 명료해진, 완전히 형식이 된 초월성의 찬란한 빛의 영역 속으로 끌어올렸다.

세르반테스적 형식의 선조인 기사서사문학과 그 상속인인 모험소설은 서사시로의 초월 경향에서 생겨나는, 다시 말해 지속(*durée*)을 형상화할 수 없는 데에서 생겨나는, 이러한 형식이 가진 위험을 보여주고 있는바, 그것은 통속성이며, 오락문학으로 전락하는 경향이다. 이는, 너무 무겁고 또 너무 강하게 현존하는 시간을 극복할 수 없기 때문에 생기는 〔형식의—옮긴이〕 해체와 무형식성이 다른 소설종인 환멸소설의 위험인 것과 마찬가지로, 이러한 소설 유형에 내재하는 필연적인 문제성이다.

3 종합의 시도로서의
『빌헬름 마이스터의 수업시대』

1) 문제

『빌헬름 마이스터』는 미학적으로나 역사철학적으로나 형상화의 이 두 가지 유형 사이에 있다. 이 소설의 주제는 체험된 이상에 의해 인도되는 문제적 개인이 구체적이고 사회적인 현실과 화해하는 것이다. 이러한 화해는 타협이나 처음부터 존재하는 조화일 수 없으며, 또 그래서도 안 된다. 만약 그럴 경우 이 화해는 우리가 벌써 그 특징을 살펴본 근대적인 유머소설 유형으로 귀결되고 말 터인데, 이때 차이가 있다면 후자, 곧 근대적 유머소설의 경우 필요악이었던 그런 화해가 여기에서는 주된 역할을 맡는 것 정도일 것이다. (프라이탁[1]의 『차변과 대변 *Soll und Haben*』은 무이념성과 반(反)시문학적 원리를 이같이 객관화하고 있는 전형적인 사례이다.)

그러니까 말하자면『빌헬름 마이스터』의 인물 유형과 줄거리 구조는 내면성과 세계의 화해가 문제적이긴 하지만 가능하다는, 다시 말해서 그러한 화해가 힘든 싸움과 방황 속에서 추구되어야만 하지만 결국에는 발견될 수 있다는 형식적 필연성에 의해 조건 지어져 있다. 그렇기 때문에 여기에서 고찰하는 내면성은 우리가 앞에서 분석한 두 가지 유형 사이에 있는 것이다. 좀더 구체적으로 말하자면, 내면성이 초월적인 이념 세계와 맺고 있는 관계는 풀린 관계, 주관적으로나 객관적으로 느슨한 관계이지만, 순전히 자기 자신에 입각해 있는 영혼은 자신의 세계를 그 자체로 완전한 혹은 완전해야 하는 현실(이는 요청이자 외부 세계와 경쟁하는 힘으로서 등장하는 것인데)로 완결 짓는 것이 아니라―긍정적인 면에서는 불명확하지만 부정하는 면에서는 명확한―이상에 부합하는 현세적 고향에 대한 동경을, 초험적 질서와 멀리 떨어져 있지만 아직 해지(解止)되지는 않은 결합 상태의 표지로서 자체 내에 지니고 있다. 따라서 이러한 내면성은 한편으로는 한층 더 넓어진, 그렇기 때문에 한층 더 부드럽고 유연하며 구체적으로 된 이상주의이며, 다른 한편으로는 관조적으로 살아가는 것이 아니라 행위하고 현실에 관여하면서 살아가고자 하는 쪽으로 영혼이 확장된 것이다. 그래서 이 내면성은 이상주의와 낭만주의의 중간에 위치하며, 자체 내에서 양자의 종합과 극복을 시도하는 가운데, 양자에 의해서는 타협으로 여겨지며 거부된다.

2) 사회적 공동체의 이념과 그 형상화의 형식들

사회 현실 속에서 행위하면서 영향을 미칠 수 있다고 하는, 주제에 의해 주어진 이러한 가능성의 결과, 여기에서 문제가 되는 인물 유형에게는 직업·신분·계급 따위와 같은 외부 세계의 편성이 사회적 행위의 기반으로서 결정적인 의의를 지니게 된다. 따라서 이러한 인물들의 마음속에 살아 있으면서 그들의 행동을 규정하는 이상은, 사회의 형성물들 속에서 영혼의 가장 깊숙한 내면과 통하는 연결 고리와 성취들을 발견하는 것을 내용이자 목표로 삼는다. 그럼으로써 최소한 요청의 차원에서나마, 영혼의 고독은 지양되어 있다. 이러한 효력이 발생하려면 인간적이고 내면적인 공동체, 즉 본질적인 것과 관련하여 인간들 간의 이해와 협력 가능성이 전제되어 있어야 한다. 그런데 이 같은 공동체는 사회적 결합 관계에 소박하고 자명하게 뿌리내리고 있는 것도, 또 (옛 서사시에서처럼) 이로부터 생겨나는 자연스러운 유대 관계의 연대도 아니다. 또한 그것은 신비주의적인 공동체 체험, 즉 돌연 번쩍하는 각성의 빛 앞에서, 일시적이고 경직되어 있으며 죄악에 빠지기 쉬운 것으로서의 고독한 개인성을 잊고 뒤로하는 그런 체험도 아니다. 그것은 이전에는 고독하고 완고하게 자신에 한정되어 있었던 인격들이 서로 부딪쳐 누그러지고 서로 익숙해지는 것이자, 풍부한 그리고 풍부하게 만드는 체념의 결실이며, 교육 과정의 대미(大尾)를 장식하는 것이자 애써 쟁취해 낸 성숙이다. 이 성숙의 내용은 자유로운 인간성의 이상인바, 사회적 삶의 모든 형성물을 인간 공동체를 위해 필요한 형식으로 파악하고 긍정하지만, 이와 동시에 그 형성물들을 삶의 이 본질적 실체가 작용하기 위한 동인으로만 보며, 따라서 그것들을 고정된 국가적·법률적인 대자존재의 형태로서가 아니라 그것들 너머에 있는 목표를 위해 필요한 도구로서 전유하는 그런 것이다. 그렇기 때문에 추상적 이상주의의 영웅적 태도와 낭만주의의 순수한 내면성은 상대적인 정당성을 지닌 것으로서, 그렇지만 극복되어야 하는 경향이자 내면화된 질서에 편입된 경향으로서만 허용된다. 양자는 그 자체로서는, 오로지 주어진 질서라는 이유 때문에 아무런 이념도 없는 외적 질서 일체와 타협하는 속물주의와 마찬가지로 타기할 만한 것으로, 몰락하도록 되어 있는 것으로 나타난다.

이상과 영혼 간의 관계가 가지는 그러한 구조는 주인공의 중심적인 위치를 상대화한다. 즉 주인공의 중심적인 위치는 우연적인 것이다. 주인공은 다름 아닌 그의 추구와 발견이 세계의 전체상을 가장 명확하게 드러내기 때문에, 오로지 그 때문에, 똑같이 노력하고 추구하는 무수한 인물들 가운데에서 선택되어 중심에 놓이게 된다. 그러나 빌헬름 마이스터의 수업기가 기록되어 있는 탑에는—수많은 다른 인물들 중에서—야르노와 로타리오를 비롯해 '탑의 결사'의 다른 성원들의 수업기도 있다. 그리고 소설 자체도 여신도의 회상 형태로 빌헬름 마이스터의 여정과 유사한 교육 행로에 관한 이야기를 포함하고 있다. 물론 환멸소설도 중심 인물의 이와 같은 우연적 중심성을 알고 있지만(이에 반해 추상적 이상주의는 필연적으로, 고독을 특징으로 지닌 채 중심에 놓여 있는 주인공과 함께할 수밖에 없다), 이는 타락하고 있는 현실을 보여주기 위한 수단에 불과하다. 즉 내면성은 모두 다 좌절할 수밖에 없다는 점에서 모든 개별적 운명은 단지 하나의 에피소드에 불과할 뿐이며, 또 세계는 좌절할 수밖에 없다는 사실만을 공통의 운명으로 가지는, 무한한 수의 그와 같이 서로 이질적이고 고독한 에피소드들로 구성되어 있는 것이다. 그런데 여기『빌헬름 마이스터』에서 이러한 상대성의 세계관적 기초는, 공통의 목표를 지향하는 노력들이 성공할 수 있다는 것이다. 이러한 운명 공동체를 통해 개별 인물들은 내적으로 서로 밀접하게 결합되는데, 이에 반해 환멸소설에서는 삶의 곡선들이 빚어내는 평행성이 인물들의 고독을 한층 더 강화할 수밖에 없었다.

3) 교육소설의 세계와 현실의 낭만화

그렇기 때문에 여기에서도 전적으로 행위를 지향하는 추상적 이상주의와 관조적으로 된 순수한 내적 행위의 낭만주의 사이에서 일종의 중도가 추구되는 셈이다. 이러한 형상화 유형의 근본 의향인 휴머니티는, 능동성과 관조, 세계에 영향을 끼치려는 욕구와 세계를 그대로 받아들이는 능력 사이의 균형을 필요로 한다. 이러한 형식을 교육소설[2]이라고 불러왔는데, 이는 합당한 것이다. 그럴 것이, 소설의 줄거리가 특정한 목표로 지향된 의식적인 과정이자 지도받는 과정, 즉 사람들과 다행스러운 우연들의 그와 같은 활동적 개입이 없었더라면 결코 꽃필 수 없었을, 인간에 내재하는 특성들의 발전 과정이어야 하기 때문이며, 또 이런 식으로 획득된 것은 그 자체가 다른 사람들에게 계발적인 것[3]이자 고무적인 것이고, 그 자체가 하나의 교육 수단이기 때문이다.

이런 목표에 의해 규정되어 있는 줄거리는 안전이 보장된 상태가 지니는 모종의 안정감을 갖는다. 그러나 궁극적인 위험이 없는 상태의 이런 분위기를 만들어내는 것은, 결부되어 있는 세계의 선험주의적인 안정이 아니라 목표 의식적이고 목표가 확실한 교양 의지이다. 이 세계는 그 자체로서는 결코 위험에서 자유롭지 못하다. 누구나 다 노출되어 있는 위험, 모든 사람에게 그것에 맞서 개인적으로 구제될 길―선험적인 구원의 길이 아니라―이 존재하는 그런 위험을 가늠하기 위해서는, 다수의 인물들이 적응할 능력이 없기 때문에 몰락하고, 또 다른 인물들은 너무 성급하게 무조건 일체의 현실 앞에 굴복하기 때문에 피폐해 가는 것을 보아야만 한다. 그러나 그와 같은 〔개인적 구제의―옮긴이〕 길들은 존재하며, 우리는 한 인간 공동체 전체가―비록 왕왕 오류와 혼란을 겪을지라도 서로 도우면서―그 길을 성공적으로 끝까지 가는 것을 본다. 그리고 이처럼 많은 사람에게 현실적이게 된 것은, 적어도 그 가능성의 측면에서 볼 때 모든 사람에게 열려 있지 않으면 안 된다.

　소설 형식이 가진 힘차고 안정된 기본 감정은 이렇듯 주인공의 상대화에서 연유하는 것이며, 이 상대화는 다시 공동의 운명, 공동의 삶의 조형이 가능하다는 믿음에 의해 조건 지어져 있다. 이러한 믿음이 사라지는 순간―이를 형식적으로 표현하자면, 가상의 공동체나 또는 실제적 공동체를 거치는 가지만 그의 운명이 그 공동체에 합류하지 못하는 한 고독한 인간의 운명으로 줄거리가 구성되는 순간이라고 말할 수 있을 터인데―형상화 방식은 본질적으로 변할 수밖에 없으며 환멸소설 유형에 가까워질 수밖에 없다. 그럴 것이, 여기에서 고독은 우연적인 것도 개인의 잘못도 아니기 때문이다. 오히려 고독이 의미하는 것은, 본질적인 것에의 의지가 형성물과 공동체의 세계에서 벗어나 있다는 것, 공동체는 단지 피상적으로 타협의 지반 위에서만 가능하다는 것이다. 이로써 중심 인물 또한 문제적이 되는데, 이 경우 그의 문제성은 그의 이른바 '그릇된 경향성들'에 있는 것이 아니라 바로 다음과 같은 점에, 즉 그가 자신의 가장 깊은 내면성을 이 세계 일반에서 실현하고자 했다는 점에 있다. 그럼에도 이러한 형식에 계속 남아 그것을 환멸소설과 뚜렷하게 구분 짓는 것은 교육적 성분인데, 그것은 주인공이 최종적으로 체념적 고독에 도달하는 것이 모든 이상의 완전한 붕괴나 혹은 훼손을 의미하는 것이 아니라, 내면성과 세계 간의 불일치에 대한 통찰을 의미하며, 또 이러한 이원성에 대한 통찰을 행위를 통해 현실화하는 것을 의미한다. 다시 말해서, 사회적인 삶의 형식들을 체념적으로 받아들이는 가운데 사회와 타협하면서도 단지 영혼 속에서만 실현될 수 있는 내면성을 자체 내에 격리하고 대자적으로 보전하는 것을 의미한다. 도달의 제스처는 현재적 세계 상태를 표현하지만, 그러나 그것은 이에 대한 저항도 긍정도 아니다. 그것은 단지 이해하는 체험일 따름이다. 이 체험은 세계와 내면성 양자를 공평하게 평가하려 노력하는 체험이며, 세계 내에서 영혼이 영향을 미칠 수 없는 사태에서 세계의 무본질성뿐만이 아니라 영혼의 내적 취약성도 파악하는 체험이다.

물론 대부분의 개별 경우들을 보면 이러한 괴테 이후의 교육소설 유형과 환멸의 낭만주의 유형 간의 경계는 빈번히 유동적이다. 『녹색 옷의 하인리히 *Der grüne Heinrich*』[4] 초판이 이 점을 아마도 가장 명확하게 보여주고 있다면, 최종판은 형식에 의해 요구되는 이러한 길을 분명하고도 단호하게 걷고 있다. 그런데 그와 같이 유동적일 수 있는 가능성은, 비록 그것이 극복 가능한 것이라 할지라도, 이 형식의 역사철학적 토대에서 생겨나 이 형식을 위협하고 있는 하나의 커다란 위험을 보여준다. 그것은 전범적이지 않은, 상징이 되지 못한 주관성의 위험인데, 이러한 주관성은 서사적 형식을 파괴할 수밖에 없다. 그도 그럴 것이, 이러한 전제 조건에서는 주인공뿐 아니라 운명 또한 단순히 개인적인 것일 가능성이 농후하며, 또 작품 전체는 한 특정한 인물이 그에게 주어진 환경과 어떻게 성공적으로 대결했는지를 회고록 식으로 이야기하는 사적 운명이 되고 만다.(환멸소설은 인물들의 강화된 주관성을, 숨 막힐 정도로 똑같이 만들어버리는 운명의 보편성을 통해 조정한다.) 이러한 주관성은 이야기하는 어조의 주관성보다 극복하기가 더 어렵다. 그것은 서술된 모든 것에—비록 기법적 형상화가 극히 완벽하게 객관화되어 있다 할지라도—단순히 사적인 것이라고 하는 치명적인 사소성(些少性)을 부여한다. 남아 있는 것이라고는, 매 순간 총체성의 형상화를 요구하면서 등장하기 때문에 그만큼 더 곤혼스럽게 총체성의 부재를 안타까워하게 만드는 그런 시각뿐이다. 근대의 교육소설들 가운데 극히 많은 부분이 이러한 위험에 아무런 대책 없이 빠져 들었다.

『빌헬름 마이스터』에서는 인물과 운명 들의 구조가 그들의 사회적 환경의 구성을 규정하고 있다. 여기에서도 중간적 상태가 중요하다. 즉 사회적 삶의 형성물들은 견고하고 확실한 초월적 세계의 모상도, 자체 내에서 완결되고 명확하게 편성된, 자기 목적으로 실체화되는 질서도 아니다. 만약 그런 식이라면 정말이지 추구 행위와 길을 잃게 될 가능성은 이 세계에서 배제되어 있을 것이기 때문이다. 하지만 그렇다고 그것들이 무정형적인 덩어리를 이루고 있는 것도 아니다. 만약 그런 식이라면 그 영역 속에서 질서를 지향하는 내면성은 언제나 고향 없는 상태로 머물러 있을 수밖에 없을 것이며, 목표에의 도달이란 애당초 생각할 수도 없을 것이기 때문이다. 그렇기 때문에 사회적 세계는 관습의 세계가 될 수밖에 없는데, 그렇지만 이러한 관습의 세계는 생생한 의미가 부분적으로 침투할 수 있는 그런 세계이다.

이로써 이질성이라는 새로운 원리가 외부 세계에 들어오게 된다. 즉 상이한 형성물들과 그 형성물들의 서로 다른 층들이 의미에 의해 침투될 수 있는 가능성의 정도에 따라 구성되는 비합리적이고 합리화될 수 없는 위계질서가 생겨나는바, 이 경우에 의미란 객관적인 어떤 것이 아니라 인격성이 효력을 발휘할 수 있는 가능성을 의미한다. 여기에서 형상화 요소로서의 반어가 결정적인 의의를 갖게 되는데,

왜냐하면 어떠한 형성물도 그 자체로 의미가 보장되거나 부인될 수 없으며, 또 그 형성물이 그러한 가능성이 실현되기에 적합한지 부적합한지도 결코 처음부터 명확히 될 수 있는 것이 아니라, 개인과의 상호 작용 과정 속에서만 드러날 수 있는 것이기 때문이다. 이러한 필연적인 모호성은, 개개의 상호 작용에서 개인에 대한 형성물의 적합성 여부가 그 개인의 승리인지 좌절인지 또는 그 형성물에 대한 판결인지조차도 전혀 확언할 수 없기 때문에 더욱 강화된다. 그러나 현실에 대한 이러한 반어적 긍정—그럴 것이, 이러한 부유(浮游) 상태를 통해 이념이 가장 많이 탈각된 것조차도 빛을 발하게 되기 때문인데—은 하나의 중간 단계일 따름이다. 즉 교육 작업의 완성은 필연적으로 현실의 특정 부분들을 이상화하고 낭만화하며, 여타의 부분들은 의미가 없는 것으로서 산문에 귀속되도록 만든다.

그러나 다른 한편 반어적 태도는 이러한 귀향〔교육 작업의 완성을 통해 도달한 상태—옮긴이〕과 그 방편들에 대해서도 포기될 수 없으며, 또 무조건적인 긍정에 자리를 넘겨줄 수도 없다. 그럴 것이, 사회적 삶의 이러한 객관화물들〔귀향과 그 방편들—옮긴이〕은 자기 너머에 놓여 있는 어떤 것이 가시적이고 생산적으로 활성화되도록 하기 위한 동인에 불과하기 때문이다. 그리고 그 객관화물들로 하여금 현실적 성격—주관적인 시각과 경향성으로서는 꿰뚫어 볼 수 없는 그 본질, 이러한 시각 및 경향성과 마주해 있는 그 자립적 현존—을 갖게 하는, 그 이전에 이루어진 현실의 반어적 동질화는, 전체의 통일성을 위태롭게 하지 않는 한 여기서도 포기될 수 없다. 따라서 종국에 도달한 의미 충만하고 조화로운 세계는 줄거리의 진행 과정에서 그에 선행하는 의미 탈각 및 단편적인 의미 침투의 여러 상이한 단계들과 꼭 마찬가지로 현실적이며, 그것들과 동일한 현실적 특징들을 가진다.

4) 노발리스

낭만주의적인 현실 형상화의 이 반어적 감지력에는 이러한 소설 형식의 또 다른 큰 위험이 도사리고 있는데, 오직 괴테만이—그도 부분적으로만—그 위험을 피할 수 있었다. 그 위험이란, 현실을 완전히 현실 너머의 영역으로까지, 또는—본래적인 예술적 위험을 한층 더 명백하게 드러내는 것으로서—소설의 형상화 형식들이 더 이상 닿을 수 없는, 완전히 문제에서 벗어나 있는 문제 너머의 영역으로까지 낭만화하는 위험이다. 바로 이 지점에서 괴테의 창작물을 산문적이고 반(反)시문학적이라고 거부했던 노발리스는, 현실적인 것 속에서 실현된 초월성, 곧 동화(童話)를 서사적 시문학의 목표이자 정전으로 삼고 이를 『빌헬름 마이스터』의 형상화 방식과 대치시킨다. 그는 다음과 같이 적고 있다.

> 『빌헬름 마이스터의 수업시대』는 어느 정도 철저히 산문적이고 현대적이다. 그 속에서는 낭만적인 것이 사라져버리고 자연의 포에지, 경이로움도 사라져버린다. 그것은 범상한 인간사만 다루고 있을 뿐, 자연과 신비주의는 완전히 망각되어 있다. 그것은 시화(詩化)된 시민적이고 가정적인 이야기이다. 그 속에서 경이로움은 드러내놓고 시문학과 몽상으로 취급된다. 예술적 무신론이 그 책에 깃들어 있는 정신이다. …… 서술이 아무리 시적이라 하더라도 그것은 근본적으로 …… 극도로 비문학적이다.

그와 같은 경향을 지닌 노발리스가 기사서사문학의 시대로 되돌아가 거기에 의지하는 것은 결코 우연이 아니다. 그것은 의향과 소재 사이의 수수께끼 같은, 하지만 심층적 차원에서는 합리적인 친화성에 따른 것이다. 기사서사문학과 마찬가지로(여기에서는 물론 그 어떤 직접적이거나 간접적인 '영향'을 말하는 것이 아니라 지향들의 선험적인 공통성을 말하는 것인데) 노발리스 또한 공공연하게 된 초월성의 현세적으로 완결된 총체성을 형상화하고자 한다. 그렇기 때문에 이와 같은 그의 양식화는 기사서사문학의 그것과 마찬가지로 동화를 목표로 삼을 수밖에 없다. 그러나 중세의 서사작가들은 소박·자명한 서사적 의향을 가지고 곧바로 현세적 세계의 형상화를 시도했으며, 빛을 발하는 현재적 초월성을, 그리고 이와 더불어 현실의 동화로의 변용(變容)을 그들이 처해 있는 역사철학적 상황의 선물로서 받았을 뿐인데 반해, 노발리스의 경우 이 동화적 현실은 현실성과 초월성의 균열된 통일성을 재건하는 것으로서 의식적인 형상화 목표가 된다. 하지만 그렇기 때문에 여기에서 모든 것을 결정하는 철저한 종합은 이루어질 수가 없다. 현실은 이념이 탈각된 지상의 무게에 너무 많이 짓눌려 있으며, 또 초월적 세계는 추상적 일반성의 철학적·요청적인 영역에서 너무 직접적으로 유래하는 탓에 지나치게 가볍고 아무런 내용도 없다. 그리하여 현실과 초월적 세계 양자가 유기적으로 통합되어 생생한 총체성의 형상화를 낳는 것은 불가능하다. 노발리스가 괴테의 작품에서 예리하게 발견한 예술적 틈은, 이리하여 그의 작품에서는 더 커지고 전혀 극복할 수 없는 것이 되고 만다. 포에지의 승리, 다시 말해서 변용하고 구원하면서 전체 우주를 다스리는 포에지의 지배는 여타의 모든 지상적인 것과 산문적인 것을 이러한 낙원으로 끌고 올 형성적 힘을 소유하고 있지 못한 것이다. 현실의 낭만화는 포에지의 서정적 가상을 통해 현실을 덮어 가리고 있는 것에 불과한데, 이 가상은 사건들로, 서사문학으로 옮겨질 수 없는 것이어서 실제의 서사적 형상화는 괴테의 문제성을 한층 더 첨예한 상태로 드러내거나 아니면 서정적 반성과 분위기 있는 묘사를 통해서 우회된다. 그렇기 때문에 노발리스의 양식화는 위험을 표면적으로는 가리고 있지만 본질적으로는 첨예화할 뿐인, 순전히 반성적인 것이다. 그럴 것이, 사회 세계의 형성물들을 서정적으로 분위기 있게 낭만화한다고 해서 그것이 그 형성물들과 내면성의 본질적 삶 간의 예정 조화, 정신이 현재 처해 있는 상태에서는 존재하지 않는 그런 예정조화와 연관될 수는 없기 때문이다. 그리고 주관으로부터 창조된 것이면서 형성물들을 가능한 한 건드리지 않는, 반어적으로 부유(浮游)하는 균형을 찾는 괴테의 길을 비판했기 때문에, 노발리스에게 남아 있는 길이라고는 형성물들을 그 객관적인 현존재 속에서 서정적으로 시화하고 그리하여 아름답고 조화롭지만 자체 내에 머물러 있으면서 아무런 연관도 없는 세계를 창조하는 길밖에 없었다. 그러한 세계는 실재화된 궁극적 초월성과도, 문제적인 내면성과도 단지 반성적으로만, 단지 분위기상으로만 관계할 뿐 서사적으로는 관계하지 않으며, 그리하여 참된 총체성이 될 수가 없다.

5) 괴테의 해결 시도와 소설의 서사시로의 초월

그런데 이러한 위험의 극복이 괴테의 경우에도 아무런 문제성 없이 이루어진 것은 아니다. 주인공이 교육 과정 끝에 도착한 사회적 영역과 관련하여 의미 침투의 한갓 잠재적이고 주관적인 특성이 아무리 강조되더라도, 소설의 전체 구조를 떠받치고 있는 공동체 사상은 여기에서, 형성물들이 교육 과정에서 극복되었던 영역에서 그랬던 것보다 한층 더 크고 한층 더 객관적인 실체성을 지닐 것을, 그럼으로써, 존재해야만 하는 주체들에 대해 한층 더 진정하게 부합할 것을 요구한다.

하지만 근본적인 문제성의 이와 같은 객관주의적 지양은 소설을 서사시에 근접시킬 수밖에 없다. 그렇지만 소설로 시작한 것을 서사시로 마무리하기란, 이러한 초월 경향을 다시 반어적 형상화로 저지하고 소설의 나머지 덩어리에 완전히 동질화시키는 일과 마찬가지로 불가능한 일이다. 그렇기 때문에 소설 형식의 참된 정신에서 태어난 놀라울 정도로 통일적인 극장 분위기와, 초월하는 경향이 있으며 그렇기 때문에 깨지기 쉬운 귀족의 세계, 활동적인 삶의 지배를 상징하는 것인 그 귀족의 세계는 대립해 있을 수밖에 없다. 소설의 말미를 이루는 결혼이라는 방식을 통해 신분의 내면화가 지극히 효과적으로 감각적·서사적으로 형상화되어 있는 것은 사실이다. 또 그렇기 때문에 신분의 객관적 우월성은 한층 더 자유롭고 대범한 삶을 영위하기에 상대적으로 더 유리한 기회, 그러한 삶을 살기 위해 필요한 내적인 전제 조건을 갖춘 이들에게는 다 개방되어 있는 그런 기회에 불과한 것으로 낮추어지는 것이 사실이다. 그러나 이러한 반어적 유보에도 불구하고 신분은 그것이 내면적으로 감당할 수 없는 실체성의 높이로 격상되어 있다. 다시 말해서, 비록 제한된 범위로 한정되어 있긴 하지만, 신분의 테두리 내에서 각양각색의 개인적 운명에 대한 해결책을 자체 내에 담을 수 있는 보편적이고 포괄적인 문화적 꽃이 활짝 피어나게끔 되어 있는 것이다. 따라서 귀족 신분에 의해 그 테두리가 정해지고 구축(構築)되는 세계에는 문제 너머에 있는 서사시적 광휘와 같은 것이 일렁일 수밖에 없다.

새로운 문제들을 중간중간에 집어넣고 또 등장케 하는 괴테의 더

할 나위 없이 능숙한 예술적 감지력조차도 최종 상황의 이러한 내재적 결론에서 벗어날 수는 없다. 하지만 이 세계 자체에는, 본질적 삶에 대한 이 세계의 한갓 상대적인 적합성에는 그와 같이 양식화할 가능성을 제공할 요소가 하나도 없다. 많은 비난을 받았던 마지막 권(券)들의 환상적 장치, 이를테면 비밀스러운 탑, 섭리에 따라 주재하고 모든 것을 다 아는 비밀회원 따위가 그래서 필요했던 것이다. 여기에서 괴테는 (낭만주의적인) 서사시의 형상화 수단들로 손을 내밀었는데, 비록 소설 말미의 감각적 함축성과 무게를 형상화하기 위해 그에게 무조건 필요했던 이러한 수단들을 그가 가볍게 반어적으로 다룸으로써 재차 평가절하하려 시도했으며 그것들에서 서사시적 성격을 탈각시키고 그것들을 소설 형식의 요소들로 바꾸려고 시도했지만, 그는 여기에서 실패할 수밖에 없었다. 다른 모든 곳에서는 형식화에 걸맞지 않는 것에다 충분한 실체를 부여했으며 모든 초월적 운동을 형식의 내재성을 통해 저지했던 괴테의 형상화를 통한 반어가, 여기에서는 단지 경이로운 요소를—그것의 유희적이고 자의적이며, 궁극적인 것에 대한 비본질적 성격을 드러내면서—가치절하할 수 있을 뿐, 그 경이로운 요소가 전체 어조의 통일성을 불협화음적으로 분열시키는 것을 막을 수는 없다. 즉 경이로운 요소는 숨겨진 심층적 의미라고는 없으면서도 짐짓 비밀에 싸인 척하는 것이 되며, 현실적인 중요성은 없으면서도 줄거리상 강조된 모티프가 되고, 장식하는 우아함이라고는 없으면서도 유희적인 장식물이 되는 것이다. 그렇지만 이것은 (많은 사람들이 그것을 변명조로 파악하고 있는 것과는 달리) 시대 취향을 따르는 것 이상을 의미하는데, 이 모든 것에도 불구하고 이처럼 몹시도 비유기적인 '경이로움'을 여간한 『빌헬름 마이스터』에서 떼어놓고 생각하기란 전혀 불가능하다. 괴테로 하여금 경이로운 요소를 이용하도록 강제한 것은 본질적인 형식적 필연성이었다. 하지만 그것의 이용은 실패할 수밖에 없었는데, 왜냐하면 그것은 그 기반, 즉 형상화되어야 하는 시대가 허용하는 것보다 덜 문제적인 형식을—세계에 대한 작가의 의향에 따라—지향하는 것이었기 때문이다.

시대에 의해 주어진 문제성을 기록하는 데 머무르지 못하며, 실현 불가능한 의미를 일별하고 주관적으로 체험하는 데 만족하지 못하는 것은, 그리고 작가로 하여금 요청의 차원에서는 보편 타당성을 지닐 수도 있을 순전히 개인적인 체험을 현실의 존재해 있는 형성적 의미로 정립하도록 강제하는 것은, 여기에서도 바로 작가의 유토피아적 의향이다. 그렇지만 현실은 이러한 의미 수준으로 억지로 끌어올려질 수 없으며, 또—위대한 형식의 모든 결정적인 문제에서 그렇듯이—이러한 심연을 건너갈 수 있을 만큼 위대하고도 노련한 형상화 기예란 존재하지 않는다.

4 톨스토이, 그리고
   삶의 사회적 형식들을 넘어서기

1) 관습에 대한 형상화된 논박

서사시로의 이러한 초월은 아무튼 사회적 삶의 내부에 머물러 있다. 그리고 이러한 초월은, 형상화되어야 하는 세계의 결정적 지점에서 그러한 초월이 그 세계가 조금이라도 감당할 수 없고 균형을 유지할 수도 없는 그런 실체성을 부당하게 요구하는 경우에 한해서만 형식의 내재성을 파괴한다. 그런데 문제 너머 저편을 향한 의향, 다시 말해 서사시로의 의향이 여기(『빌헬름 마이스터의 수업시대』―옮긴이)에서는 사회적 형식들 및 형성물들의 내재적·유토피아적인 이상을 향해 있을 뿐이다. 따라서 그 의향은 이러한 형식들 및 형성물들 전반을 초월하는 것이 아니라 역사적으로 주어져 있는 그것들의 구체적 가능성들만 초월할 따름이다.(물론 이를 통해서도 형식의 내재성은 충분히 파괴될 수 있다.)

그와 같은 입장은 환멸소설에서 처음 생겨나는데, 환멸소설에서는 내면성과 관습 세계의 불일치가 후자, 곧 관습 세계를 완전히 부정하는 것으로 귀결될 수밖에 없다. 하지만 이 부정이 단지 내적인 입장을 의미하는 한, 성취된 형식의 경우에는 소설의 내재성이 보존되어 있으며, 균형이 결여된 경우라 하더라도 그것은 소설의 서사시로의 초월이라기보다는 오히려 형식 일반의 서정적·심리적인 해체 과정에 해당하는 것이다.(노발리스의 독특한 위치는 벌써 분석한 바 있다.) 그러나 관습 세계에 대한 유토피아적 거부가 관습 세계와 똑같이 현존하는 현실 속에서 객관화되며 논박을 통한 거부가 그런 식으로 형상화의 형식을 얻게 된다면, 초월은 불가피하다. 하지만 그럴 가능성이 서유럽의 발전 과정에는 주어진 적이 없었다.

서유럽의 발전 과정에서 영혼의 유토피아적 요구는 애당초 실현될 수 없는 것, 즉 내면성이 되어버린 극도로 분화되고 세련된 영혼에 적합할 그런 외부 세계를 지향하고 있다. 관습에 대한 비난은, 하지만 관습성 자체를 향한 것이 아니라, 때로는 관습의 영혼 소원성을, 때로는 관습에서 보이는 세련됨의 결여를, 때로는 문화와는 생소한, 한갓 문명적인 그 특성을, 또 때로는 관습의 건조하고 삭막한 몰정신성을 향한 것이다. 그러나―순수한, 거의 신비롭다고 말할 수 있는 무정부주의적 경향들을 제쳐놓는다면―여기에서 의도되고 있는 것은 항상 형성물들 속에서 객관화되는, 내면성에 적합할 문화이다.(괴테의 소설이 이러한 발전 과정과 접하는 지점이 바로 이 대목이다. 단, 그의 경우에는 이러한 문화가 발견되며, 이로부터 『빌헬름 마이스터』의 독특한 리듬이 생겨난다. 다시 말해, 주인공이 점점 더 성숙하면서―추상적 이상주의와 유토피아적 낭만주의를 점점 더 많이 포기하면서―도달하는, 점점 더 본질적으로 되어가는 형성물의 층들이 [본래 주인공이 가졌던―옮긴이] 기대를 점차 뛰어넘는다.) 그렇기 때문에 이러한 비판은 오로지 서정적으로만 표현될 수 있다. 모든 문화적인 형성물의 세계에 대한 거부를 내용으로 하는 낭만주의적 세계관을 가진 루소(Rousseau)에서조차도 논박은 순수하게 논박적으로, 다시 말해서 수사적이고 서정적이며 반성적으로 형상화된다. 서유럽의 문화 세계는, 그것을 구축하고 있는 형성물들의 불가피성 속에 아주 강하게 뿌리내리고 있어서, 그 문화적 형성물의 세계에 대해 논박하는 것 말고는 달리 대항할 능력이 전혀 없다.

2) 톨스토이의 자연 개념과 그것이 소설 형식에 대해 지니는 문제적 결과들

창조적 논박은 19세기 러시아 문학에 의향의 기반이자 형상화의 기반으로서 주어져 있었던 유기적·자연적인 근원 상태에 더 가까워져야 비로소 가능해진다. 본질적으로 '유럽적인' 환멸소설가인 투르게네프[1] 이후 톨스토이는 서사시로의 극히 강력한 초월성을 지닌 소설의 이러한 형식을 창조했다. 일체의 소설 형식과는 거리가 먼, 톨스토이의 위대하고도 참으로 서사적인 의향은 같이 느끼며 자연에 내적으로 결속된 단순한 인간들의 공동체에 기초하는 삶을 추구한다. 자연의 위대한 리듬을 따르며, 태어나고 죽는 자연의 박자 속에서 움직이고, 또 비자연적인 형식들의 사소하고 분열적인 모든 것, 해체하고 경직되게 만드는 모든 것을 배제하는 그런 삶을 추구하는 것이다. "농부는 조용하게 죽어갑니다"라고 톨스토이는 자신의 노벨레 『세 죽음 *Drei Tode*』을 두고 백작부인 A. A. 톨스토이에게 보낸 편지에서 적고 있다.

그의 종교는 그가 더불어 살아온 자연입니다. 그는 나무를 베었으며 호밀의 씨를 뿌리고 수확했습니다. 그는 양들을 잡았습니다. 양들이 그의 집에서 태어났으며 아이들이 세상에 나왔고 노인들이 죽어갔습니다. 그는 그 귀족 부인과는 달리 결코 저버린 적이 없었던 이 법칙을 정확하게 알고 있으며, 그 법칙을 똑바로 소박하게 직시했습니다. …… 나무는 조용하게, 단순하고 아름답게 죽습니다. 나무는 거짓말을 하지 않기 때문에, 얼굴을 찡그리지 않고 또 아무것도 두려워하지 않으며 아무것도 애석해하지 않기 때문에 아름답습니다.

톨스토이가 점하고 있는 역사적 위치의 역설성은 우리 시대에 소설이 얼마나 필연적인 서사 형식인가를 다른 무엇보다도 잘 입증해주고 있는데, 그 역설성은 그러한 세계가, 그것을 동경할 뿐만 아니라 구체적이고 분명하며 풍부하게 인지하고 형상화하는 그에게 있어서조차도 운동으로, 행위로 옮겨질 수 없다는 점에서, 다시 말해 그러한 세계가 단지 서사적 형상화의 한 요소로 머물러 있을 뿐이지 서사적 현실 자체는 아니라는 점에서 드러난다. 그럴 것이, 옛 서사시의 자연적·유기체적인 세계는 유기체적 성격을 고유한 성질로 지닌 문화였던 데 반해, 톨스토이에 의해 이상으로 설정되고 존재해 있는 것으로 체험되는 자연은 가장 내적인 그 본질에 있어서 자연으로 간주된 것이자 자연으로서 문화와 대립되는 것이기 때문이다. 그와 같은 대립 설정이 필연적이라는 것이 톨스토이 소설들이 지닌 풀 수 없는 문제성이다. 그러니까 말하자면, 그가 지녔던 서사시로의 의향이 문제적인 소설 형식으로 귀착될 수밖에 없었던 이유는, 그가 자신 속에서 문화를 실제로 극복하지 못했으며 그가 자연으로서 체험하고 형상화하는 것과 맺고 있는 관계가 단순히 성찰적인 것이기 때문이 아니다. 심리적 원인들 때문이 아니라, 형식 및 그것이 역사철학적 기반과 맺고 있는 관계 때문에 그렇게 될 수밖에 없었던 것이다.

인물과 사건의 총체성은, 우리가 문화에 대해 어떤 입장을 취하든 간에 오직 문화의 지반 위에서만 가능하다. 그렇기 때문에 톨스토이의 서사적 작품들에서 결정적인 것—뼈대로서뿐만 아니라 내용적·구체적인 알속으로서도—은 그가 문제적인 것이라 비난했던 문화 세계에 속한다. 하지만 비록 자연이 내재적으로 완결되고 완성된 총체성으로 마무리될 수 없다 해도, 어쨌든 그것 또한 객관적으로 현존하는 것이기 때문에, 그의 작품에는 부여받는 가치에 있어서뿐만 아니라 그 존재의 성질에 있어서도 서로 완전히 이질적인 두 가지 층의 현실이 생겨난다. 작품의 총체성의 구성은 이 두 가지 층의 상호 관계를 통해서야 비로소 가능하게 되는데, 여기에서 이 양자의 상호 관계는 한 층에서 다른 층으로 가는, 체험된 길일 수밖에 없다. 좀더 명확하게 말하자면, 그 방향은 평가의 결과와 더불어 이미 주어져 있는 것이기 때문에, 문화에서 자연으로 가는 길일 수밖에 없다. 그런데 이를 통해 전체 형상화의 중심이 되는 것은—작가의 의향과 그가 대면해 있는 시대 사이의 역설적 관계의 역설적 결과로서—성찰적인 낭만주의적 체험이다. 즉 본질적인 인간들이 자신들을 둘러싸고 있는 문화 세계가 그들에게 제공할 수 있는 모든 것에 대해 갖는 불만족과, 자연이라고 하는 한층 더 본질로 충만한 다른 현실에 대한 추구와 발견(이는 문화 세계에 대한 거부의 결과로서 생겨나는데)이 전체 형상화의 중심이 되는 것이다.

이러한 주제에서 생겨나는 역설성은 다음과 같은 사실을 통해, 즉 톨스토이의 이러한 '자연'은 그것이 상대적으로 가장 실체적인 괴테의 최종 세계처럼 도달해서 안식할 고향이 될 수 있을 만큼 충만함과 완결성을 가지고 있지 않다는 사실을 통해 한층 더 강화된다. 톨스토이의 '자연'은 관습성의 피안에 어떤 본질적인 삶이 실제로 있다는 것을 사실적으로 보증하는 것에 지나지 않는다. 그 삶은 충만하고 진정한 자기성의 체험 속에서, 영혼의 자기 체험 속에서 도달될 수는 있지만, 어찌해 볼 도리 없이 그로부터 떨어져 나와 다시 다른 세계로 전락할 수밖에 없는 그런 삶이다.

세계사적 작가의 영웅적인 엄격성으로써 그가 자신의 세계관에서 끌어낸 이 암울한 결론을 톨스토이는 벗어날 수 없다. 그가 자연과 문화 사이에 있는 것으로서ㅡ양자 속에 정주하는 것이면서도 양자 모두에서 낯선ㅡ사랑과 결혼에 할당한 독특한 위치를 통해서도 말이다. 자연스러운 삶의 리듬 속에서, 격정적이지 않고 자명한 생성과 소멸의 리듬 속에서 사랑은 삶을 지배하는 힘들이 가장 구체적이고 가장 분명하게 형상화되는 지점이다. 그러나 순수한 자연적 힘이자 열정으로서의 사랑은 톨스토이적인 자연 세계에는 속하지 않는다. 그러기에는 그 사랑이 개인과 개인의 관계에 너무 단단히 매여 있고, 또 그렇기 때문에 너무 고립적이며, 또 너무 섬세한 뉘앙스와 세련된 것들을 만들어내기 때문이다. 요컨대 너무 문화적인 것이다. 이러한 세계〔톨스토이의 세계ㅡ옮긴이〕에서 진짜 중심적인 위치를 점하고 있는 사랑은 결혼으로서의 사랑, 합일로서의 사랑ㅡ여기에서는 결합하고 하나가 된다는 사실이 누가 그러한가 하는 것보다 더 중요하다ㅡ이자 출산의 수단으로서의 사랑이다. 다시 말해서, 삶의 자연스러운 연속성의 방편으로서의 결혼과 가족이다.

이를 통해 사유의 분열이 구성물 속에 들어온다 하더라도, 이러한 동요가 두 가지 현실층과 이질적인 또 하나의 현실층을 만들어내지 않는다면 예술적으로 별문제가 없을 것이다. 이 새로운 현실층은 그 자체로 이질적인 두 영역과 결코 구성상 결합될 수 없으며, 그렇기 때문에 그 현실층의 형상화가 진정한 것일수록 더욱더 강력하게 그 현실층은 의도했던 것과는 대립되는 것으로 바뀔 수밖에 없다. 즉 문화에 대한 이러한 사랑의 승리가 잘못 세련된 것에 대한 근원적인 것의 승리이기를 바랐지만, 실상 그것은 인간 속에 살고 있는 자연이 모든 인간적 고귀함과 위대함을 가차 없이 삼켜버리는 것이 되고 마는 것이다. 그런데 인간 속에 살고 있는 이 자연은, 그것이 실제로—우리의 문화 세계 속에서—표현되면 가장 저열하고 몰정신적이며 탈이념적인 관습에 대한 적응으로서만 존속할 수 있는 그런 것이다. 그렇기 때문에, 모든 추구가 종말을 고한 잠잠해진 아기방의 분위기와 같은, 『전쟁과 평화』의 에필로그의 기분은 가장 문제적인 환멸소설의 결말보다 더 깊은 절망으로 차 있는 것이다. 여기에는 이전에 있었던 것 중 남아 있는 것이 하나도 없다. 사막의 모래가 피라미드들을 덮고 있는 것처럼, 모든 영혼적인 것은 동물적 본성에 의해 흡수되어 무(無)가 되고 만다.

결말의 이 의도치 않았던 암울함은 원래 의도했던 암울함, 즉 관습 세계에 대한 묘사와 연결되어 있다. 평가하고 비난하는 톨스토이의 입장은 서술의 세부 속속들이 영향을 미친다. 이러한 삶의 무목표성과 무실체성은 객관적으로 표현될 뿐만 아니라, 삶을 그렇게 통찰하는 독자들에게는 서서히 겪게 되는 환멸의 체험으로서, 뿐만 아니라 선험적이고 확고부동한 유동적 공허와 불안정한 권태로서 표현된다. 이로써 모든 대화와 모든 사건에는 작가가 그것들에 대해 내렸던 이러한 심판의 낙인이 찍혀 있다.

체험의 이 두 가지 그룹의 대안(對岸)에 자연의 본질 체험이 있다. 아주 드문 위대한 순간—이것은 대개 죽음의 순간인데—에 인간에게는 하나의 현실이 열리는데, 그 현실 속에서 그는 자기 위에서 그리고 동시에 자기 속에서 주재하고 있는 본질, 곧 자기 삶의 의미를, 돌연히 모든 것을 환히 비추는 섬광을 통해 일별하고 파악한다. 이 체험 앞에서 이전의 모든 삶은 아무것도 아닌 것으로 전락하며, 그의 모든 갈등과 그것을 야기했던 고뇌와 고통과 착오는 사소하고 비본질적인 것으로 나타난다. 의미가 현현했으며, 생생한 삶으로 들어가는 길들이 영혼에게 열려 있다. 그런데 여기에서 톨스토이는 또다시 진정한 천재의 역설적 엄격성으로써 그의 형식과 그 토대의 가장 심각한 문제성을 드러낸다. 이 결정적인 천상적 행복을 베푸는 것은 바로 죽음의 위대한 순간이며—아우스털리츠 전장에서 치명적인 부상을 당한 안드레이 볼콘스키의 체험, 죽어가고 있는 안나의 침상에서 카레닌과 브론스키가 가졌던 일치감의 체험이 그런 것인데—진정한 행복이란 지금 죽는 것, 그렇게 죽을 수 있는 것일는지도 모른다. 그러나 안나는 건강을 되찾고 안드레이는 생활로 복귀한다. 위대한 순간은 흔적도 없이 사라져버린 것이다. 사람들은 다시 관습의 세계 속에서 살아간다. 사람들은 다시 아무런 목표도 본질도 없는 삶을 살아간다.

위대한 순간이 보여주었던 길들은 그 순간이 사라지면서 방향을 지시하는 실체성과 실재성을 상실해 버렸다. 사람들은 그 길을 갈 수가 없다. 설사 사람들이 그 길 위에서 살아가고자 작정한다 하더라도, 이 현실은 위대한 체험의 계시가 보여주었던 것의 쓰디쓴 희화

(戱畵)에 불과하다.(레빈의 신 체험, 그리고 성취했던 것을 고수하려는 그의 이후의 태도는―부단한 심리적 탈선에도 불구하고―형상가의 비전에서라기보다는 사상가의 의지와 이론에서 유래하는 것이다. 그것은 강령적인 것으로서, 다른 위대한 순간들이 지니는 직접적인 명징성을 가지고 있지 않다.) 자신들의 체험을 실제로 살아갈 능력이 있는 소수의 인물도 있지만―아마도 플라톤 카라타예프가 그와 같은 인물로는 유일할 터인데―그들은 필수적인 주변 인물에 머문다. 모든 사건들은 그들을 비껴가며, 그들이 자신들의 본질을 통해 사건들에 연루되는 적은 한 번도 없다. 그들의 삶은 객관화되지 않으며 형상화될 수 없고 단지 암시될 수 있을 뿐이며, 다른 인물들에 대한 대립물로서만 예술적·구체적으로 규정될 수 있다. 그들은 미학적 한계 개념이지 실재가 아니다.[2)]

이러한 세 가지 현실층에 톨스토이의 세계에 내재하는 세 가지 시간 개념이 조응한다. 이 세 가지 현실층이 통합될 수 없다는 사실은, 그렇게도 풍부하고 내면 깊숙이 형상화된 이 작품들의 내적 문제성을 가장 강력하게 보여준다. 관습의 세계는 본디 무시간적이다. 영원히 반복되고 되풀이되는 천편일률성이 의미와는 생소한 고유한 법칙성들에 따라서 펼쳐진다. 그것은 아무런 방향도 없고, 성장도 소멸도 없는 영원한 동요이다. 인물들이 바뀌지만 그들이 바뀐다고 해서 일어나는 일은 아무것도 없다. 모든 인물은 하나같이 아무런 본질도 갖고 있지 않으며, 임의의 다른 인물에 의해 대체될 수 있기 때문이다. 우리가 언제 다시 이 세계를 떠나든, 우리가 발견하거나 외면하는 것은 언제나 똑같은 잡다한 비본질성이다. 이 아래로 톨스토이의 자연의 강물이 소리 내며 흐른다. 그것은 영원한 리듬의 지속성과 천편일

률성이다. 여기에서 변하는 것 역시 아무런 본질도 없는 것, 즉 그 속에 얽혀 있으며 부침하는 개인적 운명일 따름이다. 이 개인적 운명은, 그 현존이 자기 자체 속에 근거를 갖는 어떠한 의미도 가지고 있지 않는 그런 것이며, 또 그것이 전체와 맺는 관계가 그의 인격성을 받아들이는 것이 아니라 파괴하는 그런 것이다. 그 개인적 운명은 전체에 대해서—그 양상과 가치가 동일한 수많은 다른 개인적 운명들과 나란히 리듬 체계를 구성하고 있는 한 요소로서가 아니라 개인적 운명 그 자체로서—전혀 중요하지 않다. 그리고 본질적인 삶, 의미 있는 경과에 대한 예감을 번쩍이게 만드는 위대한 순간은 순간으로 머물러 있다. 즉 다른 두 세계와는 유리된 채, 그 세계들과의 형성적인 연관성 없이 있는 것이다. 따라서 시간의 세 가지 개념은 서로 이질적이고 서로 합일될 수 없을 뿐만 아니라, 그 가운데 어느 것 하나도 소설에서의 삶의 요소인 현실적 지속, 현실적 시간을 표현하지 않는다.

문화를 넘어서기는 단지 문화를 연소시켰을 뿐이며, 삶을 안전하고 한층 더 본질적인 삶으로 대체하지 못했다. 소설 형식의 초월은, 문제 저편에 있는 서사시적 현실이라는 열망해 마지않았던 목표에 구체적인 형상화를 통해 근접하지는 못한 채, 그 형식을 다른 경우들보다 한층 더 문제적으로 만든다.(순수하게 예술적인 측면에서 보자면 톨스토이의 소설들은 과도화된 환멸의 낭만주의 유형, 달리 말하면 플로베르적 형식의 바로크이다.) 그럴 것이, 예감하면서 일별된 본질적 자연의 세계는 예감과 체험으로, 그러니까 말하자면 주관적으로, 형상화된 현실에 대해 반성적으로 머물러 있기 때문이다. 그렇지만 그 세계는—순전히 예술적으로 보자면—한층 더 적합한 현실을 추구하는 모든 동경과 그 종류가 같다.

환멸소설 유형을 넘어서는 발전은 아직 이루어지지 않았으며, 가장 최근의 문학은 본질적으로 창조적인 새로운 유형을 형성할 가능성을 보여주지 않고 있다. 지금 있는 것이라고는 이전의 형상화 방식들의 절충주의적인 아류인데, 이것은 단지 형식상 비본질적인 면—서정적인 면과 심리적인 면—에서만 생산력을 가진 듯이 보인다.

3) 서사적 형식들의 역사철학에서 톨스토이가 점하는 이중적 위치 : 도스토예프스키에 관한 전망

물론 톨스토이 본인은 이중적 위치를 점하고 있다. 순전히 형식에 초점을 맞추어 고찰할 경우—그런데 이러한 고찰은 다름 아닌 톨스토이의 경우에는 그의 의향의 결정적인 면, 그리고 심지어는 그가 형상화한 세계의 결정적인 면에도 적중할 수 없는 것인데—그는 유럽 낭만주의의 종결로서 파악될 수 있다. 그러나 그의 작품들에서 드물게 나타나는 아주 위대한 순간들—단지 형식적으로만, 작품에서 형상화된 전체와의 연관 속에서만, 주관적·반성적인 것으로서 파악될 수밖에 없었던—에서는 분명하게 분화된 구체적이고 실재적인 세계가 드러나 있다. 이 세계는, 그것이 만약 총체성으로 확장될 수 있다면 소설의 범주들과는 전혀 통할 수 없는 것이 될 터이며, 형상화의 새로운 형식, 곧 서사시의 갱신된 형식을 필요로 하게 될 것이다.

인간이 인간으로서—사회적 존재로서도 아니고, 그렇다고 절연(絶緣)되고 유일무이한 것이자, 순수하고 또 그렇기 때문에 추상적인 내면성으로서도 아니라—존재하는 곳은 순수한 영혼 현실의 영역이다. 만약 이러한 영역이 언젠가 소박하게 체험되는 자명성으로서, 유일하게 참된 현실로서 현존하게 된다면, 그 속에서 가능한 모든 실체와 관계의 새로운 원환적(圓環的) 총체성이 구축될 수 있을 것이다. 이 순수한 영혼 현실의 영역은 우리의 사회적·'내면적인' 이원성의 세계가 자연의 세계에서 멀어졌던 정도만큼 우리의 분열된 현실에서 멀어질 것이며, 이 현실을 배경으로서만 이용할 것이다. 그러나 이러한 전환은 결코 예술로부터 이루어질 수 없다. 대 서사문학은 사회적 순간의 경험에 결부된 형식이며, 유토피아적인 것을 존재하고 있는 것으로서 형상화하려는 모든 시도는 현실을 창조하는 것이 아니라 단지 형식을 파괴하는 것으로 끝나고 마는 법이다. 소설이란, 피히테(Fichte)의 말을 빌자면 죄업이 완성된 시대의 형식이다. 그것은 세계가 이러한 성좌(星座)의 지배 하에 있는 동안에는 지배적인 형식으로 남아 있을 수밖에 없다. 톨스토이의 작품들에서는 새로운 시대로 돌파해 들어가는 예감들이 가시화되었다. 하지만 그 예감들은 논쟁적이고 동경에 찬 것으로, 추상적인 것으로 머물러 있었다.

도스토예프스키의 작품들에서 비로소 이 새로운 세계는, 기존의 것에 맞선 일체의 투쟁과는 멀리 떨어진 채, 단순하게 직관된 현실로서 그려지고 있다. 그래서 도스토예프스키와 그의 형식은 지금까지의 고찰에서 빠졌던 것이다. 다시 말해서, 도스토예프스키는 소설을 쓰지 않았다. 그의 작품들에서 보이는 형상화하는 의향은, 19세기 유럽의 낭만주의나 낭만주의적이기는 마찬가지인 이에 대한 다양한 반동들과 긍정적으로든 부정적으로든 아무런 관계도 없다. 그는 새로운 세계에 속한다. 그가 이미 이 세계의 호메로스나 단테인지, 아니면 후대의 시인들이 다른 선구자들과 함께 위대한 통일성으로 엮어낼 노래들을 제공하고 있을 뿐인지, 단지 하나의 시작에 불과한지, 아니면 벌써 하나의 완성인지는 그의 작품들의 형식을 분석해야만 밝힐 수 있다. 그리고 나서야 비로소 우리가 죄업이 완성된 상태를 정말 막 벗어나려 하고 있는 중인지, 아니면 그저 단순한 희망이 새로운 것의 도래를—다시 말해서, 단순히 존재하고 있는 것이 지닌 불모(不毛)의 힘이 언제라도 유희하듯 쉽사리 압살할 수 있을 정도로 아직은 너무나 연약한 상태에 있는, 어떤 도래하고 있는 것의 징조를—알리고 있는 것인지를 말하는 일이 역사철학적 해독(解讀)의 과제가 될 수 있을 것이다.

부록

부록 1

도스토예프스키의 영혼 현실[1)]

우리 앞 세대는 도스토예프스키의 소설들이 혼돈에 차 있다고 판단했다. '조형적 측면'에서의 이러한 '자연주의적' 결함에 대해 열광했든 거부했든 간에 혼돈에 찬 것이라는 판단에서는 그들 모두가 입장을 같이했다. 오늘날 우리는 수백 년에 걸친 문제적인 시간이 흐른 후 그가 처음으로 유기적이고 감각적인 관계들, 다시 말해서 서사문학 작품의 한 진정한 형식을 창조했다는 것을 알고 있다. 우리는 영혼 현실을 진정한 현실로 체험하는 것과 같은 행위를 통해 그것을 알게 되었다. 그것을 통해 우리는 통상적인 (비록 형식상 고도로 양식화된 것이라 할지라도) 삶의 차원에서 살아가는 사람들 사이에 있을 수 있는 결함―사회적인 관계들, 공감과 거부의 관계들, 도스토예프스키 이전 서사문학이 자기 세계를 구축할 때 유일한 재료로 삼았던 '기분'에 의해 창조된 가까움과 멂―이 영혼 현실 차원에서는 본질적인 연관 관계의 원리로 나타날 수 없다는 것을 경험했기 때문이다. 그렇지만 도스토예프스키의 '자연주의적인 혼돈'이란 본질적으로 우연이 그 어디에도 전혀 존재하지 않는 그런 심오한 질서이다. 미슈킨과 로고진이 기차에서 만난 일, 이 두 사람의 운명 속에 돌연 나스타샤 필리포브나라는 이름이, 그리고 그녀의 사진이 들어오고 마침내는 그녀 자신이 들어오게 되는 일은 그 두 사람의 영혼의 돌연한 전개가 아니라면 무엇이겠는가?[2] 그리고 라스콜리니코프가 고열 중에 빠진 환각의 연장으로서 스비드리가일로프가 처음 그의 면전에 나타난 일,[3] 디미트리 카라마조프의 첫 번째 애인인 그루셍카가, 그의 비극을 완성하는 일로서, 그를 밤중에 자기 집에 불러들인 일 등등.[4] 이 밖에도 들 수 있는 사례는 많지만, 여기에서는 도스토예프스키 전체를 다 적을 수 없고 단지 간략하게 본질적인 것을 정식화할 수 있을 뿐인바, 요컨대 도스토예프스키의 인물들은 아무런 간극 없이 자기 영혼의 본질을 살아가는 것이다. 다른 작가들이 가졌던 문제―심지어 톨스토이의 문제이기도 한데―가 영혼이 자기 자신에 도달하는 것은 말할 것도 없고 자기 자신을 일별하는 것조차도 방해하는 그런 장애물들을 어떻게 극복할 수 있을까 하는 것인 데 반해, 도스토예프스키는 그들이 중단하는 곳에서 시작한다. 그는 영혼이 그 고유의 삶을 어떻게 살아가는지를 묘사하고 있는 것이다. 문제는 전도되었다. 말하자면, 다른 작가들에게는 동경의 대상이었던 것, 거의 붙잡히지 않으며 붙잡았다 하더라도 곧 다시 놓치고 마는, 진기한 황홀경의 진기한 순간의 보물이었던 것이 도스토예프스키의 인물들에게는 일상적 삶이 되었다. 그러한 발전을 영혼 현실의 관점에서 고찰하자면, 도스토예프스키는―실러의 어법에 따라 말하면―수세기간에 걸친 성찰성 이후에 나온 최초의 소박한 작가이다. 그 같은 외관상의 '혼돈'(통상적인 삶의 형식으로 나타나는 모든 것, 곧 인간과 그의 영혼 사이에 가로놓여 있는, 간극을 의미하는 장애물들이 그에게서는 해소되어 있기 때문에 혼돈으로 보이는데)이 도스토예프스키의 작품에서 어떻게 서사적 형식으로 성장하는지에 관해 제대로 설명하려면 두꺼운 책 한 권을 써야 할지도 모른다. 우리가 제기한 극적 양식 문제의 세계관적 전제 조건이 어떤 것인지를 증명하기만 하면 되는 이 자리에서는[5] 한 가지만 강조해도 충분할 것이다. 즉 도스토예프스키의 작품에서 각각의 인물은 각기 다른 인물의 **성격**을 위해 필수적이라는 것이 그것이다. 따라서 각각의 인물에게 구성상의 위치와 비중, 그리고 구성상의 필연성을 부여하는 유일한 것은, 그 인물이 출현함에 따라 다른 인물에게 어떤 일이 생기는가 하는 것이 아니라, 그 인물의 출현 없이는 구체화가 불가능했을 영혼의 바로 그 측면, 영혼이 드러내는 바로 그 성질이다. 여기서 불가능했을 것이라고 한 이유는, 해당 인물의 이러한 특성은 그가 바로 그 인물과 맺고 있는 관계 속에서만 **현존하기** 때문이다. 그 특성은 그 인물을 대할 때 드러나는 것이 아니라(만약 그런 식이라면 그 특성은 경우에 따라서는 또 다른 인물을 대할 때 드러날 수 있을 터이며, 또 두 인물 사이의 연관 관계란 단지 '형편에 따른' 것에 불과할 터이기 때문인데), 오로지 그와 함께 마주해서만 드러난다. 그것은 오로지 그와의 관계 속에서만—관련된 두 영혼의 무시간적인 본질로서, 두 영혼의 초시간적인 결합 상태로서—현존하는 것이다. 그렇기 때문에 도스토예프스키의 인물들은 서로 '우연히' 만날 수 있다. 어차피 그들의 만남 속에서는 초시간적인 본질이 표현되기 때문이며, 또 그 본질의 '최초의' 드러남은 공간과 시간 속에서 말고는 달리 이루어질 수 없기에 그런 일이 언제 어디에서 일어나는지는 아무래도 상관없고 존재론적인 필연성을 건드릴 수 없기 때문이다. 한 영혼이 가지고 있는, 다른 누구와도 연관되어 있지 않은 영원하고도 가장 고유한 것조차 그것이 현현하려면 지금·여기(hic et nunc)를 지닐 수밖에 없다. 하지만 그 현현의 필연성은 지금·

여기의 인과적(사회적, 심리적 따위의) 필연성에 의해 주어지는 것이 아니라 영혼으로부터 현현한 것이라는 존재론적 명증성에 의해 주어진다. 그렇지만 '삶'의 인과성들만을 필연성으로 따를 수밖에 없는 사람에게 그런 도스토예프스키의 세계는 혼돈스럽고 아무런 연관도 없는 우연들로 가득 차 있는 것으로 보인다.

영혼 현실을 유일한 현실로 정립하는 일은 인간에 대한 사회학적 입장에서 하나의 근본적인 전환을 의미하는 것이기도 하느니만큼 더욱더 그러하다. 영혼 현실과는 다른 차원에서 영혼을 그 사회적 지위, 계급, 출신 따위와 결부 짓고 있는 그 모든 속박이, 영혼 현실의 차원에서는 영혼으로부터 떨어져 나가고, 영혼과 영혼을 결합하는 새롭고도 구체적인 관계들이 그 자리를 대신한다. 이 새로운 세계의 발견이 도스토예프스키의 위대한 업적이었다. 도스토예프스키 이전에 있었던 모든 작가—호메로스에서 시작하여 셰익스피어와 괴테를 거쳐 톨스토이에 이르기까지—의 모든 인물들은 구체적이고 사회적으로 구속된 상태로 나타났던바, 그러한 구속은 인물과 절대적인 것과의 관계에서조차도 끝까지 형성적으로 남아 있었다. 절대적인 것으로 가는 길, 영혼의 완전한 자기 도달은 영혼이 감각적인 현실성을 얻기 위해 구체화되었을 때 취했던 사회적인 현상 형식을 지양하지 못했다. 돈키호테가 기사로서 그랬던 것과 마찬가지로 리어는 왕으로서 자신의 영원성의 신전 속에 들어간다. 빌헬름 마이스터와 레빈이 신과 세계와의 조화에 이르렀다 하더라도 그들 삶에서 가장 형이상학적인 순간에조차도 전자는 교양 있는 시민으로, 후자는 부유한 귀족으로 머물러 있다. 도스토예프스키는 이렇게 결정되어 있는 상태가 더 이상 형성적 의미를 갖지 않는 세계를 그려낸 최초의 인물이다. 예판친[6]이 장군과 별 관계가 없듯이, 또는 로고진이 시민계급 백만장자와 별 관계가 없듯이, 미슈킨은 공작(公爵)과 별 관계가 없다. 그들은 적나라한 구체적 영혼들이며, 그들 서로 간의 구체적인 관계는 그들의 이러한 현상 형식과 논쟁적으로조차도 더 이상 결부되어 있지 않다. 도스토예프스키 이전에 이러한 태도를 알았던 이들은 신비주의자들밖에 없었다. 하지만 그들의 경우 사회적 형식들을 영혼에서 떼어내는 행위는 동시에 모든 구체적 형식의 파괴를 의미했다. 그리하여 영혼은 오직 신만을 앞에 두고 있는데, 이는 모든 차이를 없애버리고 오로지 신과 일체가 되기 위한 것이었다. 그 때문에—바로 그렇기 때문에—그들에게 있어 영혼들의 구체적인 관계들은, 그들의 관점에서 그 관계들을 볼 수 있었던 한, 외적인 사회적 관계들과 같은 차원이 되고 말았다. 양자는 다 마야[7]로부터, 피조물의 세계로부터 나온 것이었다. 영원한 일자(一者)로의 회귀를 인간 존재의 유일하게 참되고 궁극적인 목표로 요구했던 바로 그 인도의 신비주의가 구체적인 생활에 있어서는 카스트의 고수, 카스트 의무의 엄격한 이행을 명령하며 카스트에서 벗어나고자 하는 것을 가장 큰 죄로 여기는 것은, 따라서 우연이 아닌 것이다. 이에 반해 도스토예프스키의 작품에서 영혼이 자기 자신에 도달한 그 비사회적이고 비경험적인 차원은 경험적인 차원과 똑같이 구체적인 인간 상호 간의 결합이다. 이것만이—그의 말을 사용하자면—참으로 "생생한 삶"인데, 이것이 구체적인 영혼들과 절대적인 것 사이에서 직접적으로 영위되는 관계이기 때문이다.

이러한 현실의 발견과 확장이 바로 우리 시대에 우리 면전에서 일어난 것은 우연이 아니다. 그도 그럴 것이, 영혼의 본질에 긴밀히 속하지 않는 관계들이 영혼에서 분리될 수 있다는 것, 그것도 그 영혼이 자신의 구체적인 현실성을 보전할 뿐만 아니라 더욱이 새로운 차원에서 진정한 고향에 도달하는 방식으로 그럴 수 있다는 것은, 지금 영위되는 시간의 역사철학적 위치 및 의의와 깊숙하고도 밀접하게 연관되어 있는 것이다. 이 자리에서는 다음과 같은 결정적인 지점을 아주 간략하게 지적할 수 있을 뿐이다. 즉 내적으로 결합되고 또 완결된 모든 시기를 특징짓는 것은, 그런 시기에 인간 집단과 계급 들은 그들이 지닌 확신의 확실성을 통해, 옳고 그름에 대해 그들이 지니고 있는 명백한 궁극적 확신을 통해, 그리고 그들 삶의 리듬을 조절하는 계명과 금지 들이 하나의 중심점에서 만남을 통해 하나의 유기적 통일체로 조직된다는 것이다. 18세기의 시민적 이상주의, 곧 개인적 자유의 이상주의의 퇴락 및 변질과 더불어 이데올로기들의 이러한 공통성은 중단되었다. 이로 인해 지난 수십 년간을 지배한 것은 공통의 확신에 대한 열병과도 같은 추구 혹은 공동체의 절망적인 상실에 대한 체념적·냉소적인 순응이었다.(프롤레타리아 계급의 이데올로기, 프롤레타리아 계급의 연대 사상은 오늘날에도 아직 심히 추상적이어서—계급 투쟁의 무기를 넘어서—모든 삶의 표현에 영향을 끼치는 진정한 윤리를 제공할 수가 없다.) 하지만 어떤 계급 바깥의 관점—이는 불모(不毛)적으로 되어버린 이데올로기가 모든 진실하고 진지한 인간을 강제하는 방향인데—이 낭만주의나 또는 무정부주의로 귀결될 수밖에 없는 것은 실제로 불가피하게 필연적인 일일까? 도스토예프스키 작품의 역사철학적 의의는 이 물음에 대해 제공하고 있는 바로 그 대답에 있다. 즉 어떤 계급 내부에서의 실존에서 배제된 인간에게는, 그가 진짜 진실한 사람이라면 또 다른 길, 곧 모든 사회적 결정 상태에서 벗어나 구체적인 영혼의 구체적인 현실에 이르는 또 다른 길이 있다는 것을 보여주고 있는 것이다. 그렇기 때문에 도스토예프스키의 세계는, 그의 세계에서 사회적 관계들이 더 이상 형성적이지 않은 것과 마찬가지로 사회적으로 규정된 그 어떤 인간 집단에게도 더 이상 말을 걸지 않는다. 그의 세계가—일체의 사회적 구속에서 벗어나—말을 거는 대상은, 이러한 구체적 영혼 현실을 이미 발견한 영혼들이거나 실로 온 영혼을 다 바쳐 영혼 현실을 추구하는 영혼들이다.

부록 2

마음의 가난에 관하여—
한 편의 대화와 한 통의 편지[1]

당신 짐작이 맞습니다. 저는 아드님을 그가 죽기 이틀 전에 봤습니다. 제 동생[2]이 자살한 후 심경이 좋지 않아 떠날 수밖에 없었던 짧은 여행에서 돌아왔을 때, 저는 아드님이 보낸 이 엽서를 발견했습니다. "마르타, 내가 당신을 찾아가리라 기대하지는 마세요. 나는 잘 지내고 있습니다. 나는 일을 하고 있어요. 나는 사람이 필요 없습니다. 당신의 도착을 알려줘서 고마워요. 당신은 언제나 그렇듯이 선한 분입니다. 그래서 당신 눈에는 내가 아직 인간으로 보이는 것일 테지요. 하지만 당신이 틀렸습니다."—저는 불안한 생각이 들어 바로 그날 그에게 갔습니다.

저는 서재 책상에 앉아 있는 그를 발견했습니다. 그의 모습은 나빠 보이지 않았습니다. 그 참사가 있은 후 며칠간 저를 불안케 했던 그의 과민하고 산만한 표정과 말투는 거의 사라지고 없었습니다. 그는 밝고 평온하게, 꾸밈없이 말했으며, 완전히 평정을 찾은 듯이 보였습니다. 저는 아주 오랜 시간 그의 집에 머물러 있었습니다. 저는 우리가 나눈 대화 중 본질적인 것을 모두 다 당신에게 전하고자 합니다. 그럼으로써 당신도 몇 가지 일을 더 정확하게 알게 되리라 생각합니다. 제 기억 속에서 그의 행동거지는 거의 섬뜩하리만큼 명확한 모습을 띠고 있습니다. 저는 그것을 미리 알지 못했으며, 아무런 두려움도 느끼지 않았습니다. 그러기는커녕 거의 완전히 편안한 마음으로 기분 좋게 그의 집에서 나왔습니다. 지금 생각해 보면 제가 왜 그랬는지 전혀 이해할 수 없습니다.

그는 제게 아주 따뜻하게 인사했습니다. 그러고는 저의 여행에 관해, 피사와 캄포산토에 관해, 최후의 심판의 구성에 관해 많은 말을 했습니다.3) 예전에도 그런 일들을 말할 때 늘 그랬듯이, 호기심에 가득 찬 채 집요하게 말입니다. 저는, 지금은 아주 분명해 보이는 그런 느낌을 몇 차례 받았습니다. 그가 자기 자신에 대해서는 말하길 원치 않구나, 하는 느낌 말입니다. 그는 저에게는 솔직해야 한다는 것을, 그러지 않을 수 없다는 것을 알고 있었습니다. 그래서 자신에 관해 말하길 원치 않았던 것이지요. 그렇지만 이것은 단지 사후(事後)의 짐작일 따름입니다. 모든 일을, 우리에게 그것을 이해하는 것이 가장 중요한 그 핵심과 관련지어 해석하려는 시도인 셈이지요. 아직도 아주 또렷하게 생각나는데, 최근의 힘든 시간을 어떻게 이겨냈는지 제가 물어서 그의 말이 중단되었을 때 그는 막 알레고리 회화의 가능성을 말하고 있었습니다. 그는 아주 잘 지냈다고, 고맙다고 대답했습니다.—저는 말없이, 조용히 묻는 얼굴로 그를 바라보았습니다. 그는 정말 잘 지냈다고, 고맙다고 거듭 말했습니다. 그리고 잠시 대화가 중단된 후, 그는 자기에게 분명해졌다고 말했습니다.

—분명해졌다고요?

그는 저를 날카롭게 바라보면서 아주 조용히, 꾸밈없이 말했습니다. 예, 분명해요. 그녀가 죽은 건 내 탓이었다는 것을 알고 있습니다.

저는 벌떡 일어났습니다. 당신이요? 하지만 아시다시피…….

—그만둡시다, 마르타. 물론 알고 있어요. 모든 일이 일어났고, 알아야 할 모든 일을 우리가 경험한 뒤인 지금에서야 그 일을 알고 있지요. 하지만 내가 몰랐다는 것은…….

—당신은 알 도리가 없었습니다.

—그렇지요. 바로 그렇습니다. 나는 알 수가 없었지요.

저는 묻는 표정으로 그를 바라보았습니다. 그는 조용히 대답했습니다. 조금만 참으세요, 마르타. 내가 제정신이 아니라고 생각하진 마세요. 당신에게 모든 일을 다 설명할 참이에요. —제발 앉으세요. —당신은 나와 그녀 사이의 모든 일이 어땠는지 대강 알고 계시지요…….

—알고 있어요. 당신은 그 애의 가장 좋은 벗이었지요. 아마도 그 애의 유일한 벗이었을 거예요. 그 애는 당신과의 관계에 대해 자주 이야기했습니다. 나는 그런 관계가 가능하다는 사실에 종종 경탄해 마지않았고요. 당신이 많이 괴로울 수밖에 없었겠지요.

그는 조용히, 약간 경멸조로 웃음을 터뜨렸습니다. 당신은 늘 그렇듯이 나를 과대평가하는군요. 그렇지 않았다면요? 우리의 관계는 무익하고, 맹목적이었으며, 아무 쓸모도 없었던 게 확실해요.

저는 상당히 혼란스러워졌습니다. 그러니까 …… 아무 쓸모도 없었단 말이죠. 이런 경우에 누가 도울 수 있었겠어요? 누가 알 수 있었겠습니까? …… 당신은 아무도 알 수 없었던 일을 몰랐다고 자탄하고 계신 겁니다.—아니, 말도 안 되는 이런 소리를 되풀이하기 싫습니다.

저는 말을 계속하려고 했습니다. 하지만 그는 조용하고도 꾸밈없는 시선으로 저를 보았지요. 저는 그 시선을 버텨낼 수가 없었습니다. 저는 침묵하면서 눈길을 아래로 돌릴 수밖에 없었습니다.

—왜 그렇게 말하기를 두려워하십니까, 마르타? 그래요! 나는 그녀의 죽음에 책임이 있어요. 하나님 앞에서는 자명한 일이에요. 그러나 모든 인륜적 규율에 따라서 보자면 나는 아무런 잘못도 저지르지 않았지요. 아니, 반대로 내 모든 의무(그는 이 단어를 몹시 경멸하는 투로 발음했습니다)를 성실하게 수행했습니다. 나는 내가 할 수 있는 모든 일을 다 했습니다. 언젠가 그녀와, 도울 능력과 도울 의욕을 두고 이야기를 나눈 적이 있습니다. 그녀는 내게 요구해서 이뤄지지 않을 일은 없다는 것을 알고 있었습니다. 하지만 그녀는 아무것도 요구하지 않았고, 나는 아무것도 보지 못하고 듣지 못했습니다. 그녀의 침묵에 담긴 목소리, 도와달라고 크게 외치는 그 목소리를 들을 귀가 내게는 없었습니다. 나는 그녀가 보낸 편지의 쾌활한 어투를 믿었습

니다. 내가 알 도리가 없었을 것이라고 말하지 마세요, 제발. 어쩌면 그럴지도 모르죠. 하지만 나는 알았어야 했습니다. 만약 내가 선[4]의 은총을 받았더라면, 그녀의 침묵은 우리 사이에 놓여 있었던 나라들을 건너서 멀리 울려 퍼졌을 겁니다. …… 만약 내가 여기에 있었더라면? 마르타, 당신은 심리를 파악하는 능력을 믿으십니까? 아마도 그녀의 얼굴에서 고통을 보았을 것이며, 그녀의 목소리에서 새로운 떨림을 들었을지도 모르지요. …… 하지만 그런 것을 통해 내가 무엇을 알았을까요? 인간의 인식이란 언표와 기호의 해석입니다. 그 언표와 기호가 진실한 것인지 기만적인 것인지 누가 알겠습니까? 확실한 것은, 타자들의 영원한 미지 영역에서 일어난 일을 우리는 우리 자신의 법칙에 따라서 해석한다는 겁니다. 하지만 선은 은총입니다. 타자들의 은밀한 생각이 아시시의 성 프란체스코(Franciscus von Assisi)에게 어떻게 개시(開示)되는지 생각해 보세요. 그는 그런 생각들을 추측하지 않습니다. 그렇게 하는 것이 아니라, 그 생각들이 그에게 개시(開示)됩니다. …… 그의 앎은 기호와 해석 저편에 있습니다. 그는 선합니다. 그러한 순간에 그는 타자입니다. 당신도 우리의 오랜 확신, 즉 한번 현실이었던 것은 그때부터 영원히 가능하게 된 것이라는 확신을 아직 가지고 계실 겁니다. 한 인간이 이루었던 것을 이룰 수 있는 의무로 영원히 나 자신에게 요구해야 합니다, 나를 인간의 대열에서 배제하기를 원치 않는다면 말입니다.

─하지만 당신 스스로 선은 은총이라고 말하고 있습니다. 어떻게 은총을 요구할 수 있겠습니까? 신이 당신을 통해 기적을 행하지 않았다고 자책하는 것은 오만이 아닌가요?

―당신은 나를 오해하고 있어요, 마르타. 기적은 일어났어요. 그리고 나는 또 다른 기적을 요구하거나 일어난 기적을 한탄할 권리가 없습니다. 그러고 있지도 않고요. 나를 두고 한 말은 판결이지 탄식이 아닙니다. 내 현존재가 그런 상태라고 말하고 있을 뿐이지, 막연한 가능성을 말하는 게 아닙니다. 나는 그것을 거부합니다. 여기에서 문제는 삶입니다. 사람들은 삶 없이 살아갈 수 있습니다. 심지어 자주 그럴 수밖에 없기도 하지요. 하지만 그럴 경우에는 그 사실을 의식하고 분명히 알고 있어야만 합니다. 물론 대부분의 사람들은 삶 없이도 살아가며, 그런 사실을 전혀 알아채지도 못합니다. 그들의 삶은 순전히 사회적이고, 순전히 인간 사이에서 벌어지는 일일 뿐이지요. 사실 그들은 의무를 통해, 그리고 그 의무의 이행을 통해 그럭저럭 살아갈 수 있습니다. 더욱이 그들에게는 의무를 이행하는 것이 삶을 고양시키는 유일한 가능성이기도 합니다. 모든 윤리는 형식적이며, 의무는 하나의 요청, 하나의 형식이니까 하는 말입니다. 그런데 하나의 형식이 완전하면 완전할수록 그것은 더욱더 독자적인 삶을 가지며, 모든 직접성에서 더욱더 멀리 떨어져 있습니다. 그것은 분리시키는 다리입니다. 우리가 그 위를 이리저리 건너다니지만 항상 우리 자신에게 도착할 뿐 서로 만나는 일은 결코 없는 그런 다리 말입니다. 게다가 이런 사람들은 자기 자신에게서 빠져나올 수가 없어요. 서로 간의 접촉이란 기껏해야 심리학적인 기호 해석에 불과하니까요. 의무의 엄격함은 그들의 삶에 하나의―비록 깊고 내면적이지는 않지만―확고하고도 확실한 형식을 부여합니다. 생생한 삶은 형식들 저쪽 편에 있는 반면, 통상적인 삶은 형식들 이쪽 편에 있습니다. 선이란, 이러한 형식들을 부수어버릴 수 있는 천부적 자질입니다.

―하지만 당신이 말하는 선이라는 것은(그가 이 이론에서 뽑아낼 결론이 두려웠기 때문에 약간 불안스럽게 그에게 물었습니다), 그러한 선이라는 것은 단순한 요청이 아닙니까? 대관절 그와 같은 선이 존재하기는 합니까? 저는 잠깐 말을 멈추었다가, 믿지 않는다는 말을 덧붙였습니다.

―믿지 않으시는군요, 마르타. 그는 잔잔한 미소를 지으면서 대답했습니다. 그런데 사실 당신은 바로 지금 형식들을 부수었어요. 당신은 나의 저열함을 즉시 꿰뚫어 보았습니다. 나 자신의 결단으로는 감히 포기하지 못하는 내 인식이 근거가 박약하다는 것을 내가 다른 사람을 통해, 당신을 통해 설득당하기를 바란다는 것을 당신은 파악했습니다.

―설사 그것이 진실이라 하더라도 …… 단언컨대, 당신이 그런 생각에 빠질 수 있는 것은 오로지 신경쇠약과 우울증 탓입니다! 설사 그것이 진실이라 하더라도, 이 진실이야말로 당신 주장에 대한 더할 나위 없이 강력한 반증일 것입니다. 나는 당신을 안정시키고자 했는데―이를 통해 당신의 불신만 더 키우고 당신의 자책만 더 심하게 만들지 않았던가요?

―선은 결과에 신경을 쓰지 않습니다. "일하는 게 우리의 의무이지, 그 일의 결실을 노리진 않는다"라고 인도 사람들은 말합니다. 선이란 아무런 쓸모도, 이유도 없는 것입니다. 결과는 우리를 개의치 않는 기계적 힘이 작동하는 바깥 세계에 놓여 있는 것이고, 우리 행동의 동기는 한갓된 심리적 기호 세계에서, 영혼의 주변에서 나오는

것이니까요. 그러나 선은 신적인 것입니다. 그것은 초(超)심리학적인 것이지요. 선이 우리 속에서 현현(顯現)한다면, 낙원이 현실이 된 겁니다. 신성이 우리 속에서 깨어난 것이고요. 당신은 선이 작용할 수 있는 경우에도 우리가 여전히 인간이리라고 생각하십니까? 순수하지 않고 생생하지 못한 삶의 이러한 세계가 여전히 존속할 수 있으리라 생각하십니까? 여기에 정말이지 우리의 한계, 우리 인간 존재의 원리[5]가 있습니다. 당신은 내가 늘상 했던 말을 기억하실 겁니다. 우리는 단지 작품을 지을 수 있기 때문에, 불길한 불안 한가운데서, 삶의 더러운 흐름 속에서 단지 복된 섬을 세울 수 있기 때문에 인간이라고 한 말요. 만약 예술이 삶을 형식화할 수 있다면, 만약 선이 행동이 될 수 있다면, 우리는 신일 것입니다. "어찌하여 너는 나를 선하다 하는가. 하나님 한 분밖에는 선한 분이 없다"[6]라고 그리스도는 말합니다. 도스토예프스키 작품에 나오는 소냐와 미슈킨 공작, 알렉세이 카라마조프가 생각나십니까? 당신은 내게 선한 인간들이 존재하는지 물었습니다. 여기에 그들이 있습니다. 보세요, 그들의 선 역시 아무런 결실도 없고 혼란스럽게 만들며 성과 없는 것이잖아요. 그들은 이해될 수 없는 채, 오해된 채, 삶에서 우뚝 솟아오릅니다. ─ 홀로 위대한 예술 작품과 똑같이 말입니다. 미슈킨 공작이 누구를 도왔습니까? 그는 오히려 도처에 비극의 씨앗을 뿌리지 않았던가요? 그런데 그것이 실제로 그의 의도는 아니였지요? 그가 살고 있는 영역은 순전히 윤리적인, 혹은, 달리 말하자면, 순전히 질서정연한 것이기도 한 비극성 너머에 있는 게 확실합니다. 미슈킨 공작은 그 너머로 나아갔습니다. 키르케고르의 봉헌하는 아브라함이 비극적인 갈등과 영웅의 세계, 봉헌하는 아가멤논의 세계를 떠났던 것처럼 말입니다.[7] 미슈킨 공작과 알료샤는 선합니다. 이것은 무엇을 의미합니까? 나로서는, 그들의 인식은 행동이 되었고, 그들의 사유는 한갓 논증적인 인식을 떠났으며, 인간에 대한 그들의 고찰은 지적 직관이 되었다. 요컨대 그들은 행동의 영지주의자[8]다, 라고 말할 수밖에 없습니다. 이론적으로 불가능한 모든 것이 그들의 행동에서 현실화되었다고 말하는 것 말고 달리 당신에게 설명할 방도를 모르겠습니다. 선은 모든 것을 환히 비추어주는 인간 인식, 객체와 주체의 일치가 일어나는 인식입니다. 선한 인간은 더 이상 타자의 영혼을 해석하지 않습니다. 그는 마치 자기 자신의 영혼을 읽듯이 타자의 영혼을 읽습니다. 그가 타자로 된 것입니다. 그렇기 때문에 선은 기적이요 은총이자 구원입니다. 천상의 것이 지상으로 하강한 것이지요. 달리 말하면 참된 삶, 생생한 삶입니다.(그것이 아래에서 위로 올라가든 아니면 위에서 아래로 내려오든 상관없습니다.) 선은 윤리를 떠나는 것입니다. 다시 말해서, 선은 윤리학적 범주가 아니며, 당신은 논리 정연한 그 어떤 윤리학에서도 그것을 찾을 수 없을 것입니다. 당연히 그럴 터인데, 윤리는 일반적이고 의무를 지우는 것이며 인간과는 거리가 먼 것이기 때문입니다. 윤리는 통상적인 삶의 혼돈에서 인간을 떼어내는 최초의 고양, 가장 소박한 고양입니다. 그것은 인간이 자기 자신에서, 자신의 경험적 상태에서 벗어나는 것입니다. 하지만 선은 진정한 삶으로의 귀환이자, 인간의 참된 귀향입니다. 당신이 어떤 삶을 삶이라 부르든 나와는 아무 상관이 없습니다! 두 가지 삶을 서로 엄격하게 구분하는 일만이 중요할 따름입니다.

―당신을 이해한다고, 어쩌면 당신이 당신 자신을 이해하는 것보다 더 잘 이해한다고 생각합니다. 당신은 당신에게 없는 모든 것에서 긍정적인 것을, 기적을 만들어낼 목적으로 궤변을 늘어놓았습니다.

당신 스스로도 인정하고 있습니다. 설사 당신이 선하다 하더라도 이 경우에는 아무런 도움도 주지 못했으리라는 것을…….

그는 격하게 제 말을 가로막았습니다. 아뇨! 그런 말은 하지 않았습니다. 나는 선이 도울 능력을 보장하는 것은 아니라고 말했을 뿐입니다. 하지만 선은 절대적이고 투시하는, 도울 의욕을 보증하는 것입니다. 결코 실현되지 않는 도움을 의무에 따라 제공하는 것과는 달리 말입니다. 보장은 없습니다! 하지만 내게 분명한 것은, 만약 내가 선을 지니고 있었더라면, 만약 내가 인간이었다면, 그녀를 구할 수 있었을 텐데, 하는 것입니다. 모든 일이 말 한마디에 달려 있었던 적이 얼마나 많은지 당신은 잘 알고 계시지요.

─지금은 알고 있지요.

─하지만 인간이라면 그 당시에도 알았을 거예요!

모든 반박이 그를 얼마나 자극하는지 알았기 때문에 저는 반론을 더 이상 밀고 나가지 않았습니다. 우리는 잠시 침묵했습니다. 그러고 난 뒤 저는 다시 말을 시작했습니다. 이제 구체적인 일은 더 이상 말하지 맙시다. 내게도 지금 일반적인 문제가 더 중요합니다. 당신에게는 일반적인 문제의 모순을 푸는 게 결정적으로 중요한 일일 듯하군요.

─맞아요, 마르타. 그런데 어디에 모순이 있습니까?

―그것을 가차 없이 지적하자니 약간 두렵네요. 당신은 지금 흥분해 있습니다.

―아닙니다! 그냥 말씀하세요!

―그것을 아주 분명히 말하기는 어려울지 모르겠네요. 사실 나는 당신의 견해에 도덕적 반감이 더 큽니다. 여기에―나의 여성스러운 면이라고 당신이 늘 말하는 건데―내 감정이 섞여 있다는 것을 잘 알고 있습니다. 나의 도덕적 감각은 생각의 오류에도 저항합니다. 그런데 내 감정이 내게 하는 말은, 당신의 선이란 아주 섬세하고 세련된 경박함, 아무런 싸움 없이 얻게 된 황홀경의 선물 혹은―당신에게는!―삶에 대한 진부한 단념에 다름 아니라는 것입니다. 당신은 삶의 형식으로서의 신비주의에 대한 나의 혐오감을 잘 알고 계십니다. 그런데 에크하르트[9]도 그랬어요. 그가 '마르다와 마리아'의 경우를 어떻게 실천적·윤리적이고 현세적·활동적인 것으로 재해석했는지 당신은 잘 알고 계시지요.[10] 나는 당신이 말하는 선에서 일종의 이위일체(二位一體) 같은 것을 직감하게 됩니다. "세상보다는 위지만 하나님 아래에, 영원성의 영역 제일 앞에 그 자리를 갖고 있는"[11] 어떤 것 말입니다. 당신이 말하는 이 선이라는 것이 은총일지도 모르죠. 그렇다고 하더라도 사람들은 의무를 행하고자 해야 하며, 선은 신의 선물로서 받을 수밖에 없습니다. 지금 당신에게는 몹시 하찮아 보이는 모든 것을 겸손한 헌신을 통해 사랑해야만 합니다. 그럴 때야 비로소 진정으로 그 너머로 나아갈 수 있습니다. 내게는 당신이 여기에서 가장 중요한 심급들을 뛰어넘으려 하는 것으로, 최종목표(최종목표가 있고 그것이 도달할 수 있는 것이라면)를 거기에 이르는 노정(路

程) 없이 달성하려 하는 것으로 보입니다. 은총을 기대하는 것은 모든 일에서 면제되고자 하는 것이며 구체적으로 표현된 경박함입니다. 그런데 당신의 경박함은 한층 더 섬세하고 한층 더 자학적입니다. 당신은 경박함의 고행자입니다. 당신은 경박함이 줄 수 있는 희열을 다른 사람들에게 선사합니다. 당신은 그 희열이 어울리는 인간 유형을 꾸며냅니다. 하지만 당신은 불행하며 삶에서 배제된 채 가련한 처지에 있습니다. 당신은 다른 사람들로 하여금 영원한 햇빛을 향유토록 하려는 영원한 유혹에 빠져 있습니다. 그렇지만 책의 마지막 말이 미화(美化)하는 것이건 유죄 판정이건, 보다 빨리 끝에 이르기 위해 페이지를 건너뛰는 것은 항상 경박함으로 남아 있을 겁니다.

　―오늘 당신은 정말로 여성스럽고 완고하군요. 어떤 일이 있든 나를 구하고자 하는데, 도대체 내가 당신이 구해야 할 그런 상황에 있는지는 전혀 깊이 생각하려 하질 않는군요. 게다가 경박함에 대한 당신의 비난은 편향된 것이고 적절치 못합니다. 당신은 나의 표현 방식에 매달려 있습니다. 사람들이 어떤 설명을 할 때 모든 것을 추상하며, 그래서 분명하게 만들 수밖에 없다는 것을, 그리고 내가 늘 쓸데없이 과장한다는 것을 마치 모르고 계신 듯이 말입니다. 그래요, 선은 은총이요 기적입니다. 하지만 우리가 그것을 하는 일 없이 자족적으로 경박하게 고대하기 때문에 그런 것이 아니라, 그것이 극단까지 치달은 역설의 경이로운 해소, 기대할 수도 예측할 수도 없는, 그러면서도 필연적인 해소이기 때문에 그런 것입니다. 인간 상호 간의 이해 형식들을 부수어버리라는, 신이 우리에게 하는 요구는 절대적이고 충족될 수 없습니다. 이러한 불가능성에 대한 우리의 앎 또한 절대적이고 확고합니다. 하지만 선의 은총을 받은 사람, 선 속에서 존

재하는 사람이 지닌 '그럼에도 불구하고'에 대한 믿음 역시 마찬가지로 절대적이며 확고합니다. 선이란 신들림입니다. 그것은 온화하지 않고, 세련된 것도 아니며, 정적주의(靜寂主意)적이지도 않습니다. 그것은 거칠고 잔혹하며 맹목적이고 모험적입니다. 선한 사람의 영혼에는 이유와 결과 같은 심리학적 내용이 일체 없습니다. 그 영혼은 운명이 부조리한 명령을 적는 순결한 백지이며, 그 명령은 맹목적으로, 앞뒤를 돌보지 않고 무자비하게 끝까지 수행됩니다. 이러한 불가능성이 행동이 되고, 이러한 맹목성이 투시가 되며, 이러한 무자비함이 선이 되는 것, 바로 그것이 기적이요 은총입니다.

─그러면 당신은? 당신의─죄는요?

─보세요, 마르타. 당신이 경박함에 관해 말하고자 한다면(이 점에서 당신은 정말 섬세한 감각을 지니고 있는데), 그녀가 아직 살아 있던 과거의 나를 경박하다고 비난해야 할 것입니다. 보세요, 그 당시 나는 심급들을 뛰어넘었으며 범주들을 뒤섞어 버렸어요. 나는 그녀에게 선하고자 했습니다. 하지만 (당신이 옳아요) 선하고자 해서는 안 됩니다. 특히 누군가와 관계하면서 선하고자 해서는 안 됩니다. 필요한 것은 누군가를 구하고자 하는 것입니다. 그럴 경우 그는 선합니다. 사람들은 구하고자 하면서 행동은 나쁘게, 무자비하고 전제적으로 행합니다. 모든 행동은 죄일는지도 모르겠습니다. 하지만 죄조차도 그럴 경우에는 선의 대립물이 아닙니다. 설사 죄라 하더라도 그것은 반주음의 불가피한 불협화음일 따름입니다. 사려, 자기 자신과 다른 사람들에 대한 생각, 체면치레, 민감함, 자제, 의구심─여기에 내가 있으며, 또 여기에 비인간적이고 생생하지 못하며 신에게 버림받

고 참으로 죄 많은 모든 것이 있습니다. 나는 만사가 불안스레 순수함을 간직한 조심스러운 손으로만 다루어지는 곳에서 순수한 삶을 영위하기를 바랐습니다! 하지만 이러한 종류의 삶은 잘못된 범주를 삶에 적용한 것입니다. 순수해야 하는 것은 삶에서 분리된 작품이지요. 하지만 삶은 결코 순수하게 될 수 없으며, 아직 순수할 수가 없습니다. 통상적인 삶은 순수함으로는 아무것도 할 수가 없습니다. 통상적인 삶 속에서 순수함이란 허약한 부정일 뿐, 혼란에서 빠져나오는 길이 아니라 오히려 혼란을 가중시키는 것입니다. 위대한 삶, 선의 삶은 그와 같은 순수성을 더 이상 필요로 하지 않습니다. 선은 다른 고차적인 순수성을 가집니다. 삶에서 순수성은 순전한 장식일 뿐, 결코 행위하도록 하는 힘이 될 수 없습니다. 그것을 알지 못했던 것이 나의 경박함이었습니다. 우리는 내가 예전에 그랬듯이 결코 순수성을 바라서는 안 됩니다. 그럴 경우 순수성은 〔삶의—옮긴이〕 절대적인 부정이 되고, 그것이 원래 지니고 있던 장엄하고도 무서운 '그럼에도 불구하고'의 성질, 즉 죄와 기만과 무자비함 속에서 순수하게 머무는 능력을 잃어버리고 말 테니까요. 내가 순수성을 바랐기 때문에 그녀는 내게 한 번도 자기를 열어 보일 수가 없었습니다. 그녀는 나를 경박하고 유희적이며 진지하지 못한 사람으로 여길 수밖에 없었을 것입니다. 그녀가 하는 말의 어조조차 나에게는 결코 진실한 적이 없었을 것입니다. 그 어조는 그와 같은 〔나의—옮긴이〕 부정직함에 순응했습니다. 그녀는 한 여인이었습니다.—한때는 내가 그녀에게 일종의 희망과 같은 존재였을 겁니다. 나는 정말 그녀를 구하기를 바랐습니다. 하지만 나는 그러한 의욕에 사로잡히지 않았습니다. 나는 순수하게 머물러 있어야 마땅하다, 그녀는 순수하게 머물러 있어야만 한다, 라고 생각했던 것이지요. 그녀를 구하고자 했던 나의 의

욕 전체는 내가 나 자신을 위해 바랐던 선과 순수성을 향한 우회로에 불과하지 않았던가 싶습니다. 나는 곧바로 목표에 닿기 위해 길을 건너뛰었습니다. 그런데 내게 그 목표는, 내가 목표라고 착각했던 또 다른 길로 통하는 길에 불과했습니다. 하지만 이제는 명확해졌습니다. 이 무의미하고 부조리하며 비(非)비극적·파국적인 종말은 나에게 내려진 신의 심판인 것입니다. 나는 삶에서 탈퇴합니다. 예술철학에서는 천재만 나타나면 되듯이, 삶에서는 은총 받아 선을 지닌 인간만 있어도 될 테니까요.

저는 깜짝 놀라 벌떡 일어났습니다. 그는 아주 나직이, 새로운 이론을 설명하곤 했을 때의 어조로 말했지만, 그가 하는 말의 의미가 저를 불안하게 만들었습니다. 저는 그에게 다가가서 손을 잡았습니다. 도대체 무엇을 하려고 합니까? 무슨 생각을 하고 있는 거예요?

그는 웃었습니다.―걱정 마세요, 마르타. 자살은 삶의 범주예요. 하지만 나는 진작 죽었습니다. 이제는 그것을 알아요. 이전에 알았던 것보다 더 분명하게 말입니다. 당신이 오리라 생각했을 때, 나는 당신과 함께 그녀에 관해 이야기하길 희망했습니다. 그리고 그것을 두려워하기도 했고요. 내가 침묵하리라는 것을, 그리고 울리라는 것을 두려워하면서도 (보세요, 나는 이렇게도 불명확하고 유치했어요) 희망했던 거지요. 그러나 지금 우리는 선을 두고 이야기하고 있습니다. 알레고리도 똑같이 잘 이야기할 수 있었을는지 모르죠. 당신은 살아 있어요, 이것을 알아야만 합니다. 우리의 이러한 대화는 지나치게 잔인한 게 아닐까요? 당신은 이를 부인할 겁니다, 당신은 선하니까요. …… 내 대화만 그렇지요. 하지만 당신은 선하며 내 이야기에 맞장

구를 치십니다.

— 당신은 많이 울었고, 지금도 그러고 있습니다. 이 대화는 당신의 울음입니다.

— 당신과 내가 같은 것을 말하고 있다는 것을, 즉 당신에게도 이 대화는 당신의 울음이라는 것을 알고 계시지요. 나는 형식들을 희미하게 지우고 뒤죽박죽으로 만들어버렸습니다. 내 삶의 형식들은 삶의 형식들이 아닙니다. 그것을 이제야 깨달았어요. 그렇기 때문에 그녀의 죽음은 내게 내려진 신의 심판입니다. 그녀는 내 작품이 완성되도록 하기 위해, 내게 내 작품 말고는 이 세상에 아무것도 남아 있지 않도록 하기 위해 죽을 수밖에 없었습니다.

— 아닙니다! 아니에요!

— 당신은 문제를 다시 너무 단순하게 만들고자 하십니다. 예전에 내가 언급했던 세 가지 인과성을 생각해 보세요. 만사는 이유와 동기를 갖지만 또한 의미도 가진다는 것 말입니다. 신의 심판은 단지 의미에만 있을 수 있어요. 외적인 이유와 심리적 동기를 끌어들이지 맙시다. 그 모든 것과 내 문제는 아무런 관계도 없어요. 당신은 신전(神殿) 공사에 관한 아주 오래된 성담(聖譚)을 알고 계시지요. 신전 짓는 일을 하고 있는 사람 가운데 한 명이 자기 부인을 제물로 바쳐야 하며, 그 부인은 모일(某日)에 가장 먼저 그들에게 오는 부인으로 한다는 결정이 날 때까지, 악마들은 낮 동안 지어진 모든 것을 밤만 되면 다 부수어버렸습니다. 그런데 모일에 가장 먼저 온 사람은 작업반

장의 부인이었습니다. 그녀가 제일 먼저 온 이유를 누가 조사할 수 있을까요? 외적인 이유와 영혼의 동기는 수도 없이 많습니다. 하지만 바로 그녀일 수밖에 없었다는 사실은, 사람들이 그것을 물리적 세계나 혹은 심리적 세계의 관점에서 고찰하는 한, 잔혹하고 무의미한 우연입니다. 입다의 딸[12]도 생각해 보세요! 그렇지만 전체는 어떤 의미를 가졌어요, 작업반장과 입다가 아니라 그들의 작품과 관련해서 말입니다. 작품은 삶에서 자라났지만 삶에서 벗어나 버렸습니다. 그것은 인간적인 것에서 생겨났지만, 비인간적이고 정말이지 반(反)인간적입니다. 작품과 그 작품을 낳는 삶을 결합하는 접합제는, 작품을 삶과 영원히 분리시킵니다. 그 접합제는 인간의 피로 만들어진 것입니다. 그리스도께서는, "누구든 내게로 오는 사람은 자기 아버지나 어머니나 아내나 자식이나 형제나 자매뿐만 아니라, 심지어 자기 목숨까지도 미워하지 않으면 내 제자가 될 수 없다"[13]라고 말씀하셨습니다. 지금 예술가 비극의 심리학적 측면을 생각하고 있는 건 결코 아닙니다. 나에게 이러한 상황은 그저 하나의 사실, 달리 말하면 하나의 비인간적인 사실입니다. 하지만 여기서 하는 말은 더 이상 인간성을 두고 하는 게 아닙니다. 통상적인 삶은 모든 것을 동시에 가지고자 하고, 또 가질 수도 있습니다. 그 삶은 진정한 것을 전혀 원하지 않으며 어떠한 것도 진정으로 원하지 않으니까요. 나는 통상적인 삶의 이런 불명확함과 부정직함을 더 이상 견딜 수가 없습니다. 명확한 것은 모두 비인간적입니다. 이른바 인간성이란, 경계와 영역의 지속적인 말소와 혼란 속에 존립하는 것이니까요. 생생한 삶은 형식이 없습니다. 그것은 형식 너머에 있기 때문에, 생생한 삶에서는 형식이 명확하고 순수하게 될 수 없기 때문에 그렇습니다. 그런데 모든 명확한 것은, 그것이 이러한 혼돈에서 억지로 떼어내지고, 그것과 지상을 연결했던 모든 것이 잘려 나감으로써만 생겨날 수 있습니다. 진정한 윤리학(칸트만 생각해 보세요!) 또한 반인간적입니다. 그것은 정말이지 윤리학적 작품을 인간 속에서 실현하고자 하는 것이니까요 ……
내게는 그녀가 삶의 모든 것이었기 때문에—그렇기 때문에 그녀의 죽음과, 그녀의 죽음을 초래한, 그녀를 도울 수 없었던 나의 무능은 신이 내리신 심판입니다. 제발 내가 삶을 경멸한다고 생각하진 마세요. 한데 생생한 삶 또한 하나의 작품입니다. 내게는 이와는 다른 작품이 부과되었던 것이고요.

—그렇게 말하는 것은 다시 회피하는 것이며, 다시 너무 곧장 앞으로 치닫는 것입니다!¹⁴⁾ 당신은 수도승이 되길 바라고 있습니다. 하지만 종교개혁을, 그것이 일어나기 이전의 상태로 되돌리기란 이제는 전혀 불가능합니다. 당신이 그렇게 말하도록 만드는 것 역시 순수성이라는 당신의 이상(理想)이 아닌지요? 당신은 모든 무자비함과 불명확함 그리고 모든 더러운 것에 대한 당신의 신경과민을, 사람들과 함께하는 삶과 통합하고자 했습니다. 이 시도를 실패로 여기기 때문에 당신은 삶 전체를 내팽개치려 하고 있습니다. 하지만 이것은 너무 편한 해결책이 아닌가요? 당신의 〔삶에 대한—옮긴이〕 금욕은 편의적인 것에 불과한 것은 아닌지요? 당신이 인간의 피를 그 기초로 제공함으로써 구해내고자 하는 당신의 작품은, 정말이지 핏기 없고 근거 없는 것이 되지는 않을까요?

—마르타, 재능이 없는 게 당신에게는 다행입니다. 만약 당신에게 재능이 있다면, 나는 당신 때문에 계속 걱정하지 않을 수 없을 거예요. 삶이란 하나의 말일 뿐이며 사유의 불명확함을 통해서만 통일적

인 실재성을 띠게 된다는 사실을, 그리고 선험적으로 규정된 우리의 활동 가능성이 수없이 많은 것과 마찬가지로 수많은 삶이 있다는 사실을 모든 감각을 갖춘 여인이 파악하기란 전혀 불가능할 것입니다. 당신에게 삶은 바로 삶 자체일 따름입니다. 뭔가 참으로 위대한 것은 아마도 끝에, 아마도 커다란 괴로움 이후에 비로소 존재한다는 것을, 그것은 삶의 절정도 덧없는 즐거움이나 희열도 아니라는 것을 당신은 (용서하시길!) 생각할 수가 없습니다. 여인이 불구가 아니었을 경우, 삶의 입구 앞에 멈춰 서지 않았을 경우, 즐거움과 고통 저편에 있는 세계에 발을 디딘 적은 한 번도 없었습니다. 삶과 의미와 목표가 하나로 구현된 통일체는 경이롭고 강력하며 아름답습니다. 그러나 삶 자체가 삶의 목표이자 의미일 때까지만 그렇지요. 한데, 거기 어디에 작품을 위한 자리가 있습니까? 모든 재능 있는 여인들의 최후가 비극이나 아니면 경박함일 수밖에 없다는 것은 특이하지 않습니까? 그런 여인들은 작품과 삶을 하나의 통일체로 가져올 수가 없으며, 따라서 어느 하나를 경박함으로 무너져 내리게 하거나 아니면 스스로 파멸하는 수밖에 없습니다. 단순히 여인이라고만 볼 수 없는 진지한 여인들은 죽음에 내맡겨집니다. 시에나의 성녀 카타리나[15]도 명확하고 의식적인 금욕자가 아니라 수녀[16]였습니다. 동양에서는 여인들에게 천국이 허용되지 않는데, 이건 그저 어리석기만 한 것은 아닙니다. 이것은 부당하고, 게다가 전혀 잘못된 일이지만, 그렇지만, 진실입니다. 여인들이 마음의 가난을 달성하는 일은 결코 없을 것입니다.

—마음의 가난이라고요?

―말에 선입견을 갖지 마세요. 아주 단순한 것을 두고 하는 말이니까요. 아주 단순한 것에 대한 가장 단순한 표현입니다. 통상적인 불명확한 인간은 결코 마음이 가난하지 않습니다. 그의 삶은 항상 수많은 가능성을 목전에, 그리고 자체 내에 지니고 있습니다. 하나의 범주가 실패했을 때, 혹은 그가 어느 하나의 범주에서 실패할 때, 그는 편안하고도 기껍게 다른 범주로 유유히 넘어갈 것입니다. 마음의 가난이란, 참된 삶을 살기 위한 전제 조건이자 그런 삶을 사는 시작 단계에 지나지 않습니다. 산상수훈은 복을 약속하고 있습니다. 하지만 피히테(J. G. Fichte)에게는 삶 자체가 곧 복된 삶입니다. 마음의 가난이란, 한층 더 심층적인 차원에서 고유한 필연성, 형이상학적이고 초심리학적인 필연성에 자기를 내맡기기 위해 자신의 심리적 제약 상태에서 벗어나는 것입니다. 그것은 자기를 포기하는 것인데, 이를 통해 작품을, 내 쪽에서 보자면 단지 우연히 내게 속할 뿐인, 그러나 그럼으로써 내가 나 자신에게 필연적으로 되는 그런 작품을 실현하게 됩니다. 우리는 소망과 불안, 즐거움과 괴로움의 불명확한 다발에 불과합니다. 매 순간 자신의 비본질성에 의해 파멸하는 그 어떤 것일 뿐이지요. 한데, 만약 우리가 이러한 파멸을 바라면 어떻게 될까요? 그러면 우리는 우리의 비본질성을 궁극적으로 극복할 수 있지 있지 않을까요? 그 비본질성을, 마찬가지로 부패하기 마련인 어떤 중요한 일로 더 이상 대체하지 않아도 되지 않을까요? 우리 삶의 의미는 삶의 동기에 의해, 우리 삶의 목적론은 삶의 인과성에 의해, 우리 운명은 우리 하나하나의 운명들에 의해 계속 가려져 있습니다. 우리는 의미를, 구원을 추구합니다. "선인(善人)은 다만 결단하고자 할 뿐이다"라고 노자(老子)는 말합니다. 하지만 보통의 경험적 삶은 우리를 제대로 유혹조차 못합니다. 사람들이 이런 삶의 불협화음에 관

해 말한다면, 그 삶을 과대평가하는 것입니다. 불협화음은 오로지 음의 체계 속에만, 따라서 이미 통일적인 세계 속에서만 가능한 것입니다. 교란과 방해와 혼돈은 불협화음조차 못 됩니다. 불협화음은 명확하고 또렷합니다. 그것은 본질의 대립물이자 보완물입니다. 그것은 유혹이지요. 우리 모두는 그런 유혹, 우리의 진정한 유혹을 추구합니다. 그저 주변에서 비행(非行)을 초래하는 것이 아니라 우리의 참된 본질을 뒤흔드는 그런 유혹 말입니다. 구원(형식되기라고 부를 수도 있을)은 위대한 역설입니다. 즉, 그것은 유혹과 유혹 받는 자가, 운명과 영혼이, 인간 속에 있는 악마와 신성이 하나 되는 것입니다. 모든 형식은 그것이 지닌 가능성의 역설, 결실을 낳고 삶을 일깨우는 그 역설이 발견되었을 때, 냉혹한 경계선이 결실을 맺게 하고 분리가 풍요로움이 될 때, 그럴 때 생겨난다는 것을 당신은 예술철학을 통해 알고 계시지요. 마음의 가난은 영혼을 동질적으로 만듭니다. 운명이 될 수 없는 것은 그 영혼에게는 사건조차 되지 않습니다. 가장 거친 유혹만이 자극이 됩니다.

—그러면 작품은? 당신의 작품은요? 당신이 다시 선에 대해 말하고자 하고, 다시 생소한 완전성만 찬양하고자 할까 봐 두렵습니다.

—아닙니다. 나는 순전히 형식적으로, 삶의 변화의 전제 조건들을 말했을 뿐입니다. 그래서 선도 말한 것이지, 그것만 말한 건 아닙니다. 나는 전적으로 보편적인 윤리를 말했습니다. 통상적인 삶에서 벌어지는 인간 상호간의 행위에만 국한되지 않고 모든 것을 포괄하는 윤리 말입니다. 그도 그럴 것이, 우리의 활동 각각이 하나의 행위인 한, 모든 활동은 순수하게 형식적인 동일한 전제 조건들을 가지며,

동일한 윤리를 갖고 있습니다. 하지만 이러한 윤리는, 그렇기 때문에 항상 부정적이며, 금지하는 것이고 아무 내용도 없는 것입니다. 거기에서 아주 분명하게 정식화될 수 있는 계명이 있다면, 그것은 '해서는 안 되는 일은 하지 마라' 라는 것일 수밖에 없을 것입니다. 이러한 윤리는 부정적이며, 그렇기 때문에 항상 준비이자 중간 단계입니다. 그것은 작품과 덕(Tugend)과 긍정적인 것을 위한 전제 조건이자 그것들로 가는 길입니다. 계속 하자면, 덕은 신들림입니다. 우리는 덕을 가지고 있지 않으며 덕도 아닙니다. 덕이 우리를 가지는 것이지요. 마음이 가난하다는 것은, 우리의 덕을 위해 대비하고 있음을 말합니다. 우리는 그렇게 살아야 합니다. 우리의 삶은 아무런 가치도 의미도 없습니다. 매 순간 우리는 우리의 삶을 죽음에 바칠 태세를 갖추고 있는 것일지도 모르지요. 아니, 정말이지 매 순간 우리는 삶을 내팽개쳐도 된다는 허락만을 고대하고 있습니다. 그렇지만 우리는 살아야만 합니다. 힘껏, 전심전력을 다해 살아야만 합니다. 우리는 정신이 현상하는 하나의 그릇에 불과하지만 그럴 수 있는 유일한 그릇이니까요. 오로지 우리에게만 정신의 계시의 포도주가 부어질 수 있습니다. 오로지 우리 속에서만, 우리를 통해서만 정신의 참된 계시, 정신의 성체변질(聖體變質)이 생겨날 수 있습니다. 따라서 우리는 우리로부터 벗어날 권리가 없습니다. 이 그릇은 순수해야 합니다. 하지만 이 순수성은 내가 예전에 말했던 그런 순수성이 아닙니다. 이 순수성은 영혼의 동질성이요 통일성입니다. 에드몽 드 공쿠르[17]는 막 눈이 멀게 되었을 때 다음과 같이 썼습니다. "온통 정신적이고 철학적인 그리고 사유의 어둠 속에서 쓰인 한 권의 책, 아니 일련의 짧은 글을 작성할 기회가 내게 주어지려나 보다." 그렇게 생각했을 때 그의 마음은 가난했습니다. 그리고 그의 심미적 기질은 그때

신들림의 덕을 지녔던 것입니다. 우리는 선험적으로 되어야만 합니다. 우리의 모든 통각 능력과 반응 능력은 작품이 자리 잡고 있는 범주를 운명적·무의식적으로 따라야 합니다. 그러면 가난으로 헐벗은 영혼은 활동적으로 됩니다. 실현을 갈구하는 작품에 신들린, 생산적이고도 무시무시한 분노가 되는 것입니다. 마음의 가난은 전제 조건이며, 부정적인 것이고, 삶의 악무한에서, 아무런 본질도 없는 다양성에서 빠져나오는 출로입니다. 여기에서 새로운 풍부함이, 통일적인 풍부함이 개화합니다. "각 부분은 전체에서 생겨난다"라고 플로티노스[18]는 말합니다. 이어서 그는 "그렇지만 부분과 전체는 항상 일치한다. 다양함도 상이함도 없으며, 모든 것은 지침이 없고 무한정하다. 관조하는 데에서 직관이 증대한다"라고 말합니다. 우리가 통상적인 삶 속에서 옴짝달싹 못하는 한, 우리는 신의 덧없는 희화에 불과합니다. 우리는 신의 전면적 창조의 장엄한 단편(斷片)을 조악하게 단편적으로 반복합니다. 가난과 신들림에서 생겨난 작품에서는 단편적인 것이 원환(圓環)으로 완결되고, 다양성은 음계 속의 음으로 정화되며, 혼란스럽게 운동하는 원자들은 행성과 행성의 궤도가 됩니다. 여기서 공통적인 것은 작품으로 가는 길, 곧 덕의 윤리입니다. 하지만 각 작품은 다른 모든 작품과 날카롭게 분리되어 있습니다. 나는 이 길이 절대적으로 신이 원한 길인지, 그리고 이 길이 신으로 통하는 길인지 모릅니다. 내가 아는 것은 다만 이 길이 우리의 유일한 길이라는 점, 그리고 이 길이 없다면 우리는 수렁에서 허우적댈 것이라는 점입니다. 선은 많은 길 가운데 하나에 불과합니다. 그렇지만 선은 확실하게 신으로 통합니다. 선에 있어서는 모든 것이 길이 되며, 선 속에서 우리의 삶 전체는 삶 속에서 단지 삶 같았을 뿐이었던 모든 것을 벗어던지게 되니까요. 선 속에서 작품의 반(反)인간성은 지고한 인간성이 되며, 직접성에 대한 작품의 경멸은 본질과의 참된 접촉이 됩니다.

―내가 당신을 제대로 이해했다면, 당신은 형이상학적인 기초 위에 카스트들을 새로이 세우고자 하고 있습니다. 그러니까, 당신이 보시기에는 카스트의 혼란만이 유일한 죄이겠네요.

―내 말을 놀랍도록 잘 이해하셨습니다. 나는 내 생각을 충분히 명료하게 표현했는지 어땠는지 몰랐습니다. 그래서 자기 자신에 대한 의무를 말하는 어리석은 현대적 개인주의와 혼동될까 봐 두려워하기도 했고요. 나는 카스트의 수와 종류, 그리고 그 각각의 의무를 지금 확정할 적임자가 못 됩니다. 그렇지만 나는 일정한 수의 카스트만 존재할 뿐이라고 생각하는데, 내가 보기에 당신도 그렇게 알고 있고, 또 내가 믿고 있듯이 그렇게 확고히 믿고 있습니다. 이제 덕과 관련된 고유한 의무의 의의를 이해하시겠습니까? 덕을 통해서 이 삶의 그릇된 풍부함과 날조된 실체는 극복되며, 또 구원되어 우리 속에서 형식이 됩니다. 실체를 향한 정신의 갈구는 정신으로 하여금 인간을 서로 다른 카스트로 분할하도록 강요합니다. 이 혼란덩어리인 세상에서 다수의 명확한 형식의 세계를 창출하기 위해서 말입니다. 실체를 향한 갈망에서 형식이 생겨나는데, 이제 마치 실체는 유일하게 가능한 이 같은 실현을 통해 지양되는 것처럼 보입니다. 그렇지만 형식 되기의 길들, 형식의 법칙들, 형식을 만드는 사람의 의무들만 서로 다를 뿐입니다. 그것들 각각은 정신의 운행의 거울상이자 비유에 지나지 않습니다. 그것들의 형식적 전제 조건이 동일한 것이었듯이, 그것들의 현존재의 사실은 동일한 것을 의미합니다. 즉 참되지 못한 상

태로부터 참된 것으로 실체를 구원하는 것을 의미합니다.—구원은 복수형(復數形)을 가질 수가 없습니다. 형식들은 서로 같지 않습니다. 그것들의 본질은 서로 더할 나위 없이 엄격하게 구분됩니다. 하지만 그것들은 같은 것이고 그 현존재는 통일체입니다, 통일체 말입니다. 유덕한 자들, 자신들의 의무를 수행한 이들은 (아시다시피 각자 고유한 의무들만이 존재합니다. 그리고 이 의무에 따라 우리 인간은 수많은 카스트로 분할되어 있지요.) 신에게로 들어갑니다. 그들에게는 분화가 중단됩니다. 여기에서 모든 의심은 침묵할 수밖에 없습니다. 오로지 하나의 구원만이 있을 수 있으니까요.

우리는 한동안 침묵했습니다. 그러고 나서 저는 그에게 아주 조용하게, 오로지 대화를 끝맺기 위해 물었습니다. 그러면 당신의 의무는요?[19]

—당신은 그것을 알고 있습니다. 만약 내가 삶을 살기를 바란다면, 그건 나의 카스트를 위반하는 일이 될 겁니다. 내가 그녀를 사랑했으며 그녀를 돕고자 했던 것이 이미 위반이었습니다. 선은 나의 카스트보다 고차적인 카스트의 의무이며 덕입니다.

그 후 곧 우리는 작별 인사를 나누고 며칠 안에 그가 저를 찾아올 일을 논의했습니다. 이틀 후에 그는 총으로 자살했습니다. 아시다시피, 그는 전 재산을 제 동생의 아이[20]에게 물려주었습니다. 그의 책상에는 성경이 펼쳐진 채 놓여 있었는데, 계시록의 다음과 같은 말에 표시가 되어 있었습니다. "나는 네 행위를 안다. 너는 차지도 않고 뜨겁지도 않다. 네가 차든지 뜨겁든지 하면 좋겠다. 네가 이렇게 미지근하여, 뜨겁지도 않고 차지도 않으니, 나는 너를 내 입에서 뱉어 버리겠다."[21]

주

서문

1 Max Dessoir(1867~1947) : 독일의 심리학자이자 예술사가. '초(超)심리학 (Parapsychologie)' 개념의 창안자이기도 하다. 루카치가 1908년부터 1911년까지 주로 베를린에 머물면서 지멜(Gerog Simmel)을 사숙(私淑)하던 시기에 데수아르는 베를린 대학 심리학과 교수로 재직하고 있었다.

2 Marianne Weber(1870~1954) : 독일의 법학자 · 사회학자 · 법사학자. 1893년 막스 베버와 결혼. 일찍부터 여성운동에 참여한 그녀는 1919년부터 1923년까지 독일 여성단체 연맹 의장직을 맡기도 했다. 1907년에 주저(主著)인 『법의 발전에서 아내와 어머니』를 출판했으며, 막스 베버의 전기 『막스 베버 — 한 삶의 형상』의 필자로도 유명하다. 루카치는 1912년부터 1918년까지의 기간 동안 많은 시간을 하이델베르크에서 보내면서 막스 베버 및 그를 중심으로 모인 지식인들과 가깝게 지냈다. 1913년에 블로흐(Ernst Bloch)와 함께 이른바 '막스 베버 서클'에 참여하면서 마리안네 베버와도 가까워졌다.

3 이 책에서 'Roman'은 '장편소설' 대신 그냥 '소설'이라고 옮겼지만, 'Novelle'는 독일어 발음 그대로 '노벨레'로 옮겼다. 이렇게 음역(音譯)한 것은, 그것이 비록 보편성을 결여한 번역이긴 하지만 '단편(소설)' 혹은 '중 · 단편(소설)'으로 옮길 경우 생길 수 있을 오해를 피하기 위해서이다. '단편(소설)'으로 옮기면, 서구의 고전적인 노벨레들 대부분이 — 분량의 측면에서 볼 때 — 단편보다는 오히려 중편으로 봄 직한 것이 많다는 사실이 희석되며, 또 그렇다고 해서 '중 · 단편(소설)'으로 옮기면 마치 장르 구분의 본질적 기준이 분량에만 있는 듯한 인상을 줄 수 있기 때문이다.

4 Max Dvořák(1874~1921) : 오스트리아의 예술사가. 빈 예술사학파의 대표자 중 한 사람이다. '정신사로서의 예술사' 개념을 주조했다. 저서로는 『정신

사로서의 예술사』, 두 권으로 된 『르네상스 시대 이탈리아 예술의 역사』 등이 있다.

5　Henrik Pontoppidan(1857~1943) : 덴마크의 자연주의 소설가. 1880~1890년대의 정치 투쟁 시대를 그린 『약속된 땅』, 신구(新舊) 시대의 갈등을 그린 『행복한 페르 Lykke-Per』 등이 유명한데, 이 책 『소설의 이론』 제II부 제1장에서 루카치가 고찰하고 있는 『행복한 한스』는 『행복한 페르』의 독역본 제목이다. 1917년 노벨문학상을 받았다.

6　1825년 12월 러시아 최초로 농노제 폐지와 입헌정치 실시를 주장하며 근대적 혁명을 꾀한 혁명가들. 러시아어로 12월을 데카브리라고 한 데서 유래한 명칭이다. 나폴레옹 전쟁 때 서유럽에 원정하여 자유주의 사상을 섭취한 일부 청년 장교들이 주축이 되었다.

7　Daniel Defoe(1660~1731) : 『로빈슨 크루소』, 『몰 플랜더스』로 유명한 영국의 저널리스트이자 소설가.

8　Henry Fielding(1707~1754) : 『톰 존스』, 『대도(大盜) 조너선 와일드 전(傳)』 등으로 유명한 영국의 소설가이자 극작가.

9　프랑스의 소설가 프루스트(Marcel Proust, 1871~1922)의 소설 『잃어버린 시간을 찾아서 A la recherche du temps perdu』의 제목을 빌린 표현으로서, 이 책 제II부 2장에서 주요하게 거론되는 '기억'을 뜻하는 말이다.

10　Friedrich von Schlegel(1772~1829) : 독일의 초기 낭만주의를 주도한 작가이자 철학자. 낭만주의 시학의 원리를 밝히는 주요한 글들을 남겼으며, 형 A. W. 슐레겔과 함께 낭만주의를 대표하는 잡지 《아테네움》(1798~1800)을 창간했다.

11　Karl Wilhelm Ferdinand Solger(1780~1819) : 독일의 미학자. 독일 낭만주의 학파의 미학적 원리를 대변하는 『에르빈—미와 예술을 두고 나눈 네 편의 대화』(1815)로 유명한데, 이 저작은 낭만주의에 비판적이었던 헤겔의 미학에도 큰 영향을 미쳤다. 이 밖에도 『철학적 대화』 등의 저작과 소포클레스 작품의 뛰어난 번역서를 남겼다.

12　Heinrich Rickert(1863~1936) : W. 빈델반트와 함께 신칸트주의의 서남(西南) 독일학파(바덴학파)의 대표자이다. 프라이부르크 대학교, 하이델베르크 대학교 등에서 교수를 역임했다. 저서로는 『문화과학과 자연과학』, 『인식의

대상』,『철학의 근본 문제들. 방법론, 존재론, 인류학』 등이 있다.

13 Leopold von Ranke(1795~1886) : 종교개혁사와 프랑스·영국·프로이센·독일의 각국사를 위시한 획기적 대작들을 저술한 그는 프로테스탄티즘과 낭만주의 사상에 근거하여 '모든 시대는 직접 신에게로 이어진다'라고 주장하면서 가톨릭적·계몽주의적·헤겔적 역사관에 반대하는 역사주의적 입장을 내세웠다. 객관적 역사 서술을 주장하고 엄정한 사료 비판 방법을 확립함으로써 독일 근대 역사학의 기초를 세운 인물로 평가받는다.

14 Oswald Spengler(1880~1936) : 독일의 역사가, 문화철학자.『서구의 몰락』(제1권 1918년, 제2권 1922년)으로 유명하다.

15 Michail Alexandrowitsch Lifschitz(1905~1983) : 러시아 태생인 리프쉬츠는 1929년부터 〈마르크스·엥겔스·레닌 연구소〉에서 문예학과 미학 및 철학을 연구하면서, 루카치와 함께 속류사회학에 맞선 투쟁을 지속적으로 전개하였다. 그는 독일 고전 미학의 연구와 마르크스·레닌의 예술론을 재구성하는 데 두드러진 업적을 남겼다. 그의 대표작인『카를 마르크스와 미학』(1933)은『마르크스의 예술철학』(이용대 옮김, 화다 1988)이라는 제목으로 국역되어 있다.

16 Gottfried Benn(1886~1956) : 의사로 활동하면서 1912년 발표한 처녀시집『시체공시소(屍體公示所)』로 큰 반향을 불러일으켰다. 니체의 영향을 받고 표현주의의 자장(磁場) 내에서 출발한 그는 히틀러 집권 초기에 허무주의 초극의 가능성으로 나치즘을 찬양한 이력이 있다. 벤의 이러한 경력은 이후 1937~1938년, 소련에서 망명중이었던 독일 예술인들을 중심으로 벌어진 이른바 '표현주의 논쟁'의 발단이 되었다. 이 논쟁은 표현주의 자체의 문제에서 리얼리즘의 문제로 확장되었고, 그 과정에서 에른스트 블로흐와 루카치 사이에 논쟁이 벌어지기도 했다. 이 논쟁과 관련된 두 사람의 주요한 글은『문제는 리얼리즘이다』(홍승용 옮김, 실천문학사 1985)에 소개되어 있다.

17 Georges Sorel(1847~1922) : 생디칼리즘의 이론을 구축한 사람으로 평가받는 프랑스 사상가. 마르크스, 프루동, 베르그송, 니체 등의 영향을 확인할 수 있는『폭력론』,『진보의 환상』등을 남겼다. 이 시기 루카치에게 소렐이 끼친 영향에 관해서는 D. 하르트가 쓴「루카치와 블로흐의 초기 저작에서의 근대비판」(《문예미학 4 : 루카치의 현재성》, 문예미학회 1998. 9)을 참조할 만

하다.
18 Johann Gottlieb Fichte(1762~1814) :『독일 국민에게 고함』으로 잘 알려져 있는 독일의 철학자. 주요 작품으로는 이 책 말고도『모든 계시의 비판 시도』 등이 있다.
19 Karl Theodor Jaspers(1883~1969) : 독일의 철학자. 주요 저서로는『세계관의 심리학』, 3권으로 된『철학』 등이 있다.
20 Wilhelm Dilthey,『헤겔의 청년기 발전 과정 Die Jugendgeschichte Hegels』, 1905.
21 Richard Kroner,『칸트에서 헤겔로 Von Kant zu Hegel』, 2 Bde. Tübingen, 1921/24.
22 Karl Löwith,『헤겔에서 니체로—19세기 사유에서의 혁명적 단절 Von Hegel zu Nietzsche. Der revolutionäre Bruch im Denken des 19. Jahrhunderts』, 1941.
23 Thomas Carlyle(1795~1881) : 영국의 비평가·역사가.『프랑스 혁명』,『차티즘』,『과거와 현재』 등의 저서를 남겼다.
24 William Cobbett(1763~1835) : 영국의 정치 논설가.
25 Rudolf Hilferding(1877~1941) : 오스트리아에서 태어난 독일의 의사·경제학자·정치가. 제1차 세계대전 후 독일 사회민주당에 입당하여 이론적 지도자가 되었다. 제2차 세계대전 중 마르세유에서 붙잡혀 파리의 수용소에서 사망. 주요 저서인『금융자본』은 독점 자본주의 단계의 경제를 산업자본은 은행자본이 결합한 금융자본의 운동이라는 측면에서 해명한 것으로, 마르크스 경제학의 발전에 공헌한 고전적 저술의 하나로 간주된다.
26 Franz Mehring(1846~1919) : 독일의 역사가·문예평론가·정치가. 1878년 비스마르크의 사회주의 탄압법에 반대하였으며, 1889년 이후에는 독일 사회민주당 기관지《신시대 Neue Zeit》의 편집에 참가하여 정치적 주장을 하였다. 제1차 세계대전 중에는 제국주의 전쟁에 맞서 항쟁하였고 스파르타쿠스단(團)과 그 후신인 독일공산당 창립자의 한 사람으로 활동하였다. 저서로는『레싱 전설』,『독일 사회민주주의의 역사』 등이 있다.
27 Arnold Zweig(1887~1968) : 독일의 작가. 제1차 세계대전을 겪고 난 후 마르크스주의적 입장을 견지했는가 하면, 유대 민족의 통일 운동을 추진하기

도 했다. 히틀러가 집권하자 국외로 망명하여 반파쇼투쟁을 전개하였으며, 1948년 동독으로 돌아와 동독의 문예아카데미 회장, 동서독 펜클럽회장을 역임했다.『클라우디아를 둘러싼 이야기』로 문명을 얻은 그는 소설 이외에도 희곡, 평론, 에세이 등을 썼다.

* 루카치가『소설의 이론』을 헌정한 그라벵코(Jeljena Andrejewna Grabenko)는 그의 첫 번째 부인이다. 1913년 늦여름 이탈리아에서 루카치는 친구 벨러 벌라주―영화이론가로도 유명한 벌라주가 쓴 극작품을 두고 쓴 루카치의 평론 중 일부를 이 책「부록 1」로 실었다―를 통해 테러리스트 전력이 있는 러시아 아나키스트로 그녀를 소개받았다.(실제로 그녀가 테러리스트였는지는 아직까지 확실하지 않다.)『영혼과 형식』이후 러시아 문학, 특히 도스토예프스키를 새로운 세계를 밝혀주는 하나의 등불로 생각하고 있었던 루카치에게 그라벵코는 각별한 영감을 주었으리라 짐작된다. 이 두 사람은 1914년 5월 20일 하이델베르크에서 결혼했다. 루카치와 그라벵코의 결혼 생활은 그라벵코의 또 다른 남자인 음악가 브루노 슈타인바흐(Bruno Steinbach)가 같이 거주하는 특이한 형태였는데(루카치는 말년에 쓴 자서전 초안에서 이를 "아주 우애로운 방식의 공동 생활"이라고 적고 있다), 결국 이들 부부는 1917년 가을에 사실상 결별했으며, 전쟁이 끝난 후 "우호적인 분위기 속에서" 공식적으로 갈라섰다. 인용한 곳은『게오르크 루카치―맑스로 가는 길』, 김경식·오길영 편역, 솔, 1994, 279쪽.

I 전체 문화가 완결되어 있는가 아니면 문제적인가 하는 점과 관련해서 본 대(大) 서사문학의 형식들

1 완결된 문화들

1 노발리스의『기독교 또는 유럽 Die Christenheit oder Europa』의 첫 문장("유럽이 하나의 기독교 나라였던 …… 아름답고도 찬란한 시대가 있었다.")을 본 딴 표현이자『신약성경』에 나오는 '산상수훈(Sermo in monte)'을 연상시키

는 구절이다. 흔히 '비아티튜드(the Beatitudes)'라고 불리는 여덟 개의 '유복(有福)'에 관한 이 말씀은, "마음이 가난한 자는 복이 있나니"로 시작된다. 옮긴이가 이를 염두에 두고 "…… 시대는 복되도다"로 옮긴 부분의 독어 원문은 "Selig sind die Zeiten, für die……"이다. Anna Bostock이 옮긴 영역본 (*The Theory of the Novel. A historico-philosophical essay on the forms of great epic literature*, MIT Press, 1971)은 이 구절을 "Happy are those ages when……"으로 옮기고 있는데, "Blessed are those ages when……"으로 옮기는 것이 더 적절하지 않을까 싶다. 영역본에는 이런 식으로 조금씩 뉘앙스를 달리하는 번역어들이 눈에 띄는데, 가령 제I부 제목에 나오는 '문화(Kultur)'라는 단어를 '문명(civilization)'으로 옮긴 것도 그렇다. 『소설의 이론』에서는 '문화'라는 단어가 '문명(Zivilisation)'까지 포괄하는 가치 중립적 의미로 사용되기도 하지만(사실 제I부 제목에 나오는 '문제적'인 '문화'라는 표현도 그렇게 볼 수 있다), 때에 따라서는— 당시 독일 지식계에서 널리 통용되던 식으로— '문명'과 대립적인 가치 개념으로 사용되기도 한다. 예컨대 이 책 마지막 장에서 서유럽의 발전 과정을 두고 "문화와는 생소한, 한갓 문명적인 그 특성" 운운하는 대목이 그렇다. 이렇듯 『소설의 이론』에 등장하는 문화 개념이 일관성 있게 사용되고 있는 것은 아니지만, 그렇다 하더라도 '문화'를 '문명'으로 옮기는 것은 적절치 않은 것으로 보인다. '문화'와 '문명' 개념 문제와 관련해서는 노르베르트 엘리아스, 『문명화 과정 I』, 박미애 옮김, 한길사, 1996, 105~148쪽, 그리고 나인호, 「'문명'과 '문화' 개념으로 본 유럽인의 자기의식(1750~1918/19)」, 《역사문제연구》 No. 10, 2003. 06, 11~44쪽 참조.

2 Novalis(1772~1801) : 독일 낭만주의의 대표적 시인이자 소설가. 본명은 프리드리히 폰 하르덴베르크(Friedrich von Hardenberg)이다. 『밤의 찬가』와 『푸른 꽃』이 특히 유명하다. 루카치의 『영혼과 형식』(헝가리어 판 1910, 독일어 증보판 1911년)에 노발리스를 다룬 에세이가 실려 있다. 이 책은 반성완, 심희섭 등의 번역으로 소개되어 있다. 『영혼과 형식』, 반성완 외 옮김, 심설당, 1988.

3 '초험적 장소'는 'transzendentaler Ort'를 옮긴 말이다. 원래 이 말은 칸트의 『순수이성비판』 중 「초험적 분석론」 부록으로 실려 있는 「반성 개념의 다의성

에 관한 주석」 첫 머리에 나온다. 하지만 여기에서 루카치가 사용하고 있는 '초험적 장소'라는 말의 함의는 칸트에 따른 것이라기보다는—앞 문장에 나오는 "원상적 지도"라는 표현이 암시하듯이—라스크(Emil Lask) 같은 사람이 의미의 통일성을 보증하는 것으로 사용한 '원상(原象, Urbild)' 개념에 가깝다. 이런 식으로 이 용어의 뜻을 해석하고 있는—전적으로 수긍하기는 어려운—예로서 그라우어의 견해를 소개하자면, 여기에서 루카치가 사용하는 "초험적 장소"라는 말은, "초험적으로 보증된, 메타주관적 객관성의 가능성", "주관과 객관의 가정된 통일성", "인간과 세계의 분리, 나와 너의 분리를 통해서도 방해받지 않는, 질료와 형식의 일체성" 따위를 뜻하며, "고향" 개념으로 번역될 수 있는 말이다. 이에 관해서는 Michael Grauer, *Die entzauberte Welt. Tragik und Dialektik der Moderne im frühen Werke von Georg Lukács*, Königstein/Ts. : Hain, 1985, 55~56쪽 참조. 아울러 번역과 관련하여 한마디 덧붙이자면, 이 책에서 '초험적(인)'으로 옮긴 말은 'transzendental'이며, '초월적'으로 옮긴 말은 'tranzendent'이다. 이에 따라 'Tranzendenz'는 '초월성'으로 옮겼으며, 'a priori'와 'apriorisch'는 '선험적' 또는 '선험적인'으로, 'Apriorität'는 '선험성'으로 옮겼고 'Apriori'는 '선험성', '선험적 토대' 등으로 옮겼다. 철학계에서도 아직 합의된 우리말이 없기 때문에, 옮긴이는 이 책 내에서 일관성을 유지하는 것으로 '만족'한다. 칸트 철학에서 이 개념들이 담고 있는 의미는, 백종현이 쓴 「칸트 철학 용어 해설—칸트에서 '선험적'과 '초월적'의 의미」(F. 카울바하, 『칸트—비판철학의 형성 과정과 체계』, 백종현 옮김, 서광사, 1992)에 간략하게 정리되어 있다. 참고로, 백종현은 'transzendental'을 '초월적'으로 옮기고, 'tranzendent'를 '초재적' 또는 '초험적'으로 옮길 것을 제안하고 있다. 하지만 이럴 경우 'transzendental'이 '선험적'이면서 동시에 한갓 '초경험적'인 것이 아니라 오히려 '경험 인식을 가능케 하는', '경험을 규정하는'이라는 중첩적 의미를 지닌다는 사실이 잘 살아나지 않을 뿐만 아니라 일상적으로 빈번하게 쓰이는 '초월적'이라는 말과 혼동될 우려가 크다. 그래서 나는 백종현과는 달리 '초험적'이라는 '비일상적'인 말을 'tranzendent'가 아니라 'transzendental'의 옮김 말로 사용하고자 한다. 'transzendental'이라는 단어 자체에 내포되어 있는 '초월'의 뜻과 그것이 '경험'과 연관된 것(경험을 규정하는 것으로서)임을 나타낼 수 있는 말을 찾고자 한 것인데, 참고로 말하자면, 요즘 'transzendental'은 '초월적'으로 가장 많이 옮겨지고 있지만, 이에 '만족'하지 못하는 사람들은 '선험론적', '초월론적' '초-정험적' 등으로 옮기기도 한다. 이 가운데 '초-정험적'이라는 말이 『소설의 이론』에서 쓰이는 'transzendental'의 뜻에 가장 가깝지만, 'a priori'를 '선-정험적'이라 옮기지 않는 이상, 'transzendental'을 굳이 '초-정험적'이라 옮길 필요는 없어 보인다. 덧붙여 말하자면, 이 책에서 ─ 칸트도 그러했듯이 ─ 루카치는 'transzendent'를 'transzendental'과 혼용하기도 한다.

4 '위대함'은 'Größe'를, '펼침'은 'Entfaltung'을 옮긴 말이며, '전체성'은 'Ganzheit'를 옮긴 말이다. '위대함' 및 '펼침'과 관련해서는 『시학 Peri Poetikes』 제6장에서 아리스토텔레스가 비극에 대해 "크기를 가진 고귀하고 완전한 행동의 모방"이라고 한 말을 같이 생각해 봄직하다. 여기에서 아리스토텔레스가 말하는 "크기"는 길이라기보다는 도리어 높이에 관한 표현으로, 정신의 키와 높이, 곧 정신의 크기와 위대함을 뜻하며, 따라서 비극이 크기를 가진 행동을 모방한다는 것은 위대한 행동을 모방한다는 것과 같은 말이다. '고귀한' 행동이라는 말도 비슷한데, 이는 좁은 의미의 도덕 관념에 따른 말, 즉 단순히 착한 행위를 뜻하는 것이 아니다. 이 점을 분명히 하기 위해 아리스토텔레스는 비극이 모방하는 대상은 또한 '완전한' 행위라고 말하고 있는데, 그것은 완전히 실현된 행위, 모든 열정을 다 바쳐 최선을 다해 자기를 펼쳐 그 극한에 도달한 행위이다. 그렇게 자기의 극한에 도달하도록 펼쳐진 행위라는 의미에서 비극의 대상은 최고의 완전성 속에 있는 행위이다. 아리스토텔레스에 따르면 비극이란 이런 의미에서 고귀하고 완전하며 위대한 행위의 모방인 것이다.(김상봉, 『그리스 비극에 대한 편지』, 한길사, 2003, 47~48쪽 참조). 루카치가 여기에서 "영혼의 내적 요구들"로서 말한 "위대함과 펼침"은 아리스토텔레스가 비극이 모방하는 행동을 두고 한 말과 크게 다르지 않을 것이다. '전체성'은 구성 요소들이 유기적으로 상호 관계를 맺음으로써 이루는 전체로서의 상태 내지 성질이라고 줄여 말할 수 있겠다.

5 'gestaltend'를 옮긴 말이다. 'gestalten'을 여기서는 '조형(造形)하다'로 옮기지만 예술과 연관될 때는 대부분 '형상화하다'로 옮긴다. 한편, 보통 '조형하다'로 많이 옮겨지는 'formen'은 '형식(Form)'과 연관시켜 '형식화하다'

로 옮긴다.

6 그리스 신화에 나오는 지혜의 여신 팔라스 아테나(Pallas Athene)는 완전히 성숙한 상태로 무장을 갖춘 채 제우스의 머리(또는 입)에서 태어났다.

7 기독교의 등장을 뜻한다. 『신약성경』 「고린도전서」 1장 23절 참조. "우리는 십자가에 달리신 그리스도를 전합니다. 그리스도가 십자가에 달리셨다는 것은 유대 사람에게는 거리낌이고, 이방 사람에게는 어리석은 일입니다." 여기서 '이방 사람'은 곧 '그리스 사람'이다.

8 지오토(Giotto di Bondone, 1266?~1337): 이탈리아의 화가이자 건축가이며 조각가. 치마부에의 제자로 1320년부터 아시시의 산프란체스코 성당 벽화 제작에 참여했으며, 그후에는 산조반니 교회 회랑 벽화를 제작했다. 동시대의 시인 단테의 『신곡』 「연옥편」 제11곡에서 G. 치마부에와 대비, 찬양되고, 페트라르카나 보카치오의 작품에도 나올 정도로 명성이 높았다.

9 볼프람 폰 에셴바흐(Wolfram von Eschenbach, 1170?~1220): 성배(聖杯) 전설을 소재로 한 『파르치팔』과 미완성작 『티투렐』 등을 남긴 독일 중세의 대표적 서사시인이다.

10 니콜라 피사노의 아들인 조반니 피사노(Giovanni Pisano, 대략 1250~1328)를 가리키는 듯하다. 이들 부자는 조각가이자 건축가로서, 피사의 사탑으로 유명하다.

11 토마스 아퀴나스(Thomas Aquinas, 1225~1274): 중세 유럽의 스콜라 철학을 대표하는 이탈리아의 신학자로서, '스콜라 철학의 왕'으로 불리기도 한다. 주요 저서로는 『신학대전(神學大全)』과 『진리에 대하여』, 『신의 능력에 대하여』 등이 있다.

12 프란체스코(Francesco d'Assisi, 1182~1226): 프란체스코회의 창립자이자 가톨릭의 성인(축일 10월 4일)으로서 '신의 음유시인'으로 불리기도 한다. 주요 작품으로는 『태양의 찬가』가 있다.

13 그리스 로마 신화의 등장인물. 그를 소재로 한 소포클레스의 극작품 『필록테테스』가 유명하다.

2 형식들의 역사철학적 문제

1 이 책에서 '의향(意向)'으로 옮긴 단어는 'Gesinnung'이다. 특정한 목표를 지향하는 마음의 태도를 뜻하는 이 단어는 지향성, 신조, 신념, 의도, 마음씨, 마음의 태도, 멘탈리티 등으로 옮겨지기도 한다. 여기에서는 'Gesinnung'을 모두 다 '의향'으로 옮겼음을 밝혀둔다.
2 에우리피데스(Euripides B.C. 484?~BC 406)는 아이스킬로스, 소포클레스와 함께 고대 그리스 3대 비극 시인으로 꼽힌다. 모두 92편의 작품을 썼다고 하는데, 현재 남아 있는 작품은 19편이다. 에우리피데스를 그 이전의 비극 작가, 즉 아이스킬로스나 소포클레스와 분리한 최초의 미학자는 프리드리히 슐레겔이다. 이러한 분리는 19세기 전반에 걸쳐 지배적인 것이 되었으며, 1872년 니체의 『비극의 탄생』에서 가장 과격하게 표현되었다. 니체는 에우리피데스를 '의식적 미학'의 첫 번째 극작가로, '소크라테스적 합리주의의 시인'으로 자리 매기고 비판한다.
3 'Die transzendentale Obdachlosigkeit'를 옮긴 말이다. 자주 인용되는 이 표현은 흔히 '초월적 고향 상실' 또는 '선험적 고향 상실성', '초월적 안식처의 부재' 등으로 옮겨진다. 이 경우 초험적(선험적, 또는 초월적)이 수식하는 말이 '고향' 내지 '안식처'로 오해될 가능성이 있다. '초험적인'이 규정하는 것은 '고향'(또는 '안식처')이 아니라 '고향 상실'(또는 '고향 상실성', '안식처의 부재' 등)이다. 뒤에 나오는 '초험적인 고향없음(die transzendentale Heimatlosigkeit)'과 같은 뜻이지만, 루카치가 다른 단어를 사용했기 때문에 번역도 달리하여 여기에서는 '초험적인 집없음'이라고 옮겨보았다.
4 알피에리(Vittorio Alfieri, 1749~1803): 이탈리아의 극작가이자 시인. 대표적인 극작품으로는 『사울』과 『미라』가 있다. 그의 작품들은 이탈리아의 낭만주의 문학과 민족 운동에 영향을 주었다.
5 'konstitutiv'를 옮긴 말이다. 이 책에서 여러 차례 나오는 이 단어는 'regulativ'와 켤레말을 이루면서 보통 '구성적'으로 번역된다. 이 단어가 '대상적 경험과 경험 대상을 근거 짓고 조건 지으며 규정하는'이라는 뜻을 가지고 있다면, '규제적'으로 번역되는 'regulativ'는 규칙이 대상의 '관계'에만 관여하지 대상 자체를 구성할 수는 없다는 의미를 지니고 있다. 이 책에서

'regulativ'는 관례에 따라 '규제적'으로 옮기지만 'konstitutiv'는 '구성적'이라 하지 않고 '형성적'으로 옮긴다. 다소 어색하겠지만 이 책에서 '구성적'으로 옮긴 'konstruktiv', 'kompositionell' 등과 구분하려는 부득이한 조치다.

6 이 책에서 '현존재'로 옮긴 단어는 'Dasein'이다. '상재'는 'Sosein'을 옮긴 말이다. 'Sosein'은 보통 '그리 있음'으로 많이 옮겨지는데, 여기서는 '현존재'와 운(韻)을 맞추기 위해 한자를 사용한다.

7 소크라테스의 이른바 '산파술(産婆術)'을 염두에 둔 말이다. 아이를 낳을 때 산파가 아이를 낳는 산모를 도와줄 뿐, 대신 아이를 낳아주지 않는 것처럼, 철학하고자 하는 사람을 철학하도록 도와주는 것이 소크라테스의 철학함의 방법이었다.

8 '예지적 자아'는 'das intelligible Ich'를 옮긴 말이며, '경험적 자아'는 'das empirische Ich'를 옮긴 말이다. '예지적'이란 '인간의 감각적 직관을 통해서는 결코 표상할 수 없는, 오로지 지성을 통해서만 생각 가능한'이라는 뜻으로 사용된다.

9 'ätherisch'를 옮긴 말이다. '에테르(Äther)'는 근대 이후 힘이나 빛, 전기 따위를 전하는 매체로서 우주에 꽉 차 있는 미세한 질료로 가정된 것이지만, 원래는 아리스토텔레스가 천구들의 특수한 운동을 설명하기 위해 흙, 물, 공기, 불이라는 네 가지 대 원소 이외에 다섯째의 단순한 자연물로 가정한 것이다.

10 베르길리우스(Vergilius Maro, Publius, B.C. 70~B.C. 19): 고대 로마의 시인. 트로이의 대장 아이네아스(Aeneas)의 일생을 그린 로마 건국 서사시 『아이네이스 *Aeneis*』가 그의 대표작이다.

11 앞으로도 자주 나오는 '기분'이라는 말은 'Stimmung' 또는 'Stimmungen'을 옮긴 말이다. 이 단어는 '기분'으로뿐만 아니라 '분위기', '정조(情調)' 등으로도 많이 옮겨지는데, 이 책에서 옮긴이는 다소 무리가 있더라도 '기분'으로 통일하여 옮긴다. 단, 복합어의 경우(예컨대 'Stimmugsbild', 'stimmungshaft' 등과 같은)에는, '분위기'로 옮기기도 했다. 아울러 이 책에 나오는 'Atmosphäre'는 모두 '분위기'로 옮겼음을 밝혀둔다.

12 'Idylle'를 옮긴 말이다.

13 괴테의 『헤르만과 도로테아 *Hermann und Dorothea*』(1797)를 염두에 두고 있는 듯하다.

14 이 책에서 극과 관련하여 『니벨룽족(族) *Die Nibelungen*』(1861년 초연)을 쓴 극작가 프리드리히 헤벨(Christian Friedrich Hebbel, 1813~1863)이 여러 차례 거론되는데, 여기서는 그 헤벨이 아니라 독일의 소설가이자 향토시인인 요한 페터 헤벨(Johann Peter Hebel, 1760~1826)을 가리키는 듯하다. 그가 쓴 『알레만어 시집』(1803)이 대표적인 목가에 속한다.
15 필리프(Charles Louis Philippe, 1874~1909): 프랑스의 소설가. 출세작 『뷔뷔 드 몽파르나스』 외에도 『네 개의 슬픈 사랑 이야기』, 『어머니와 아들』, 『페르드리 노인』 등을 썼다. 루카치의 에세이집 『영혼과 형식』에는 '동경과 형식'이라는 제목으로 필리프론이 실려 있다.
16 단테를 두고 하는 말이다.
17 괴테를 두고 하는 말로서, 『베르터』는 『젊은 베르터의 고뇌』를, 『빌헬름 마이스터』는 『빌헬름 마이스터의 수업시대』를 가리킨다.
18 스턴(Laurence Sterne, 1713~1768): 『신사 트리스트럼 섄디의 생애와 의견』을 쓴 영국의 작가이다.
19 장 파울(Jean Paul, 1763~1825)은 『마리아 부츠 선생의 즐거운 생애』, 『거인』 등을 쓴 독일의 작가이다.
20 『신곡』 중 「천국」을 말한다.
21 이 책에서 독일의 중세 서사시 『니벨룽겐의 노래』와 관련해 거론되는 『니벨룽족(族)』(이 책에서는 '니벨룽겐의 노래'로 거론되는데)을 쓴 극작가 프리드리히 헤벨을 말한다. 독일 현대극의 선구자로 불리며, 작품으로는 처녀작 『유디트』(1840년 초연), 『마리아 막달레나』 등이 유명하다.
22 'Takt'를 옮긴 말이다. 이 단어는 '접촉'을 뜻하는 라틴어 'tactus'에서 유래했다. 독일어에서 '접촉', '촉감'의 뜻으로도 사용되지만 '박자'라는 뜻으로 가장 많이 사용되며, 시 이론에서는 '박절(拍節)'을 뜻하기도 한다. 이 밖에 '섬세한 감정', '민감'이라는 뜻을 가지며, '옳고 온당한 것에 대한 민감성', '섬세하고 올바른 판단(능력)', '공손하고 사려 깊은 태도를 취할 수 있는 감각(=예절 감각)' 따위의 뜻도 포괄하고 있는 단어다. 가다머는 『진리와 방법 *Wahrheit und Methode*』에서 이 단어를 '교양'과 관련하여 주요한 개념으로 다루고 있는데, 이 책을 우리말로 옮긴이들은 'Takt'와 'Taktgefühl'을 '감지력'으로 번역하고 있다. 이와 관련해서는 한스-게오르

크 가다머, 『진리와 방법 I—철학적 해석학의 기본 특징들』, 이길우 외 옮김, 문학동네, 2000, 51~54쪽 참조. 옮긴이 역시 이 책에서 여러 차례 나오는 'Takt'를 대부분 '감지력'으로 옮기며, 제II부 제4장의 한 곳에서만 '박자'로 옮겼다는 것을 밝혀둔다.

3 서사시와 소설

1 아리오스토(Ludovico Ariosto, 1474~1533): 르네상스를 대표하는 이탈리아 시인. 『광란의 오를란도』를 남겼다.
2 『헤르만과 도로테아』.
3 영국의 시인 바이런(George Gordon Byron, 1788~1824)이 쓴 작품.
4 러시아의 대문호 푸슈킨(Aleksandr Sergeevich Pushkin, 1799~1837)의 작품 『예프게니 오네긴』(1823~1830).
5 '담시(譚詩)'는 'Ballade'를 옮긴 말이다.
6 앞에서 소개한 볼프람 폰 에셴바흐를 말한다.
7 13세기 초에 활동했던 독일의 중세 서사시인인 고트프리트 폰 슈트라스부르크(Gottfried von Strassburg)를 말한다.
8 여기에서 말하는 『니벨룽겐의 노래』는 헤벨의 극작품이 아니라, 1200년경에 쓰인 것으로 추정되며 헤벨 작품의 소재가 된 독일 중세 영웅서사시를 가리킨다.
9 'das Phänomenalwerden'을 옮긴 말이다. '현상'으로 번역되는 단어로는 'Phänomena' 말고도 'Erscheinung'이 있는데, 루카치가 이런 용어를 사용할 때 염두에 두고 있는 칸트에 따르면, 'Erscheinung'은 '경험적 직관의 무규정적 대상'으로서 '물 자체가 단지 감각에 대해서만 나타난 것'이라면, 'Phänomena'는 '범주를 적용해 개념화된 현상'으로서 '물 자체가 감각과 사고에 나타난 것'이다.
10 프로테우스(Proteus)는 호메로스의 『오디세이아』에 등장하는 늙은 해신(海神)으로, 변신술에 능하다.
11 'Dauer'를 옮긴 말이다. 이와 관련해서는 이 책의 제II부 제2장에서 자세하게 다루어진다.

12 'sentimentalisch'를 옮긴 말이다. 이 단어는 18세기에 영어에서 차용된 말로서 처음에는 '감상적(empfindsam)'이라는 뜻으로 사용되었다. 그런데 이 단어를 주요한 개념으로 사용한 실러(특히 『소박 문학과 성찰 문학에 관하여 Über naive und sentimentale Dichtung』)나 초기 낭만주의 때부터 이 단어는 주로 'naiv'의 켤레말로 사용되는데, 이는 『소설의 이론』에서도 마찬가지이다. 'naiv'는 18세기 초 프랑스에서 차용된 말로서 인간 및 인간의 행동과 관련하여 '인위적(künstlich)'과 대비되는 '자연스러운(natürlich)'이라는 뜻으로 사용되었다. 18세기 후반에 들어오면 문체와 관련하여 '꾸밈이 없고 장식적이지 않은'의 뜻으로 사용되면서 미학적 용어로도 쓰였다. 심리적·미학적 용어로 사용되던 이 단어는 실러에 이르러 새로운 의미를 가지게 되는데, 『소박 문학과 성찰 문학』에서 'naiv'는 '인위적'과 대비되는 '자연스러운'의 의미와 '자연스러운, 직접 표현된 느낌'의 의미로도 사용되지만, '주관적', '현대적'에 대비되는 '객관적', '고대적'이라는 새로운 의미로도 사용된다. 여기에서 'naiv'의 켤레말로 쓰이는 'sentimentalisch'는 '감상적'이라는 전래적인 의미로도 사용되지만, '반성을 통한(reflektierend)', '주관적', '현대적'의 새로운 의미로 더 많이 사용되고 있다. 실러는 근대적 인간이 자연 및 세계와 맺고 있는 관계는 더 이상 '직접적'이고 '소박한' 관계가 아니라 '반성을 통해' 이루어지는 관계라고 규정하였는데, 이를 표현하는 말이 'sentimentalisch'이기 때문에 요즘 독문학계에서는 '감상적'으로 옮기지 않고 '성찰적'으로 많이 옮긴다. 그런데 이 번역은 'sentimentalisch'가 가진 복합적 의미를 너무 일방적으로 확정하는 문제가 있다. '정서'나 '정조(情調)'보다 고등·복잡한 감정이면서 이상적인 것, 가치 있는 것을 추구하는 감정을 뜻하는 '정조(情操)'로 옮기면 어떨까 하는 생각도 해보았지만, 또 다른 논란거리가 될 듯해 그냥 '성찰적'으로 옮기며, 이에 따라 'Sentimentalität'는 '성찰성'으로 옮긴다는 것을 밝혀둔다.

13 이 책에서는 'Dämon'을 '마신'으로 옮겼으며, 'das Dämonische'를 '마성'으로, 'Dämonie'를 '마력'으로 옮겼다. '마신', '마성' 등의 어원이 되는 그리스어 '다이몬(daimon)'은 '분배하다'라는 뜻을 지닌 '다이오마이(daiomai)'에서 유래한 것으로 추정된다. 그리스인들에게 힘(Kraft)은 자연현상들에서 추론된 포괄적인 개념이 아니라 개별적인 힘의 소지자들(예컨대,

233

올림포스의 각 신들, 자연에 살고 있는 하위의 신들, 님프 혹은 메두사 같은 공상 동물들)에게 '분배' 되었다. 그리스인들은 현실에서 끌어낸 비유적인 형상들을 만들었으며, 이 형상들이 구체적인 '힘의 소지자'가 되었던 것이다. 그런데 이 힘의 소지자의 비유적 형상과 그때그때의 '힘의 현상' 사이에는 차이가 있는데, 가령 제우스는 강우나 벼락으로 현현하지 않는다 할지라도 늘 인간의 활동을 주시하며 날씨를 돌변시킨다. 제우스는 '힘의 현상'인 벼락이 아니라 벼락을 마음대로 하는 '힘의 소지자'인 것이다. 그리스인들은 이러한 힘의 현상들에게도 힘의 소지자처럼 명칭을 부여하려고 했는데, 그러나 끊임없이 변하는 힘의 현상들을 구체적인 하나의 형상으로 설명하는 것이 불가능했기 때문에 그 현상들을 '마성'이라 부르면서 일반화했던 것으로 보인다. 이러한 '마성'을 야기하는 힘을 가진 존재들을 뜻하는 '다이몬'은 이후 개념의 분화를 겪게 되는데, 예컨대 헤라클리투스(Heraclitus)는 인간을 형성하고 인간의 인격을 완성시키는 힘을 '다이몬'이라 불렀으며, 소크라테스는 신적인 것과 인간적인 것을 중재하는 자, 또는 인간의 인격 형성에 중요한 신성한 힘 따위를 '다이몬'이라 불렀다. 그리스어 '다이몬'은 라틴어에서 일반적으로 '게니우스(genius)'로 번역되어 인간이나 장소의 수호신과 결부되었다가, 2세기경 기독교의 맥락 속에서 사악한 힘과 연관되기 시작했다. 이후 기독교에서 '마성'은 인간을 파멸로 이끄는 파괴적 힘의 비유로 사용되고 '다이몬'은 악마나 악령으로 이해되었다.(김홍기, 「괴테에서의 마성(魔性) 연구」,《괴테연구》제15권, 2004, 109쪽 이하 참조) 이 책에서 루카치가 사용하고 있는 '마성', '마신', '마력' 개념은 이러한 기독교적 해석과는 거리가 멀다. 이와 관련해서는 이 책 제I부 제5장 참조.

4 소설의 내적 형식

1 파울 에른스트(Paul Ernst, 1866~1933): 독일의 작가이자 저널리스트. 그는 소설뿐만 아니라 노벨레, 극, 에세이, 서사시는 물론 정치평론까지 썼다. 여기에서 루카치가 말하는 소설은 아마 『행복으로 가는 좁은 길』이 아닐까 싶다. 국역되어 있는 『영혼과 형식』 마지막 장 「비극의 형이상학」에서 루카치는 파울 에른스트의 극작품을 다루고 있다.

2 '현시(顯示)하다'는 'darstellen'을 옮긴 말이다. 이에 따라 뒤에 나오는 'Darstellung'은 '현시'로, 'Darstellbarkeit'는 '현시 가능성'으로 옮겼다. 마르크스가 '연구(Forschung)' 방법과 구별하여 그 연구의 결과를 총괄하여 제시하는 방법으로 내세운 '서술'이 바로 'Darstellung'을 옮긴 말이다. 이 단어는 '표현', '재현' 등으로도 옮겨지는데, 이 단어의 복합적인 의미를 나타내기에는 모두 역부족으로 보인다. 더군다나 '예술'과 관련해서 쓰일 경우, 예술가의 형식화하는 활동의 결과이자 특정한 예술적 '언어'에 근거해 있으며, 감성의 매체를 통해 이루어지고, 또 내용의 일반성을 감각적 개별성의 형식으로 매개한다는 등의 뜻까지 함축하는 이 단어의 적절한 번역어를 찾기란 실로 난감하다. 여기서는 'darstellen'을 대부분 '현시하다'로 옮겼지만 몇 대목에서는 '서술하다'라는 '평범한' 말로 옮기기도 했음을 밝혀둔다.
3 이 책 제II부 제1장에서 다루고 있는 폰토피단의 소설 『행복한 한스』를 말한다.

5 소설의 역사철학적 제약과 의의

1 '웅변조로'라고 옮긴 부분의 원문은 'mit beredter Gebäurde'로 되어 있다. 여기서 'Gebäurde'는 'Gebärde'의 오자인 듯하다.
2 'Poesie'를 옮긴 말이다. 이 책에서 'Poesie'는 '시문학' 또는 '포에지'로, 'Prosa'는 '산문'으로 옮겼다. 19세기 독일의 낭만주의 역사철학에서 포에지와 프로자는 형이상학적 상징으로 사용되었다. 모든 진정한 것, 근원, 잃어버린 과거의 통일성으로 되돌아가게 하는 것은 포에지에서 나오며, 모순, 전락 따위는 프로자에서 물려받은 것으로 설정된다. 헤겔의 경우 운문(Vers)이 아닌 모든 것을 프로자라 부르기도 하지만 그에게서도 프로자는 언어적·양식적 개념 이상의 것이다. 그는 예술미로서의 이념상(理念象, Ideal)에 적대적인 시민적 상황의 프로자라는 표현을 사용하기도 했다. 또 그는 소설론과 관련해서, "소설에 매우 적합한 가장 일반적인 갈등 가운데 하나는 …… 가슴의 포에지와 이에 대립되어 있는 상황의 프로자 사이의 갈등이다"라는 규정을 내린 바도 있는데, 독일의 근대소설론에서는 이와 유사한 규정들이 빈번히 등장한다. "소설의 통일성. 포에지와 비(非)포에지의 투쟁"이라는 노발리스

의 말이나, "내적인 생동성이 외적 세계의 냉혹함에 부딪혀 생겨나는 갈등이 소설의 본래적 테마"라는 F. Th. 피셔의 말도 같은 맥락 속에 있다.
3 'Dämon', 'das Dämonische' 따위의 어원과 관련해서는 이 책 제I부 제3장의 미주 13에서 간단히 설명한 바 있다. 고대 그리스에서와는 달리 기독교에 와서 'Dämon'은 어둠에 빠져 인간을 악하게 충동질하는 존재가 되었다가 (이런 맥락에서 '악령'으로 번역되기도 한다) 특히 괴테에 의해 원래의 의미를 되찾게 된다. 괴테에게 '마성(das Dämonische)'이란, 거칠게 표현하자면, 도덕적 혹은 이성적 범주로 환원할 수 없는 신적인 힘을 의미한다. 그것은 외부로부터 인간에게 접근하거나 또는 인간 의식에 작용해서 인간을 예기치 못한 사건에 끌어들이는 힘이다. 초기, 특히 이른바 '질풍노도' 시기의 괴테는, 마음과 정신을 고무하고 인간의 창조력을 야기하는, 인간과 자연 속에 살아 있는 에너지라는 긍정적인 의미를 '마성'에 부여했다. 그는 '마성적 인간'을 잠재적인 천재로 파악했는데, 하지만 이와 동시에 마성적인 생산성 그 자체의 힘이 지하 세계나 밤과 같이 어두운 것으로 급변할 수 있다는 것도 의식했다. '마성'의 이 두 가지 성격은 자연적 힘이 지닌 구원하는 힘과 파괴하는 힘 양자와 직접 결합되어 있는데, 그래도 대체적으로 볼 때 그는 마성적인 것의 특성을 긍정적인 활동력으로 보았다고 할 수 있다. 따라서 가령 메피스토펠레스의 경우에는 '너무 부정적인 존재'이기 때문에 마성적 인물에 속하지 않으며, 오히려 파우스트가 마성적 인물이다. 요컨대 괴테에게 '마성'은 우리에게 건설적으로 작용할 수 있으면서 파괴적으로도 작용할 수 있는 비밀스러운 생명력의 총괄 개념이자, 위대성과 위험이 결합되어 있는 개념이다.
4 영역본에서는 "마신의 관점에서 보자면(from the demon's viewpoint)"으로 되어 있고, 따라서 이어지는 부분도 "그 신"이 아니라 "그와 같은 세계(such a world)"로 되어 있는데, 이는 오역으로 보인다. 영역본, 87쪽 참조.
5 파라셀서스는 영국의 시인 브라우닝(Robert Browning, 1812~1889)의 극시 (劇詩) 『파라셀서스 Paracelsus』(1835)의 주인공 이름이다. 브라우닝은 테니슨과 더불어 빅토리아조(朝)를 대표하는 시인으로 알려져 있다.
6 입센(Henrik Johan Ibsen, 1828~1906): 노르웨이의 극작가로 독일 자연주의에 큰 영향을 미쳤다. 『야생오리』, 『민중의 적』, 『인형의 집』 등으로 유명하다.

7 중세의 신비주의자 니콜라우스 쿠자누스(Nicolaus Cusanus, 1401~1464)가 사용한 개념으로 '박식한 무지', '깨우친 무지' 등으로도 번역된다. 결코 간단하게 설명할 수 없는 개념이지만, 이 대목에서 말뜻 자체만이라도 이해하기 위해 사전적인 설명을 붙이자면 다음과 같이 말할 수 있지 않을까 싶다. 니콜라우스 쿠자누스에 따르면 인식은 세 단계를 통해 고양된다. 즉 감성에서 이성(ratio)으로, 이성에서 예지(intellectus)로 고양되는데, 이성은 모순율에 입각하여 감각적인 상들을 상호 구별하고 관련짓는 것이며, 예지는 모순율을 넘어 절대적 통일을 파악하려는 신비적 직관을 뜻한다. '유식한 무지'는 이성에 의한 인식의 한계에서 자신의 무지를 깨달을 때 신에 대한 절대적 인식으로 넘어갈 수 있다고 가르친다.

8 '악마의 대왕' 또는 '사탄' 또는 '바알세불'(가령 「마태복음」 12장 24절에 나오는 "귀신의 두목 바알세불")이라고 불리기도 한다. 원래 루시퍼는 '빛을 몸에 지닌 자'라는 이름 그대로 천사들 중 가장 아름다운 자였다. 그러나 하나님을 거역하고 배반한 뒤에는 가장 추악한 모습을 가지게 되었다. 단테의 『신곡』 중 「지옥」 제34곡에도 나오는데, 그 일부를 소개하면 다음과 같다. "이 슬픈 왕국의 황제는 가슴 반부터 위를 얼음 밖으로 드러내 놓고 있었나니 / ……지금은 추악하나 옛날에는 그만큼 아름다웠나니 / 조물주를 향해 눈썹을 치켰기에 일체의 통곡이 그로부터 비롯됨은 당연한 도리니라." "이 슬픈 왕국의 황제" 루시퍼의 머리에는 얼굴이 세 개 있는 것으로 그려지고 있는데, 그 세 개의 얼굴은 하느님의 삼위일체인 능(能), 지(智), 애(愛)와 정반대되는 무력, 무지, 무애의 상징이다.

9 "eine doppelte, eine sphärentheoritische und eine geschichtsphilosophische kategoriale Dialektik"을 옮긴 말이다. 이 구절이 영역본에는 "이중적인 범주적 변증법, 곧 이론적이고 역사·철학적인 변증법(a double categorical dialectic, a theoretical and historico-philosophical one)"(91쪽)으로 번역되어 있는데, 오역일 듯싶다. '영역이론적 변증법'은 초범주적인 존재의 속성과 관련된 것이므로 '영역이론적인 범주적 변증법'이라고 말할 수는 없을 것이다.

II 소설 형식의 유형론 시론(試論)

1 추상적 이상주의

1 앞에서는 계속 '작품'으로 번역했던 'Werk'를 옮긴 말이다. 여기에서 'Werk'는 '작품'이 아니라 '작업'으로 옮기는 게 적절해 보인다. '작품'이 활동의 완성된 결과라면, '작업'은 활동 자체를 뜻한다. 독일어 'Werk'는 '작업'과 '작품'이라는 뜻을 다 가지고 있지만, 라틴어에서는 이 두 가지 뜻이 각기 다른 단어로 지칭되었다. '활동의 결과'로서의 '작품'을 가리키는 말로는 'opus'가 사용되었으며, 단순한 활동, 곧 '작업'을 가리키는 말로는 'opera'가 있었다.
2 영역본은 '영혼'을 '세계'로 잘못 옮겼다. 영역본 97쪽 참조.
3 아르주나(Arjuna)는 인도의 대서사시 『마하바라타 *Mahabharata*』에 등장하는 중요한 영웅들 가운데 하나로, 천상의 신 인드라와 여신 쿤티 사이에서 태어났다. 『마하바라타』의 일부인 『바가바드기타 *Bhagavadgita*』에서는 크리슈나(Krishna)의 대화 상대로 등장한다.
4 독일의 극작가이자 소설가인 클라이스트(Bernd Heinrich Wilhelm von Kleist, 1777~1811)가 1808년에 쓴 노벨레. 귀족의 부정에 항거하여 의인이 되려고 투쟁한 우직한 말 상인이 악인으로 전락하여 파멸하는 기구하고 처참한 운명을 그리고 있다. 주인공은 복수를 감행하는 과정에서 저지른 공동사회에 대한 자신의 부당 행위를 자인하고 죽음(처형)으로써 죄를 보상한다.
5 브란트는 노르웨이의 극작가 입센(Henrik Johan Ibsen)의 작품 『브란트 *Brand*』(1866)의 주인공 이름이다.
6 슈토크만(Stockmann)은 입센의 극작품 『민중의 적 *Ein Volksfeind*』의 등장인물이다.
7 원본에는 'Gregers Werke'로 되어 있는데, 'Gregers Werle'를 잘못 적은 듯싶다. 그레게르스 베를레는 입센의 극작품 『야생오리 *Die Wildente*』에 나오는 인물이다.
8 이 책에서 이미 몇 차례 거론된 독일의 극작가이자 시인인 실러가 쓴 운문사극(韻文史劇) 『돈 카를로스 *Don Carlos*』의 등장인물이다.

9　Laurence Sterne(1713~1768): 아일랜드의 클로멜 출생으로, 『신사 트리스트럼 섄디의 생애와 의견』의 저자이다.
10　러시아의 극작가이자 소설가인 고골(Nikolai Vasil'evich Gogol, 1809~1852)은 농노제의 러시아 사회를 소재로 삼아 인간의 모든 악을 풍자적으로 그린 『죽은 혼』 제1부(1842년 출간)를 집필하면서 악(惡)만을 들추어내는 자신의 재능에 회의를 품기 시작, 점차 종교적·신비적 정신 상태에 빠지게 되었다. 그 결과, 도덕적인 인간과 악덕(惡德)에서 갱생하는 인간을 그려보고자 『죽은 혼』 제2부를 집필하기 시작하였으나, 성공하지 못하고 원고를 불살라 버렸다(1845년). 1848년에 팔레스타인을 순례하여 약간의 정신적 안정을 얻고는 또다시 『죽은 혼』 제2부를 집필하기 시작했으나 끝내 도덕적인 인간을 그려낼 수 없어 완성 직전의 원고를 불태워 버렸으며, 마지막에는 착란 상태에 가까운 정신으로 단식에 들어가 그대로 숨을 거두고 말았다.
11　독일의 극작가이자 소설가인 클라이스트가 1806년에 집필한 1막 희극.
12　1836년에 출간된 고골의 첫 희곡 작품.
13　Gerhart Hauptmann(1862~1946): 독일의 극작가이자 소설가.
14　George Bernard Shaw(1856~1950): 영국의 극작가, 소설가, 비평가.
15　프랑스의 극작가 베크(Henry François Becque, 1837~1899)가 1885년에 발표한 작품.

2 환멸의 낭만주의

1　Johann Georg Hamann(1730~1788): '북방의 마술사'라 불린 독일의 철학자이자 시인. 계몽주의의 합리주의적 편향을 극복하고자 한 그의 사상은 이른바 '질풍노도'의 문학운동으로 이어졌다.
2　B.C. 4세기 카르타고를 배경으로 쓴 플로베르(Gustave Flaubert)의 역사소설.
3　C. F. 마이어(Conrad Ferdinand Meyer, 1825~1898)는 고트헬프(Jeremias Gotthelf), 켈러(Gottfried Keller)와 더불어 19세기 스위스계 독문학을 대표하는 작가로, 극히 입체적이고 상징적인 서정시와 정감 어린 역사소설을 썼다.
4　앙리 프랑크(Henri Franck, 1888~1912): 유태계 프랑스 시인으로 결핵에 걸

려 스물넷에 요절했다. 1912년에 출간된『방주 앞에서의 춤 *La Danse devant l'Arche*』에서 구약성서의 유태교 정신을 자유로운 시구로 노래하고 있다.

5 영역본에는 "표현 수단으로서 지배하고 있는 심리학의 필연적인 결과"라는 문장이 빠져 있다. 영역본 119쪽 참조.

6 야콥슨(Jens Peter Jacobsen, 1847~1885)은 두 편의 자전적 소설과 몇 편의 노벨레 및 시를 남긴 덴마크의 작가이다. 닐스 뤼네(Niels Lyhne)는 그가 1880년에 발표한 동명의 소설 작품에 나오는 주인공 이름이다.

7 곤차로프(Ivan Alexandrovich Gontscharov, 1812~1891): 리얼리즘 경향에 속하는 러시아 소설가. 오블로모프(Oblomov)는 1859년에 발표한 그의 동명의 소설 작품 주인공 이름이다. 오블로모프의 성격 형상을 통해 곤차로프는 우수한 자질을 타고났으나 농노제도 하에서 아무런 어려움 없이 생활하는 동안 결단력과 행동력을 상실해 버린, 교양 있는 '무용자(無用者)'의 모습을 선명하게 부각시켰다. 그래서 무기력하고 게으른 성격을 나타내는 대명사로 '오블로모프 기질'이라는 말까지 생겨났다.

8 독일 중세의 대표적 서사시인 볼프람 폰 에셴바흐가 쓴 서사시 『파르치팔 *Parzival*』에 나오는 인물.

9 여기서 '회상'으로 옮긴 단어는, 'Erinnerung'이며, '기억'으로 옮긴 단어는 'Gedächtnis'이다. 이 책에서 루카치는, 가령 벤야민이「이야기꾼 Der Erzähler」에서 양자를 구분했던 것과는 달리, 두 단어를 같은 의미로 사용하고 있다.

10 영역본에는 '삶'이 '시간(time)'으로 잘못 옮겨져 있다. 영역본 124쪽 참조.

11 여기서 말하는『니벨룽겐의 노래』는 헤벨의 극작품이 아니라 독일의 중세 영웅서사시이다.

12 독어본에서는 옮긴이가 '도정'으로 옮긴 'der Weg'가 대명사 "er"로 지칭되어 있는데, 영역본은 이를 "주인공 자신 the hero himself" (129쪽)으로 옮기고 있다.

3 종합의 시도로서의『빌헬름 마이스터의 수업시대』

1 프라이탁(Gustav Freytag, 1816~1895): 독일의 극작가이자 소설가이며 평론

활동도 했다. 『차변(借邊)과 대변(貸邊)』은 그의 첫 번째 장편소설이다.
2 'Erziehungsroman'을 옮긴 말이다. '교육소설'은 '발전소설(Entwicklungsroman)'이나 '교양소설(Bildungsroman)'의 부차적인 형식으로서, 한 인간의 교육 과정을 형상화하며 특히 외부적 교육이 한 인간의 발전에 미치는 영향을 강조한다. 그러나 보통은 발전소설 및 교양소설과 동의어로 사용되는데, 이는 세 소설 장르 모두 동일한 형식 구조를 갖기 때문이다.
3 여기에서 '계발적인 것'은 'etwas Bildendes'를 옮긴 말이다.
4 흔히 '스위스의 괴테'라고 불리는 고트프리트 켈러(Gottfried Keller, 1819~1890)의 장편소설. 1854/55년의 초판은 총 4권 38장으로 구성되어 있으며 1879/80년의 개작판은 총 4권 70장으로 구성되어 있다. 루카치는 1939년에 켈러를 포괄적으로 고찰하는 비평을 발표한 바 있다. G. 루카치, 「고트프리트 켈러」, 『게오르크 루카치 — 리얼리즘 문학의 실제 비평』, 반성완 외 옮김, 까치, 1987, 294~385쪽 참조.

4 톨스토이, 그리고 삶의 사회적 형식들을 넘어서기

1 투르게네프(Ivan Sergeevich Turgenev, 1818~1883)는 러시아의 소설가이다. 한 소년의 비정상적인 첫사랑을 묘사한 노벨레 『첫사랑』, 농노의 비참한 생활을 그린 연작 『사냥꾼의 수기(手記)』, 니힐리스트 '바자로프'를 등장시켜 부자(父子) 2대의 사상적 대립을 묘사한 『아버지와 아들』 등이 유명하다.
2 안드레이 볼콘스키, 플라톤 카라타예프는 『전쟁과 평화』의 등장인물들이며, 안나, 카레닌, 레빈은 『안나 카레니나』의 등장인물들이다.

부록 1 도스토예프스키의 영혼 현실

1 루카치가 벨러 벌라주의 드라마에 관해 쓴 평문 「치명적인 청춘」 중 도스토예프스키 관련 대목을 뽑은 것이다. 이 비평은 1918년에 발간된 『벌라주 벨러와 그 적들』에 실려 있다. Lukács György, "Haláos fiatalság", *Balázs Béla és akiknek nem kell*, Gyoma, 1918, 80~102쪽. 번역은, Georg Lukács, *Karl Mannheim und der Sonntaskreis*(hrsg. v. Éva Karádi und Erzsébet Vezér,

Frankfurt am Main, 1985)의 해당 대목(154~158쪽)에 따라서 하되, J. C. 니리가 루카치의 도스토예프스키론 메모를 편한 책 *Georg Lukács, Dostojewski Notizen und Entwürfe*(hrsg. v. J. C. Nyíri, Budapest, 1985) 앞에 붙인 서론에서 길게 인용하고 있는 해당 대목(27~32쪽)도 참조하였다. '도스토예프스키의 영혼 현실'이라는 제목과 각주는 옮긴이가 붙인 것이다.
2 미슈킨, 로고진, 나스타샤 필리포브나는 『백치』의 등장인물들이다.
3 라스콜리니코프, 스비드리가일로프는 『죄와 벌』의 등장인물들이다.
4 디미트리 카라마조프, 그루셍카는 『카라마조프 씨네 형제들』의 등장 인물들이다.
5 이 글은 벨러 벌라주의 극에 관한 평으로 쓰인 것이다.
6 예판친은 『백치』의 등장인물이다.
7 'Maja'를 옮긴 말이다. 'Maya'로 표기되기도 하는데, 베다와 브라만 철학에서 환영과 허위로 찬 물질계를 일컫는 말이다.

부록 2 마음의 가난에 관하여 — 한 편의 대화와 한 통의 편지

1 Georg von Lukács, "Von der Armut am Geiste. Ein Gespräch und ein Brief," *Neue Blätter*, 1912 II/5-6, 67~92쪽. 이 당시 루카치는 독일 식으로 이름을 쓸 때는 늘 귀족 가문 출신임을 표시하는 '폰(von)'을 넣었다. 1911년에 출간된 독일어판 『영혼과 형식 Die Seele und die Formen』에서도 저자의 이름이 '게오르크 폰 루카치'로 되어 있다. 우리말로 옮길 때 독일어본을 기준으로 삼되 독일어본을 발표하기 전인 1911년 12월에 헝가리의 한 잡지(《정신 *A Szellem*》)에 발표된 헝가리어본을 영역한 "On Poverty of Spirit—A Conversation and a Letter", *The Lukács reader*(ed. by Arpad Kadarkay, Oxford : Blackwell Publishers, 1995), 42~56쪽도 일부 참조했다. 문장 부호는 독일어본을 그대로 따랐지만 중간에 한 줄씩 띈 것은 옮긴이가 한 것이며, 주 또한 모두 옮긴이가 붙인 것임을 밝혀둔다.
2 이 글만으로는 여동생인지 언니인지 정확히 알기 힘들지만 일단 '동생'으로 번역한다. 이 편지를 쓴 사람이자 남자 '주인공'의 대화 상대로 등장하는 여인의 이름이 '마르타'인 것도 '동생'으로 번역하는 게 낫겠다는 생각을 하게

했는데, 『신약성경』에 나오는—그리고 이 글에서 에크하르트와 관련하여 인용되는—'마르다와 마리아' 이야기에서 마르다가 언니이기 때문이다. 성경에 나오는 '마르다' 와 이 편지를 쓴 '마르타' 가 독일어로는 다 'Martha' 이지만, 성경의 국역본들에는 모두 '마르다' 로 되어 있기 때문에 성경의 등장인물을 말할 때에는 '마르다' 로 적는다.

3 캄포산토는 이탈리아 중서부에 있는 피사 대성당(유명한 '피사의 사탑' 을 부속 건물로 갖고 있는)에 부속된 묘지이다. 회랑식(回廊式)으로 된 이 묘지의 이름인 캄포산토는 '성스러운 땅' 이라는 뜻으로, 1203년 골고다 언덕의 흙을 이곳으로 운반해 왔다는 전설에서 유래한 것이다. 그리고 「최후의 심판」은 미켈란젤로가 시스티나 예배당에 그린 벽화를 두고 하는 말일 것이다.

4 '좋음' 으로도 번역되는 'Güte' 를 옮긴 말이다. 여기서 '선(善)' 으로 옮기긴 했지만, 서구의 근대 윤리학에서 말하는 '선(das Gute)' 과는 다른 새로운 '윤리학' 적 범주로 루카치가 사용하는 말이다. 중세의 신비주의자들, 그중에서도 특히 마이스터 에크하르트(Meister Eckhart)—에크하르트에 관해서는 뒤에서 소개한다—에 연원을 두고 있는 개념으로서, 루카치는 도스토예프스키의 작품에 나오는 등장인물들에서 이러한 '선' 의 구현을 보고 있다.

5 독일어본에는 "das Prinzip"(73쪽)으로 되어 있는데, 영역본은 이를 "the periphery"(45쪽)로 옮기고 있다. 아마도 "우리의 한계"라는 앞의 말과 뜻이 통하게 하기 위해서 그렇게 옮긴 듯한데, 여기에서는 독일어본을 따른다. 헝가리어본을 옮긴 영역본에는 독일어본과 차이 나는 대목이 적지 않다는 사실만 밝혀두고, 세세한 내용은 따로 지적하지 않는다.

6 『신약성경』 중 「누가복음」 18 : 19, 「마가복음」 10 : 18, 「마태복음」 19 : 17.

7 쇠렌 키르케고르(Sören Kierkegaard), 『공포와 전율 *Furcht und Zittern*』 참조.

8 'Gnostiker' 를 옮긴 말이다. 원래 지식, 인식, 앎 등을 뜻하는 말인 '그노시스(gnosis)' 는 고대 그리스 말기(1~2세기)에 종교적인 의미로 사용되어, 초감각적인 신과의 융합 체험을 가능하게 하는 신비적 직관 또는 영지(靈知)의 뜻을 가지게 되었다.

9 기독교 신비주의자인 마이스터 에크하르트(Meister Eckhart 또는 Meister Eckehart로 표기)는 뛰어난 스콜라 철학자이자 성경연구가로, 그리고 교육받

지 못한 대중에게 고도의 사변적 내용을 전달한 탁월한 설교자로 유명하다. 1206년경 중부 독일 에르푸르트 근처의 호르하임이라는 마을에서 태어난 것으로 추정되며, 1328년 내지 1329년에 사망한 것으로 알려져 있다. 이 글의 제목인 '마음의 가난'은 '의로운 사람', '아들의 탄생', '영혼의 불꽃' 등과 함께 에크하르트의 주된 설교 주제 가운데 하나이다. 「마태복음」 5장 3절을 본문으로 한, '마음이 가난한 자는 복이 있나니'라는 제목의 설교에서 그는 '마음의 가난'을 세 가지의 가난으로, 곧 '의지의 가난', '지성의 가난', '존재의 가난'으로 나누어 설명한다. "아무것도 원하지 않는 사람, 아무것도 알지 못하는 사람, 아무것도 갖지 못하는 사람, 바로 이러한 사람들이야말로 가난한 사람입니다." 에크하르트에 관해서는 두 권으로 된 『마이스터 에크하르트』, 레이몬드 B. 블레크니 엮음, 이민재 옮김, 다산글방, 1994 참조.

10 에크하르트의 가르침이 정적주의(靜寂主意)와는 다르다는 것을 입증하는 예로 자주 거론되는 것인데, 에크하르트는 '마르다와 마리아' 이야기(「누가복음」 10 : 38~42)를 해석하면서 마리아의 '관조적 삶(vita contemplativa)'보다 마르다의 '활동적 삶(vita activa)'을 더 높이 평가한다. 그는 마리아가 주님의 발치에 앉아 말씀을 배우고 있기는 하였지만, 언니 마르다의 삶이 가지고 있는 완전성은 아직 성취하지 못했다고 설교한다.

11 에크하르트의 설교집에서 인용한 말이다. 이에 관해서는 Ute Luckhardt, "Aus dem Tempel der Sehnsucht," *Georg Simmel und Georg Lukács : Wege in und aus der Moderne*, Butzbach : AFRA-Verlag, 1994, 151쪽 이하 참조.

12 서원한 딸을 하느님께 바친 입다의 이야기는 『구약성경』 「사사기」 11 : 34~40 참조.

13 『신약성경』 「누가복음」 14 : 26.

14 영역본은 이 구절을 윗 단락에 붙여 마르타의 말이 아니라 '주인공'이 하는 말로 읽게 만드는데, 이는 잘못된 것이다. 영역본 50쪽 참조.

15 이탈리아 시에나의 염색업자의 딸로 태어난 카타리나(Catharina de Siena, 1347~1380)는 17세 때 도미니크회 제3회의 회원이 되었다. 3년 동안 명상하며 병자와 가난한 자를 간호하고, 죄인을 개종시키는 데 힘썼다. 누차에 걸쳐 신비적 체험을 하고 그리스도의 성흔(聖痕)을 받았다. 1376년 아비뇽

에 있던 교황 그레고리우스 11세를 설득하여 교황청의 로마 귀환을 결행시켰고, 계속되는 교회 대분열에 즈음해 로마의 우르바누스 6세를 도왔다. 1461년 시성(諡聖), 이탈리아의 수호성인이 되었다.

16 '수녀'로 옮긴 단어는, '그리스도의 신부'라는 뜻을 가진 'die Braut Christi'이다. 카타리나는 '그리스도의 신부'이기 때문에 순수한 '금욕자'라고 할 수는 없다는 것이다.

17 에드몽 드 공쿠르(Edmond de Goncourt, 1822~1896)는 우리에게 '공쿠르상'으로 널리 알려져 있는 프랑스의 소설가이다. 동생 쥘 드 공쿠르(Jules de Goncourt, 1830~1870)가 죽을 때까지 형제가 합작(合作) 형식으로 작품을 썼기 때문에 문학사에서는 '공쿠르 형제'로 거론된다. 동생과 같이 쓴 소설 『18××년에』(1851)가 처녀작이며, 『샤를 두마이』, 『피로멘 자매』, 『르네 모프랭』, 그리고 9권으로 된 『공쿠르 일기』 등의 합작품을 남겼다. 동생이 죽은 후로는 단독으로 계속 소설을 썼다.

18 플로티노스(Plotinos, 205년~269년 경): 유럽 고대 말기를 대표하는 그리스의 철학자이자 신비사상가. 후세 사람들에 의해 신플라톤주의의 대표자로 불린다. 9편씩으로 나뉜 6군(群)의 논고(論稿)로 되었기 때문에 9편이라는 뜻의 '에네아데스 *Enneades*'라고 불리는 그의 저술은 초기 루카치에 의해 자주 인용된다.

19 원문 91쪽에는 "Und ihre Pflicht?"로 되어 있는데, 이럴 경우 "그러면 그들의 의무는요?"라고 번역되어야 한다. 하지만 이는 "Und Ihre Pflicht?"의 오자가 아닐까 한다.

20 주인공의 "좋은 벗"이었던 자살한 여인에게 다른 남자와의 관계에서 생긴 아이가 있는 것으로 설정되어 있다. 루카치 또한 이르머 세이들레르에게는 "좋은 벗"이었지만 그녀는 다른 사람과 결혼했고, 결혼 후 또 다른 남자―루카치가 아니라―와의 관계가 직접적 원인이 되어 자살했다. 세이들레르에게 아이는 없었던 것으로 알려져 있다.

21 「요한계시록」에 나오는 '라오디게아 교회에 보내는 말씀' 중 일부(3:15~16).

옮긴이 후기

『소설의 이론』을 읽기 위하여

1 들어가는 말

이 책을 처음 독일어로 읽으면서 우리말로 다시 옮겨보고 싶다는 생각을 한 게 지난 세기 90년대 초반이니, 벌써 15년도 더 전의 일이다. 1980년대 중반에 늦깎이로 독일어 공부를 시작하면서 주로 읽었던 것은, 루카치가 1930년대 반파시즘 투쟁의 와중에 쓴 문학 관련 에세이들이었다. 그 당시까지만 해도 루카치는—적어도 한국에서는—'좌파 문학 이론'에 입문하려면 반드시 거쳐야 할 관문으로 여겨졌다. 그 시기는 또한 '객관주의'니 '인식론주의'니 하는 용어들을 통해 그가 비판의 대상이 되기 시작한 시점이기도 했던 터라, 이래저래 그는 문학 담론과 논쟁의 한가운데 서 있었다. 그러한 환경 속에서 나 또한 '자연스럽게' 루카치를 접하게 되었지만, 학문적 능력도 안 되었을뿐더러 나름대로 '급박'했던 시절이라 루카치가 전(前)마르크스주의 시기에 쓴 텍스트들은 읽을 엄두를 내지 못했다. 당시 내게 루카치는 차분히 공부할 '학문적 연구의 대상'이기보다는 바로 지금·여기의 변혁 운동 속에 직접, 아주 깊숙하게 들어와 있는 '뜨거운 감자'였던 셈인데, 그런 상태에서 '창졸지간에' 동구 사회주의 블록이 붕괴하는 과정을 지켜보게 되었다. 덩달아 이 땅의 '운동들'도 지리멸렬해지기 시작했고, 그 한구석에서 나 또한 어설프게 동참하고자 했던 '변혁적 문예 미학'을 향한 의지들도 시나브로 사그라졌다.

애당초 '현실' 사회주의에 대한 신뢰보다는 지금과는 다른 세상에 대한 막무가내식 희망이 더 컸던 탓인지, 내게 동구 사회주의 블록의 붕괴 자체가 그리 큰 충격을 준 것 같지는 않다. 그저 사람들을 그리고 인간 사회를 지배하는 자본주의의 '위력'(흡입력과 파괴력)을 새삼, 뒤늦게 절감케 한 계기가 되었을 뿐인데, 그 무렵에 읽은 것이 바로 이 책, 『소설의 이론』이었다. 그런데 참으로 역설적이게도, "세계의 상태에 대한 항구적인 절망의 기분"[1]에서 쓰였다는 이 책이 그 당시 내게는 다른 그 어떤 책보다도 '따뜻한 위로'가 되었으니, 아마도 이론적인 차원의 논의보다는 이 책이 역설하는 "그럼에도 불구하고"의 실존적 태도만, 그것도 사회·구조적 변혁에 대한 무력감을 가장하는 '성숙의 포즈'를 취하면서 가슴에 담았던 모양이다. 이와 같은 '감(感)의 독서'가 가능했던 것은, 이 책에 배어 있는 독특한 정조(情操)와 문체가 불러일으키는 '분위기' 탓만은 아니었을 것이다. 뭔가 '품 나는' 말 같지만 정확하게 무슨 말을 하는 것인지 이해할 수 없는 대목들이 워낙 많았던 '덕택'이기도 했을 성싶은데, 오히려 그랬

---

1 Georg Lukács, *Die Theorie des Romans. Ein geschichtsphilosophischer Versuch über die Formen der großen Epik*, Frankfurt am Main, 1971, 6쪽. 아래에서 이 책을 인용할 때에는 괄호 안에 쪽수만 적는다.

기 때문에 이 책을 내 손으로 다시 번역해 보고 싶다는 마음도 생겼을 것이다.

하지만 마음만 그럴 뿐 몸은 전혀 따라주지 못했으니, 게으름과 무능은 이 책의 번역 과정에서도 여실히 드러났다. 다행히 이 책으로 대학원에서 강의할 기회가 한두 차례 있었고, 또 몇 달간, 독일어를 배우고자 하는 사람들과 함께 이 책의 전반부를 강독할 기회가 있었기에 비로소 번역 작업에 착수할 수 있었는데, 초역을 완성하기까지는 그 후로 또 몇 년의 시간이 흘러야 했다. 마침내 『소설의 이론』의 새 번역본을 세상에 내놓게 되었지만 개운함보다는 두려운 마음이 더 크니, 아직 미처 제대로 이해하지 못한 대목들이 많은 모양이다. 힘닿는 대로 고치고 또 고칠 생각이니 밝은 눈과 너른 마음을 가진 독자 여러분들의 질정(叱正)을 바랄 뿐이다.

아래에서는 『소설의 이론』을 읽기 전에 독자 여러분들이 배경 지식 삼아 알아두면 좋겠다 싶은 대목 몇 가지를 적어볼 생각인데, 먼저 루카치라는 사람 소개부터 할 것이다. 내가 이 책을 처음 읽던 무렵만 해도, 적어도 대학 공간에서 '루카치'라는 이름은 따로 설명이 없더라도 당연히 헝가리 태생의 사상가이자 미학자인 'Georg Lukács'를 가리키는 것으로 통용되었다. 하지만 이제는 'Georg Lukács'라고 칠판에 적으면 '조지 루카스'(「스타워즈」의 그 루카스!)를 떠올리는 학생들이 더 많을 정도로 세상이 바뀌었다. 이렇게 바뀐 문화적·지적 환경을 고려해, 새삼스럽긴 하지만 먼저 루카치의 일생을 그의 대표작들을 중심으로 간단히 소개한 뒤, 주로 『소설의 이론』의 발생사와 관련된 이야기들로 옮긴이 후기를 구성할 생각인데, 여기서는 특히 도스토예프스키와의 관계가 중심에 놓일 것이다.

물론 당시 루카치의 사유 세계에 스며들어 있는 사상의 갈래들은 실로 복잡다단하다.[2] 1962년에 쓰인 『소설의 이론』 신판 서문에 등장하는 사람들(칸트, 헤겔, 피히테, 괴테, 실러, 슐레겔, 졸거, 키르케고르, 딜타이, 지멜, 베버, 소렐, 베르그송)뿐만 아니라, 중세 기독교 신비주의자들, 당대 러시아의 사회혁명가와 작가 들, 그리고 특히 에밀 라스크(Emil Lask)도 『소설의 이론』의 이론적 구상과 구성에 직·간접적

---

2 그렇기 때문에 『소설의 이론』 자체의 '뼈대를 이루고 있는 이론(Rahmentheorie)'이 무엇인가 하는 문제를 두고도 서로 다른 의견들이 개진된 바 있다. 『소설의 이론』은 초기 낭만주의 및 키르케고르의 전통에 아무런 단절 없이 편입될 수 있다고 보는 입장(Michel)이 있는가 하면, 이미 초기 루카치의 낭만주의관에는 1930년대 이후 나타나는 낭만주의에 대한 비판적 입장의 잠재적 단초들이 있다고 보는 사람(Hohendahl)도 있다. 영국의 철학자이자 철학사가인 번스타인(Bernstein)이 헤겔주의적 맥락을 강조하고 있다면, 테만(Themann)이나 회셴(Hoeschen) 같은 독일의 소장학자들은 신칸트주의, 특히 에밀 라스크의 이론이 골간을 이루고 있다고 보며, 지모니스(Simonis)는 생철학(특히 딜타이와 지멜)을 규정적인 이론으로 본다. 그라우어(Grauer), 그리고 독일의 몇 안 되는 루카치 연구자 가운데 한 사람인 융(Jung)은 『소설의 이론』이 기본적으로 헤겔의 체계적 환경 속에 있긴 하지만 생철학과 신칸트주의적 개념의 흔적과 용어들이 남아 있다고 보는 입장이다. 참고 자료 삼아 이들의 글을 소개하면 다음과 같다. Willy Michel, *Ästhetischer Marxismus-marxistische Ästhetik*, 2 Bde, Frankfurt am Main, 1972. Peter Uwe Hohendahl, Neoromantischer Antikapitalismus. Georg Lukács' Suche nach authentischer Kultur, K. D. Müller et al. ed., *Geschichtlichkeit und Aktualität. Festschrift für Hans Joachim Mähl*, Tübingen, 1988, 344~369쪽. J. M. Bernstein, *The Philosophy of the Novel. Lukács, Marxism und the Dialectics of Form*, Sussex, 1984. Thorsten Themann, *Onto-Anthropologie der Tätigkeit. Die Dialektik von Geltung und Genesis im Werk von Georg Lukács*, Bonn, 1996. Andreas Hoeschen, *Das 'Dodtojewsky' Projekt*, Tübingen, 1999. Linda Simonis, *Genetisches Prinzip*, Tübingen, 1998. Michael Grauer, *Die entzauberte Welt*, Königstein/Ts., 1985. Werner Jung, *Georg Lukács*, Stuttgart, 1989; *Wandlungen einer ästhetischen Theorie. Georg Lukács' Werke 1907~1923*, Köln, 1981.

으로 깊이 스며들어 있는 이들이라 할 수 있다. 그런데 그들 가운데 당시 루카치에게 미래를 가리키는 거의 유일한 이름이 바로 도스토예프스키였다. 게다가 이 책 자체가 도스토예프스키를 다루는 본격 저작의 준비 과정에서 그 부산물로 나온 것이니, 이 책의 발생사를 소개하는 데 도스토예프스키와의 관계를 중심에 두는 게 그리 부적절하지는 않을 것이다.

2 게오르크 루카치의 "삶으로서의 사유"[3]

'Georg Lukács'라는 독일식 이름으로 널리 알려진 헝가리 태생의 사상가 루카치 죄르지(Lukács György)는 문학론과 미학, 철학과 정치사상 등 여러 영역에 걸친 방대한 사유 작업을 통해 20세기 서구 사상사에 심대한 영향을 미쳤다. 한국에서도 그의 사유는 각별한 주목을 받아왔는데, 20여 종이 넘는 번역서와 70여 년에 가까운 수용의 역사가 말해 주듯이 그가 우리 지성사, 그중에서도 특히 문학인들에게 끼친 영향은 그 유례가 없을 정도로 장기적이고 강력했다.[4]

---

3 "삶으로서의 사유(Gelebtes Denken)"는 루카치가 남긴 자서전 제목에서 따온 말이다. 대화 형식으로 구성된 이 자서전은 루카치의 인생 역정(歷程)을 이해하기에 가장 좋은 자료이다. 이 글은 『게오르크 루카치—맑스로 가는 길』(게오르크 루카치, 김경식 · 오길영 편역, 솔, 1994)에 번역되어 있다. 루카치의 일생을 그의 문학 이론과 미학 사상의 전개 과정을 중심으로 요령 있게 총괄하고 있는 글로는, 프레드릭 제임슨, 「게오르그 루카치」(『변증법적 문학이론의 전개』, 여홍상 · 김영희 옮김, 창작과비평사, 1984, 169~210쪽), 그리고 조만영, 「근대와 물신을 넘어서」(《문예미학 3. 맑스와 현대》, 문예미학회, 1997년 12월, 173~183쪽)를 추천하고 싶다.

250

루카치는 1885년 4월 13일, 자수성가한 헝가리 유대계 은행가 집안에서 차남으로 태어났다. 이후 1971년 6월 4일 부다페스트에서 사망하기까지 그가 펼친 사유 세계는 "이 사람이 여기 우리 한가운데에 바로 어제까지 있었다는 사실이 믿어지지 않는다"[5]라는 말이 전혀 과장된 것으로 들리지 않을 만큼 넓고 웅장하다. 약관을 갓 넘은 나이에 집필하기 시작한 글들로 구성된 『영혼과 형식 *Die Seele und die Formen*』(1910/1911)에서 현대 "실존주의의 원형"을 선보인 바 있는 그는, 우리가 번역한 『소설의 이론』(1916/1920)을 통해 헝가리를 넘어 독일에서까지 문명(文名)을 얻게 된다. 이후 그의 삶은 극적인 전환을 겪게 되는데, 1917년 러시아 혁명을 계기로 촉망받는 신진 학자에서 혁명적 공산주의자로 삶의 양식과 세계관을 통째로 바꾼다. 1918년 12월 헝가리 공산당에 입당한 그는, 이후 50여 년의 시간 동안—자신의 삶을 스스로 "마르크스로 가는 길"이라고 표현할 정도로—누구보다도 '충직한' 마르크스주의자로서의 삶을 살았다.

1919년 헝가리 소비에트 정권이 수립된 지 133일 만에 반혁명 세력의 무장 공세로 붕괴된 후 그의 기나긴 망명 생활이 시작된다. 첫 번째 망명지 오스트리아에서 정치 활동을 하던 와중에 집필한 글들로 구성된 『역사와 계급의식 *Geschichte und Klassenbewußtsein*』이 출간된 것은 1923년이었다. 마르크스주의 '철학'을 지향하고 있는 이 책에서 그는 러시아와는 다른 '선진' 자본주의 사회에서의 사회주의 변혁의 문제를 이론적으로 분석하고 있는데, 이를 통해 그는

---

4 2000년 이전까지 한국에서의 루카치 수용사와 관련해서는 졸저(拙著), 『게오르크 루카치―과거와 미래를 잇는 다리』, 한울, 2000, 33~67쪽 참조.
5 마샬 버먼, 『맑스주의의 향연』, 문명식 옮김, 이후, 2001, 281쪽.

이후 그람시(A. Gramsci)와 더불어 "서구 마르크스주의의 창시자"로서의 위상을 얻게 된다. '헤겔주의적 마르크스주의의 고전'으로, 또는 '베버주의적 마르크스주의의 첫 시도'로 불리게 될 이 책에서 근대 자본주의의 발전을 사물화·합리화의 증대 과정으로 설명하는, 마르크스주의 이론의 역사에서 한 획을 긋는 사유 방식을 선보인 그는, 하지만 20년대 중·후반의 이론적·실천적 경험을 거치면서 스스로를 '레닌주의적 마르크스주의'에 밀착시켜 나간다.

1920년대 말엽 망명지에서 벌어진 헝가리 공산당 내의 분파 투쟁에서 패하고 정치 일선에서 물러난 그는, 자신의 출발지였던 문학과 미학의 영역으로 복귀한다. 그것은 정치적 위험 부담이 상대적으로 적은, 달리 말하자면, 자기 자신의 목소리를 낼 여지가 상대적으로 큰 영역에서 연구와 비평 활동을 통해 공산주의 운동에 복무하고자 한 선택이기도 했다. 이후 오스트리아에서 소련으로, 소련에서 다시 독일로 활동의 거점을 옮기면서 이데올로그로서 공산주의 운동에 헌신하던 그는, 1933년 독일에서 히틀러가 권력을 장악하자 스탈린 치하의 모스크바를 망명지로 택한다.

모스크바에서 그는 반파시즘 투쟁과 공산주의 운동의 지속을 위해 스탈린의 기본 노선과 정책에 동의하는 가운데 이른바 "빨치산 투쟁"을 통해 자기 나름의 마르크스주의적 입장—그 정치적 성격을 단적으로 말하자면, '민주주의적 사회주의 노선의 좌파적 버전'이라 할 수 있는—을 발전시켜 나가는데, 그렇기 때문에 스탈린주의에 대한 그의 태도는 "양가적이고 전략적"[6]이었다. 그의 이러한 태도는 문학 이론의 문제와 관련해서 보더라도 확인할 수 있는 일인데, 그는

---

6 조만영, 앞의 글, 178쪽.

소련의 공식 철학과 마찬가지로 반영론을 유물론의 기본 입장으로 인정하면서도—엥겔스와 레닌을, 때로는 스탈린까지 방패막이로 내세우면서—그것의 기계적 적용을 배격했으며, 리얼리즘을 문학적 지표로 내세우지만 공식적인 사회주의 리얼리즘 이론이나 작품은 자신의 비평적 논의에서 거의 배제하다시피 했다. 철학적 작업에서는 소련의 공식 노선과의 차이가 한층 더 두드러진다. 가령 1930년대 후반기에 집필된『청년 헤겔 Der junge Hegel』의 기본 관점은 헤겔을 프랑스 혁명에 반대한 봉건적 반동 이데올로그로 평가한 당시—그 이전이나 그 이후에는 물론 소련 내에서도 다른 평가들이 없지 않았는데—소련의 공식적 입장과 배치되는 것이었으며, 원고의 대부분이 제2차 세계대전 중에 쓰인『이성의 파괴 Die Zerstörung der Vernunft』는 서구의 근대 철학이 전적으로 유물론과 관념론의 대립에 근거한 것이라는 도그마에 반대하는 관점을 취하고 있다.『청년 헤겔』이 1948년에, 그것도 제2차 세계대전 막바지에 귀국한 헝가리가 아니라 스위스에서 먼저 출판된 것이나,『이성의 파괴』가 1954년이 되어서야 출판될 수 있었던 것도 이와 전혀 무관한 일은 아니었을 것이다.[7]

---

7 『청년 헤겔』과『이성의 파괴』는 정반대의 측면에서 쓰인 루카치 자신의 "암호화된 자전적 텍스트"로도 읽을 수 있다.『청년 헤겔』이 마르크스주의자가 되기까지의 과정을 긍정적 색채로 그린 글이라면,『이성의 파괴』는 전(前)마르크스주의 시기에 루카치 자신이 빠져 있었던 철학적・사상적 조류들에 대한 엄정한—엄정함의 정도가 지나쳐 가혹하기까지 한—자기 비판서로서, 그것들을 '비합리주의'라는 부정적 색채로 덧칠하고 있는 글이다. 인용한 곳은, W. Jung, "Von der Utopie zur Ontologie. Das Leben und Wirken", W. Jung ed., *Diskursüberschneidungen Georg Lukács und andere*, Bern, 1993, 21쪽.

1953년 스탈린이 죽고, 1956년 소련 공산당 제20차 당 대회에서 스탈린의 개인 숭배에 대한 비판이 있은 이후, 루카치는 '이솝의 언어'를 벗어던지고 온전히 자기 자신의 목소리로 발언하기 시작하는데, 이후 그의 집필 활동의 초점은 철학적으로는 실존주의, '신실증주의' 등을 위시한 당시 서구의 지배적 철학 조류와 스탈린주의 양자에 맞서 마르크스를 "존재와 생성의 이론가"[8]로 복원하는 데 놓여 있었으며(이는 이후 "역사·유물론적인 존재론"이라는 이름을 가지게 된다), 문학적으로는 '모더니즘'과 스탈린 식 사회주의 리얼리즘을 동시에 극복하는 '제3의 길'로서의 리얼리즘 노선을 구축하는 데에 놓여 있었다. 1956년 10월에 발생한 '헝가리 사태'에 연루되어 1967년까지 가택 연금 상태로 지내게 된 루카치는, 어쩔 수 없이 집필 활동 밖에 할 수 없었던 조건을 전화위복의 계기로 삼아 "청년기의 꿈"이었던 미학의 완성에 몰두하게 된다.[9] 하지만 3부로 계획된 미학 작업을 제1부(『미적인 것의 특성 *Die Eigenart des Ästhetischen*』, 루카치 저작집 제11/12권으로 1963년 출간)로 마감한 그는, 자신에게 남아 있던 마지막 10여 년의 삶을 마르크스주의의 철학적 재구축을 위해 송두

---

8 게오르크 루카치, 「인간의 사유와 행위의 존재론적 기초」, 『게오르크 루카치 — 과거와 미래를 잇는 다리』, 248~271쪽, 266쪽.
9 청년기에 루카치는 두 차례에 걸쳐 미학 집필에 착수했으나 모두 중단하고 만다. 주로 하이델베르크에 머물면서 집필한 이 초기 미학은 루카치 사후에 『하이델베르크 예술철학』과 『하이델베르크 미학』으로 나뉘어 소개되었다. 이 양자의 구분은 집필 연도의 차이에 따른 것으로서, 제1차 세계대전 이전에 쓰인 원고는 *Frühe Schriften zur Ästhetik I, Heidelberger Philosophie der Kunst*(1912~1914)라는 제목으로, 전쟁 발발 이후에 쓰인 또 다른 원고는 *Frühe Schriften zur Ästhetik II, Heidelberger Ästhetik*(1916~1918)이라는 제목으로 1974년, 루카치 저작집 제16권과 제17권으로 출간되었다.

리째 바친다. 그의 사후 13년이 지나서야 두 권의 책(1984년에 출간된 저작집 제13권, 1986년에 출간된 제14권)으로 완간된 『사회적 존재의 존재론을 위하여 Zur Ontologie des gesellschaftlichen Seins』가 바로 그 결과물이었다.

3 '소설'의 '이론'으로서의 『소설의 이론』

위에서 그 일부를 소개한 루카치의 수많은 저작들 가운데 『소설의 이론』은 아마도 가장 폭넓고 두터운 독자층을 가졌던 책일 것이다. 또 이 책은, 동구 사회주의 블록의 붕괴와 더불어 '혁명들의 시대'가 일단락된 뒤 바로 그 '혁명들의 시대'와 함께했던 루카치의 사유가 급속도로 망각되어 간 상황 속에서도 여전히 새로운 독자들을 만나고 있는, 그의 저작들 중 거의 유일한 것이기도 할 것이다.

루카치가 제1차 세계대전의 충격 속에서 집필한 『소설의 이론』은 소설, 더 정확히 말하면 '서구의 근대적 장편소설(Roman)'에 관한 미학적 담론으로서는 진작 고전의 반열에 오른 작품이다. 마르크스주의자 루카치, 그중에서도 특히 1930년대 이후의 루카치에 대해서는 지성의 타락의 한 표본을 대하듯이 혹평해 마지않았던 아도르노마저도 이 책을 두고는 구상의 깊이, 비범한 묘사의 밀도와 강도를 통해 "철학적 미학의 한 척도"를 세웠다고 높이 평가한 바 있다.[10] 다소 과장된 그의 평가가 전혀 그릇된 것만은 아니라는 것은 이 책의

---

10 테오도르 W. 아도르노, 「강요된 화해」, 게오르크 루카치 외, 『문제는 리얼리즘이다』, 홍승용 옮김, 실천문학사, 1985, 192~223쪽, 192쪽.

영향사를 통해서도 확인할 수 있다.

우선 지난 세기 서구에서 전개된 주요 소설 담론만 훑어보더라도, 마르쿠제와 골드만의 소설론에서 직접적인 영향을 확인할 수 있으며, 아도르노와 벤야민의 소설관이나 바흐친의 소설론에서도 『소설의 이론』의 이론적 틀을 수용하거나 그것과 대결한 흔적을 찾을 수 있다.[11] 그리고 1930년대 이래 루카치가 본격적으로 구축하기 시작한 마르크스주의 소설론[12]에는 『소설의 이론』을 헤겔적 의미에서 '지양'한 것으로 볼 수 있음 직한 측면들이 있다. 여기에다가 최근에 모레티(F. Moretti)가 시도하고 있는 '세계문학론'까지 놓고 보면,[13] 서구 소설론의 역사를 구성하고 있는 여러 경향 중 한 경향, 즉 형식

---

11   마르쿠제(H. Marcuse)의 박사학위 논문인 「독일 예술가소설 Der deutsche Künstlerroman」, 골드만(L. Goldmann)의 『소설 사회학을 향하여 Pour une sociologie du roman』와 같은 글들이나 벤야민(W. Benjamin)의 「이야기꾼 Der Erzähler」, 아도르노(Th. W. Adrno)의 「현대 소설에서 서술자의 입지 Standort des Erzählers im zeitgenössischen Roman」 같은 에세이가 대표적이다. 또, 바흐친(M. M. Bakhtin)의 소설 담론에서는 루카치의 이름이 직접 거론되지는 않지만 루카치와의 긴장이 분명히 감지된다. 실제로 바흐친은 1924년 레닌그라드에서 『소설의 이론』을 번역하려고 시도한 바 있는데, 바흐친 연구자 중에는 바흐친의 도스토예프스키 연구가 『소설의 이론』이 책 말미에서 제기한 요구를 이행한 것이라 보는 사람도 있다. 이와 관련해서는 T. Dembski, *Paradigmen der Romantheorie zu Beginn des 20. Jahrhunderts*, Würzurg, 2000, 14쪽 이하 참조.

12   1930년대 이래 본격적으로 전개되는 루카치의 마르크스주의적 문학 이론 및 문학 비평 거의 대부분이 소설을 중심으로 전개된 것이긴 하지만, 그중에서 특히 '소설론'으로서 주목할 만한 것으로는 1935년에 발표된 「소설 Der Roman」, 1936년 말부터 1937년 초에 쓰인 『역사소설 Der historische Roman』, 그리고 1960년대에 쓰인 두 편의 솔제니친론(64년에 발표된 「솔제니친 — '이반 데니소비치의 하루' Solschenizyn: 'Ein Tag im Leben des Iwan Denissowitsch'」, 69년에 집필한 「솔제니친의 소설들 Solschenizyns Romane」)을 꼽을 수 있다.

과 역사의 내재적 연관성을 중심에 놓고 사유하는 소설론 내지 소설관 들의 전개 과정에서 『소설의 이론』은 이론적 영감의 한 '원천'으로 확고히 자리 잡고 있다고 말해도 무방할 성싶다.

하지만 이 텍스트가 1916년에 처음 발표되었을 때 학계의 평가는 그리 호의적이지 않았다. 강단의 장르 이론 전문가들은 이른바 학술 논문의 기준을 충족시키지 못하는 이 책의 '비학문적' 성격을 비난했다.[14] 이는 《미학과 일반예술학 잡지 *Zeitschrift für Ästhetik und allgemeine Kunstwissenschaft*》에 게재되기까지의 과정에서 이미

---

13 스탠퍼드 대학교의 소설연구센터에 주도적으로 참여하고 있는 그의 저작들 가운데 지금까지 국역된 단행본만 소개하자면, 『근대의 서사시』(조형준 옮김, 새물결, 2001)와 『세상의 이치─유럽 문화 속의 교양소설』(성은애 옮김, 문학동네, 2005) 두 권이 있다.

14 한국문학 연구에서 두 '거봉'이라 할 수 있는 조동일과 김윤식이 이 책을 두고 내린 평가도 이와 관련해 흥미롭다. '역사적·체계적인' 소설사 작업을 '세계적' 차원으로 확대해 강행하고 있는 조동일은 자신의 이론적 틀을 확보해 나가는 과정에서 늘 『소설의 이론』을 주요한 참조 대상으로 삼아왔다. 하지만 그의 평가는 심히 비판적인데, 『소설의 이론』 저자 루카치는 "서유럽중심주의자이고 근대주의자"이며, 또 이 책의 난해성이라는 것도 따지고 보면 저자 자신의 "의식 혼미"에서 연유하는 것이자, 체계성이 없고 논리적 설득력이 모자란 데 따른 모호성에 다름 아니라고 한다.(조동일, 『소설의 사회사 비교론 1』, 지식산업사, 2001, 51~59쪽 참조) 이에 반해 김윤식은 『소설의 이론』을 "불세출의 저작"(「사상과 문체─아도르노, 루카치, 하이데거」, 《문학동네》, 1997년 봄, 통권 제10호, 486~504쪽, 인용한 곳은 500쪽)이라고까지 칭송하면서, 이 책으로부터 그의 일생의 작업이 강력한 영향을 받았음을 공공연하게 인정하고 있다. 두 학자가 보이는 이 같은 대조적 양상은 공부와 글쓰기에서 지향하는 바의 차이와 무관하지 않을 것이다. 이와 비슷한 양상은 독일에서도 볼 수 있는데, 『소설의 이론』이 단행본으로 출간된 후 체계적인 장르 이론을 대표하는 학자들은 대부분 비판적 입장을 보인 데 반해, 역사철학적 관점에서 이 책을 보는 사람들은 고평하는 쪽이 많았다. 독일에서의 수용 양상과 관련한 짤막한 소개로는, A. Hoeschen, 앞의 책, 224쪽 이하 참조.

문제가 된 것이기도 했다. 당시 베를린 대학교 교수이자 이 잡지의 발행인이었던 막스 데수아르(M. Dessoir)는 루카치의 원고를 게재하는 과정에서 중간 전달자 역할을 했던 막스 베버(M. Weber)에게 보낸 편지에서 루카치의 원고 중 제2부만이 학술지인 잡지의 성격에 부합한다면서 제1부를 생략하는 게 좋겠다는 의견을 전한다. 설사 제1부를 그냥 둔다 하더라도, 제1부 제1장—"별이 총총한 하늘이 갈 수 있고 또 가야만 하는 길들의 지도인 시대……는 복되도다"(12쪽)라는, 한국의 독자들에게 특히 유명한 문구로 시작하는 바로 그 제1장—만은 꼭 빼달라는 게 그의 요청이었다. 그리고 몇 가지 지엽적인 수정 요구와 함께 제목도 "대(大) 서사문학의 형식들. 역사철학적 시론(試論)"으로 할 것을 제안한다.[15]

베버를 통해 잡지 발행인의 요구를 전달받은 루카치는 원래 생각하고 있었던 "소설의 미학"이라는 제목을 "소설의 이론"으로 변경하고 "대(大) 서사문학의 형식들에 관한 역사철학적 시론"이라는 부제를 다는 '성의'를 보이는 것으로 그치고, 제1부 또는 제1부 제1장의 생략 요구는 받아들이지 않는다.[16] 그 대신 잡지에 원고를 실을 때

---

15 *Georg Lukács: Briefwechsel 1902~1917*, Éva Karádi/Éva Fekete ed., Stuttgart, 1982, 364쪽. 앞으로 이 책에서 인용할 때에는 본문 안에 괄호를 친 뒤 BW라는 약어와 함께 쪽수를 병기한다.

16 베버에게 보낸 1915년 12월 30일자 편지에서 루카치는 데수아르의 요구를 받아들일 수 없는 이유를 소상하게 밝히고 있다. 루카치의 주장을 요약하자면 다음과 같다. 1) 그리스 문화와 중세를 다루는 것은 현재를 이해하기 위해서 필수 불가결한 일이다. 2) '삶과 본질', '내면성'과 '외부 세계' 같은 개념들이 미학적·형식적 의미를 명료하게 가지기 위해서는 서사문학과 극문학의 차이가 다루어져야만 한다. 3) 서사 형식들을 분류하는 것은 절대적으로 필요한데, 그렇지 않을 경우 제2부의 유형론과 작품 선별을 정당화할 도리가 없다. 4) 완결적·유기적인 세계

본문 앞에 다음과 같은 일종의 '해제'를 붙였다.

> 다음의 설명[『소설의 이론』—옮긴이]은 한 가지 이상의 연관에서 단편적이다. 이 설명은 도스토예프스키를 다루는 미학적·역사철학적인 저작의 서론 장으로 쓰였으며, 그 본질적 목표는 부정적인 것이었다. 즉 문학적 형식 및 역사철학적 연관성과 관련해서, 도스토예프스키 — 새로운 인간의 고지자(告知者)로서, 새로운 세계의 형상가로서, 새로우면서 오랜 형식의 발견자이자 재발견자로서 — 가 부각되는 배경을 그리는 것이 목표였다.[17]

사실 이런 식의 해제 또한 데수아르의 제안에 따른 것이었고, 그래서인지 루카치가 1920년에 그의 글을 단행본으로 출간할 때는 빼버린 것이긴 하지만, 루카치의 문제의식을 이해하는 데에는 분명히 도움이 된다. 하기야 막스 베버조차도 루카치에게 "**당신을 알지 못하는 모든 이들에게 첫 부분들은 거의 이해될 수 없다는 생각을 나도 가지고 있다**"(BW, 363쪽. 강조는 원저자)라고 말한 마당이니, 루카치 본인 또한 글의 취지를 본문 바깥에 따로 밝혀둘 필요성을 느꼈을는지도

와 초월적·내면적으로 관습적인 세계의 차이를 다루는 것은 소설 형식 일반의 현존을 정초하는 데 불가결한 전제 조건이다. 5) 초반부가 삭제된다면, (마성에 대한) 제1부의 결론이나 제2부의 시간 개념이 이해될 수 없을 것이며, 또 자연과 관습의 문제성을 알지 못한다면 『빌헬름 마이스터』의 문제성을 이해 가능하게 만들 수가 없을 것이다. 이러한 이유들을 밝힌 뒤 루카치는, 자신의 독자들은 초반부를 필요로 한다고 확신한다. 그렇지 않으면 그들은 결론을 이해할 수 없을 것이다, 라고 강한 어조로 주장한다.(BW, 365쪽 참조)
17 재인용한 곳은 A. Hoeschen, 앞의 책, 223쪽.

모를 일이다. 아무튼 여기에서 그는 '체계성의 부족'을 자인하면서 그럴 수밖에 없는 이유를 밝히고 있는 셈인데, 이에 따르면 『소설의 이론』은 '소설'의 '이론'을 목표로 쓰인 것이 아니다. 보기에 따라서는 『소설의 이론』을 '소설'의 '이론'이라는 잣대로 평가하지 말라는 암묵적 요구로도 읽힐 수 있는 말이다.

루카치의 이러한 제한적 해명에도 불구하고 『소설의 이론』은, 앞서 거론한 영향사가 보여주듯이 '소설'의 '이론'으로서 각별한 주목을 받아왔다. 아직 어디에도 안착할 곳을 찾지 못한 민감한 영혼이 탁월한 지성과 어우러져 빚어내는 통찰들이나, 절망의 밑바닥에서 전심전력으로 새 세상을 갈구할 때 생겨날 수 있는 매혹적인 문체의 힘이 느껴지는 대목들은 차치하더라도, 이 책이 "근대 소설을 이론적 고찰의 대상으로서 역사적 콘텍스트 속에 확정한 최초의 작업 가운데 하나"[18]라는 것은 누구도 부인할 수 없는 사실이다. 비록 루카치 본인은 처음 책을 낸 뒤 약 40여 년이 지나 다시 책을 출판하면서 따로 쓴 「서문」에서 이 책의 세계관적·이론적 한계를 누구보다도 냉철하게 지적하고 있지만,[19] "소설이 근대의 대표적 장르로 부상하는 현상을 근거 짓는 데 성공"[20]한 최초의 시도라는 점만으로도 '소

---

18 T. Dembski, 앞의 책, 10쪽.
19 소박한 유토피아주의, 정신과학적 방법에서 비롯된 한계들, 구체적인 사회적·역사적인 현실과의 유리, 소설 유형론에서의 자의적인 구성들, "'좌파적' 윤리와 '우파적' 인식론(존재론 등등)의 융합을 추구하는 세계관"의 한계 등등을 문제점으로 꼽고 있다.
20 R. P. Janz, "Zur Historität und Aktualität der *Theorie des Romans* von Georg Lukács", *Jahrbuch der deutschen Schillergesellschaft*, 22, 1978, 674~699쪽, 인용한 곳은 696쪽.

설'의 '이론'으로서 이 책이 거둔 성취는 결코 작은 것이 아니다. 이 대목은 특히 "헤겔의 유산"(9쪽)이 두드러지는 곳인데―1962년 「서문」에서 루카치는 이를 "미학적 범주들의 역사화"(9쪽), "범주와 역사의……결합"(10쪽)으로 규정하고 있다―『소설의 이론』은 헤겔이 제시한 이론적·방법론적 단초를 서사 형식들과 역사의 내재적·변증법적인 연관성에 대한 고찰로 발전·구체화시켰으며, 이를 통해 소설을 근대의 전형적인 장르로 통찰할 수 있게 하는 이론적 여지를 획기적으로 넓혀놓았다. 그럼으로써 그것은 19세기의 전통적 서사 형식이 의문시되면서 새로운 서사 형식이 막 구상되고 시도되기 시작했을 때, 이른바 '모더니즘'의 걸작들이 쏟아져 나오기 직전에, 이미 그러한 문학적 현상들을 이해할 수 있게 하는 하나의 이론적 시야를 열어준 선구적 작업이 되었으며, 동시에 그 자체가 새로운 서사의 가능성을 모색한 것이기도 했다.

  그런데 『소설의 이론』에서 루카치는 새로운 서사의 가능성을 '모더니즘'으로 통하는 길에서 찾지 않았다. 당시의 루카치에게 중요한 것은 문학 형식 자체가 아니라 "새로운 인간", "새로운 세계"의 가능성이었다. 유럽의 근대를 "죄업이 완성된 시대"(12쪽)로 파악했던 당시 루카치의 관점에서 보면, 설사 예술적으로 흥미롭고 주목할 만한 문학적·소설적 현상이 유럽에서 발현했다 하더라도 그것은 난숙한 '심미적 문화'의 소산에 불과할 뿐 "새로운 세계"의 조짐일 수는 없었을 것이다. 그의 입장에서는 소설이야말로 근대적 소외의 표현이자 반영(그럼으로써, 부정적인 방식으로 그것에 맞서는 저항의 형식)이기 때문에, 그가 갈구한 "새로운 세계"는 "초험적인 집없음의 표현"(32쪽)인 소설과는 다른 서사 형식이 현현하는 세계여야 했다. 청년 루카치는 자신이 그 세계를 힐끗 보았다고 믿었는데, 러시아 문학, 특히 도스토예프스키의 세계가 바로 그것이었다. 그에게 도스토예프스키는 "새로운 인간의 고지자(告知者)"이자 "새로운 세계의 형상가"였으며, "새로우면서 오랜 형식의 발견자이자 재발견자", 즉 "서사시의 갱신된 형식"(136쪽)을 보여주는 작가로 다가왔던 것이다.

앞에서 인용한 글에서 루카치가 밝히고 있듯이, 『소설의 이론』은 바로 그와 같은 작가로서 도스토예프스키를 다루는 책을 준비하던 과정에서, 도스토예프스키를 부각시키기 위한 배경으로서 작성된 글이다. 하지만 '본론'으로 예정된 도스토예프스키론은 구상과 메모로 그치고,[21] 그 과정에서 완성된 것은 '서론'인 『소설의 이론』이었다. '서론'이 '본론'으로 독립한 것이 『소설의 이론』인 셈인데, 『소설의 이론』을 제대로 파악하기 위해서는 루카치에게 예정된 '본론'이자 목표지로서의 도스토예프스키, '루카치의 도스토예프스키'를 이해할 필요가 있겠다.[22]

---

21 루카치의 메모는 1985년에 헝가리에서 단행본으로 출간되었다. J. C. Nyíri ed., *Georg Lukács, Dostojewski. Notizen und Entwürfe*, Budapest, 1985.

22 『소설의 이론』과 도스토예프스키론의 관계와 관련한 세밀한 고찰로는, 루카치 1997 *Lukács 1997. Jahrbuch der Internatioalen Georg-Lukács-Gesellschaft* (F. Benseler/W. Jung ed., Bern, 1998)에 수록되어 있는 두 편의 논문을 참조할 만하다. Carlos Eduardo Jordao Machado, Die "Zweite Ethik" als Gestaltungapriorie eines neuen Epos, 73~115쪽. Eva Karadi, Lukács' Dostojewski-Projekt. Zur Wirkungsgeschichte eines ungeschriebenen Werkes, 117~132쪽.

4 청년 루카치의 도스토예프스키

루카치가 남긴 기록 중 도스토예프스키론의 계획에 관한 최초의 언급은 1915년 3월, 하이델베르크에서 파울 에른스트(P. Ernst)에게 보낸 편지에서 발견된다. 여기에서 그는 1912년부터 매진했던 미학 작업(앞서 소개한 『하이델베르크 예술철학』)을 일시 중단하고 도스토예프스키를 다루는 책을 준비하고 있노라고 밝히고 있다.

> 이제야 마침내 나의 새 책, 도스토예프스키를 다루는 책에 착수합니다.(미학은 일시적으로 중단 상태에 있습니다.) 한데 그것은 도스토예프스키보다 훨씬 더 많은 것을 포함하게 될 것입니다. 나의ㅡ형이상학적인 윤리학과 역사철학 따위의 많은 부분을 말입니다.(BW, 345쪽)

이어서 그는 "특히 첫 부분에서는 서사 형식의 많은 문제들이 논의될 것"이라고 밝히고 있는데, 하지만 1915년 8월 2일 에른스트에게 보낸 편지를 보면 도스토예프스키 작업이 중단되었다는 것, 그리고 이로부터 『소설의 이론』이 따로 완성되었다는 것을 확인할 수 있다.[23]

---

23 편지에서 확인되는 이러한 일정은 『소설의 이론』이 1914년 여름에 처음 구상되어 이 해 겨울부터 그다음 해 초에 걸쳐 쓰였다는, 1962년 「서문」에서 루카치 자신이 회고적으로 밝히고 있는 일정과는 다소 차이가 난다. 이는 「서문」을 작성할 당시 루카치의 '착각'일 수도 있지만, 작업이 어느 정도 진척된 후 파울 에른스트에게 알렸을 가능성도 배제할 수 없다. 1910년경부터 루카치가 도스토예프스키의 세계에 몰두하기 시작했기 때문에, 그를 다루는 책을 집필하려는 계획은 진작부터 있었으리라고 추측해 볼 수 있다. 위에서 인용한 편지에서 루카치가 "이제야

나는 너무 방대하게 된 도스토예프스키 책을 중단했습니다. 거기에서 (한 편의) 긴 에세이, 소설의 미학이 완성되었습니다.(BW, 358쪽)

그런데 이 "소설의 미학"에도 원래의 문제의식, 즉 도스토예프스키의 '창'을 통해 본 "새로운 세계"에 대한 갈망과 모색이 배어들어 있는 것은 당연할 터이다. 이러한 갈망은 서구 자본주의 문명 전반에 대한 비판적 시각과 맞닿아 있는 것인데, 그것은 "세계의 상태에 대한 항구적인 절망의 기분"(6쪽)에 사로잡혀 있었다고 회고될 정도로 철저하게 부정적인 것이었다. 요컨대 당시 루카치는 유럽 문명 내부에서는 더 이상 어떠한 갱신의 가능성도 찾을 수 없다고 본 것인데, 그의 이러한 절망적 판단은 제1차 세계대전의 발발 및 "전쟁에 대한 주위의 정신병적 열광"(5쪽)의 분위기 탓에 더욱 강화되었을 것이다. 그리하여 당시 루카치에게 절박한 물음은 제1차 세계대전을 통해 러시아의 차르 체제, 독일의 군국주의적 질서가 '서방 민주주의', '서방 문명'으로 대체된다 하더라도 바로 그 '서방 문명'으로부터의 구원은 도대체 어떻게 가능할 것인가 하는 것이었다.

"누가 우리를 서방 문명으로부터 구제해 줄 것인가"(5쪽)라는 물음으로 표현되는 그의 종말론적 구원에의 열망은, 한편으로는 유럽 바깥인 러시아의 저변에서 희미하게 비쳐오는 "새로운 세계"의 조짐을 확인하고 그 정체를 파악하는 것으로 나아가며, 다른 한편으로는 지금의 유럽의 정체, 곧 유럽의 근대성을 파악하고 그 전사(前史)를 이해하는 작업으로 확장된다. 이 후자의 작업은, 『소설의 이론』에서

마침내(jetzt endlich)"라는 표현을 쓰고 있는 것도 이러한 추측을 개연성 있게 만든다.

루카치가 사용하는 말을 빌자면 "정신의 초험적 지형도"(24쪽)의 변환 과정을 파악하는 것인데, 그가 이러한 역사철학적 탐구의 매체로 잡은 것이 바로 서사문학이었다. "서사문학은 삶이고 내재성이며 경험이기 때문"(45쪽)에 역사를 역사철학적으로 파악하는 매체로 적합하다고 판단했을 것이다. 이렇게 보면 서사시 및 소설을 위시한 서사문학의 형식들에 관한 그의 탐구는 서사문학 자체에 대한 이론적 관심사에서 비롯된 것이라기보다는 "예술의 역사철학자"로서 시도한 작업이었다고 할 수 있다. 『하이델베르크 예술철학』에서 그는 "예술의 역사철학자"의 과제를, "진정한 경전적 작품들의 역사적·초(超)역사적인 본질적 특성"을 인식하고 그것들에서 "한 단계, 한 시대의 역사철학적 의미"를 간파해 내는 것이라 말하고 있는데,[24] 『소설의 이론』전반에 걸쳐 그가 하고 있는 일, 또는 하고자 한 일이 바로 이것이었다.

사실 도스토예프스키의 세계에 루카치가 깊이 빠져 든 것은 당시 지식계에서 예외적인 현상이 아니었다. 제1차 세계대전이 발발하기 이전에 이미 독일과 헝가리에서는 도스토예프스키를 "건널 수 없는 문화적 차이의 상징"이자 "정신적 재생의 희망"으로, 심지어는 "우리의 수호성인 중 한 사람"이라고까지 부르면서 추앙하는 분위기가 만연했는데,[25] 루카치 또한 그러한 분위기 속에 있었다. 게다가 루카치의 경우에는 1913년 늦여름에 만나 그의 첫 번째 아내가 되는 그

---

24 *Georg Lukács Werke. Bd.16. Frühe Schriften zur Ästhetik I. Heidelberger Philosophie der Kunst*(1912-1914), Neuwied, 1974, 230~231쪽.
25 G. Tihanov, *The Master and the Slave. Lukács, Bakhtin, and the Ideas of Their Time*, Clarendon Press-Oxford, 2000, 167~168쪽 참조.

라벵코(J. A. Grabenko)의 영향까지 가세했다. 테러리스트 전력이 있는 러시아 아나키스트로 소개 받은(실제로 그녀가 테러리스트였는지는 아직까지 확실하지 않다) 그녀는, '새로운 인간 유형'을 찾고 있던 루카치로 하여금 러시아 문학은 물론이고 러시아 테러리스트의 세계로까지 관심을 확장케 하는 데 주요한 역할을 했다.[26]

이 시기 루카치가 쓴 글 중에서 도스토예프스키의 이름이 처음으로 주요하게 등장하는 글은 아마도 「심미적 문화 Ästhetische Kultur」가 아닐까 싶다.[27] 1910년에 집필한 이 글에서 루카치는 요즘 일각에서 거론되는 이른바 "존재미학"과 흡사한 경로를 당대에 유일하게 가능한 문화로 설정한다("오늘날의 문화라는 게 있다면, 그것은 심미적 문화일 수밖에 없다."[28]). 그것은 개인적 차원에서 "영혼의 형식화"[29]를 통해 이룩되는 것인데, 그렇기 때문에 그것은 진정한 문화와는 거리가 멀다. 왜냐하면—그 당시 루카치의 시각에서—문화란 "삶의 통일성이자, 삶을 고양시키고 풍부하게 만드는 통일성의 힘"[30]인 반면, "심미적 문화"란, 이러한 통일성이 결여되어 있다는 점에서 통일성이 있는 것이자,[31] 삶과의 전체적 연관을 상실한, "순

---

26 루카치와 그랑벵코의 관계에 관해서는, 앞에서 소개한 『루카치 1997』에 실려 있는 J. Bendl, "Zwischen Heirat und Habilitation", 17~45쪽 참조.
27 1910년 5월에 헝가리의 한 잡지에 처음 발표된 이 글은 1908년에서 1911년 사이에 쓴 글들을 묶은 『미적 문화 Esztétikai kultúra』(Budapest, 1912)에 수록되었다. 독일어로 처음 소개된 곳은 1997년에 나온 루카치 연보(Jahrbuch) 제1권인 『루카치 1996 Lukács 1996』(F. Benseler/W. Jung ed., Bern, 1997, 13~26쪽)이다. 아래의 인용은 『루카치 1996』에 실린 글을 따른 것이다.
28 앞의 글, 13쪽.
29 같은 글, 25쪽.
30 13쪽.

간에 매달린 문화"³²⁾이기 때문이다. 그것은 문화가 더 이상 불가능하게 된 역사철학적 조건에서 가능한 '문화', "마치 문화 속에서 사는 것처럼"³³⁾ 살아갈 뿐, 어떠한 문화도 창조하지 않는, 아니 그럴 의욕도, 그런 환상도 갖고 있지 않는 이들("심미가")의 '문화'이다.

여기서 드러나는 '통일적 힘'으로서의 문화에 대한 루카치의 동경은 무엇보다도 서구적 개인주의에 대한 환멸에서 비롯된 것으로 볼 수 있다. 그에게 "'유럽적' 개인주의"는 "혼란과 절망과 신의 부재"의 근본 원인이자 서구 문명의 '근본악'이었다.³⁴⁾ 이러한 개인주의와는 다른 방향에 있는 흐름이 서구에도 없었던 것은 아니다. 사회주의가 그것인데, 루카치 또한 일찍부터 이에 주목해 왔다. 하지만 당시 루카치에게 사회주의는 "원시 기독교에 있었던, 영혼 전체를 가득 채우는 저 종교적 힘"³⁵⁾을 갖고 있지 못하다는 점에서, 새로운 영

---

31 15쪽.
32 18쪽.
33 26쪽.
34 루카치는 1915년과 1916년 두 차례에 걸쳐 러시아의 신비주의 철학자 솔로비예프 블라디미르의 선집 서평을 썼다. 이 중 《사회과학과 사회정치학 문고 *Archiv für Sozialwissenschaft und Sozialpolitik*》 제42권에 실린 1916년 서평(Georg Lukács, *Solovjeff, Wladimir: Die Rechtfertigung des Guten*. Ausgewählte Werke, Bd. II. (Lll, 523쪽). Jena, 1916)에서 그는 다음과 같이 말하고 있다. "솔로비예프는, 그의 동시대인인 러시아의 세계사적 작가들과 마찬가지로 '유럽적' 개인주의(이로부터 생겨나는 혼란과 절망과 신의 부재)를 벗어나 그것을 내면 깊숙한 곳에서부터 극복하고자 하며, 그렇게 정복된 자리를 새로운 인간 및 새로운 세계로 대체하고자 한다."(978쪽)
35 G. Lukács, *Ästhetische Kultur*, 19쪽. 우리가 밑에서 소개할 「치명적인 청춘」에서도 이러한 입장은 변함이 없다. "프롤레타리아 계급의 이데올로기는……아직 심히 추상적이어서—계급 투쟁의 무기를 넘어서—모든 삶의 표현에 영향을 끼치는 진정한 윤리를 제공할 수가 없다"(각주 44의 책, 157쪽)는 것이 루카치의 생

성을 가진 인간들과 이들에 의해 형성될 새로운 문화를 창조하기에는 역부족인 것으로 보였다.

문화 아닌 '문화'로서의 "심미적 문화"와 다르면서, 또 사회주의에 결여된 영성적·종교적 힘을 가지고 있는, 이 둘과는 다른 차원의 세계를 루카치가 도스토예프스키에서 보았다는 것은, 이 에세이가 다음과 같은 말로 끝나는 데에서 짐작할 수 있다.

> 두려움을 가지고서 여기에 나는—이 글에서 말했던 것[심미적 문화, 사회주의 등등—옮긴이]에 대한 유일하게 가능한 종지화음으로서—글을 쓸 때 언제나 나와 동행했던 가장 위대한 이의 이름, 우리의 가장 강력한 서사시인의 가장 신성한 이름, 도스토예프스키를 적는다.[36]

도스토예프스키의 작품 세계에서 그가 본 것이 무엇인지는 1911년에 집필한 「마음의 가난에 관하여」에서 조금 더 구체적으로 드러난다.[37] 대화로 구성된 '본론'을 편지 형식으로 감싸고 있는 이 글은, 그의 '첫사랑'인 이르머 셰이들레르(Irma Seidler)의 돌연한 죽음, 그것도 전혀 예기치 못한 비극적 방식으로 이루어진 죽음—그녀는 다

각이다.
36 같은 글, 26쪽.
37 이 글은 처음에 헝가리어로 집필되어 1911년 11월 헝가리의 한 잡지에 발표되었다. 루카치는 곧이어 독일어로도 발표했는데, 옮긴이가 읽고 인용한 글은 독일어본(Georg von Lukács, Von der Armut am Geiste. Ein Gespräch und ein Brief, *Neue Blätter*, 1912 II/5-6, 67~92쪽)이다. 이 글의 집필 배경과 구성에 관한 짤막한 소개로는, 졸고(拙稿), 「『마음의 가난에 관하여'를 읽기 전에」(《크리티카 No. 2》, 사피엔스21, 2007, 332~339쪽) 참조. 우리가 「부록 II」로 실은 번역은 《크리티카 No. 2》에 이미 발표한 번역을 수정한 것임을 밝혀둔다.

뉴브 강에 몸을 던져 자살했다—에 대한 루카치의 경악과 죄책감이 배경으로 깔려 있는 글이다.[38] 윤리적인 문제뿐만 아니라 미학적, 철학적 문제까지 포함하고 있는 이 글에서 루카치는, 미완으로 끝나게 될 도스토예프스키론의 주도적 물음이자 1918년 12월 헝가리 공산당 입당을 전후로 그가 대면할 문제, 즉 "비윤리적이면서도 올바르게 행동하는 것이 어떻게 가능한가"[39]라는 문제와도 통하는 물음을 파고든다. 일상적 삶이나 근대적 윤리학—이 글에서는 칸트의 윤리학으로 대표되는 '의무 윤리학'으로 규정되고 있는데—의 척도가 인간의 진정한 구제와 관련해서는 얼마나 무력한지를 셰이들레르의 죽음으로 체험한 루카치가, 이 글에서 "진정한 삶으로의 귀환"[40]을 가능케 하는 것으로 내세운 것은 "선(Güte)"이라는 개념이었다.

> 선은 모든 것을 환히 비추어주는 인간 인식, 객체와 주체의 일치가 일어나는 인식입니다. 선한 인간은 더 이상 타자의 영혼을 해석하지 않습니다. 그는 마치 자기 자신의 영혼을 읽듯이 타자의 영혼을 읽습니다. 그가 타자로 된 것입니다. 그렇기 때문에 선은 기적이요 은총이자 구원입니다. 천상의 것이 지상으로 하강한 것이지요. 달리 말하면 참된 삶, 생생한 삶입니다.[41]

---

38 생애 말년에 자서전 집필을 위해 메모한 글에서 루카치는 이 글이 이르러 셰이들레르의 자살에 대한 "책임을 윤리적으로 결산하려는 시도"(Georg Lukács, *Gelebtes Denken. Eine Autobiographie im Dialog*, Frankfurt am Main 1980, 250쪽)였다고 말한 바 있다.
39 같은 책, 85쪽.
40 Georg von Lukács, *Von der Armut am Geiste*, 75쪽.
41 같은 글, 74~75쪽.

중세의 신비주의자 마이스터 에크하르트(M. Eckhart)에서 빌려 온 "선" 개념을 통해 루카치는 "통상적인 삶"의 잣대나 이 "통상적인 삶의 혼돈에서 인간을 떼어내는 최초의 고양"인 "윤리"의 잣대로 규정되는 "죄"마저도 해소되는 고차적인 삶을 설정하는데,[42] 「마음의 가난에 관하여」의 주인공의 입을 통해 루카치는 이러한 삶을 사는 인물이 바로 도스토예프스키의 인물들, 구체적으로 말하면 "도스토예프스키의 작품에 나오는 소냐와 미슈킨 공작, 알렉세이 카라마조프"[43]라고 말한다. 그들의 삶이야말로 "선"이 구현된 삶으로서, "참된 삶, 생생한 삶"이라는 것이다.

이 인물들의 삶의 성격에 대한 한층 더 분명한 규정은 「치명적인 청춘」[44]에서 찾아볼 수 있다. 여기서 루카치는 이러한 인물들은 "아무런 간극 없이 자기 영혼의 본질을 살아"[45]간다고 한다. 도스토예프스키는 이러한 인물들로 구성된 전혀 "새로운 세계"—이 글에서, 그리고 『소설의 이론』의 말미에서 "영혼 현실"이라 지칭되는—를 발견했으며, 그럼으로써 근대 이후 "최초의 소박한 작가"가 된다는 것

---

42 75쪽.

43 74쪽.

44 우리가 「부록 I」로 그 일부를 번역한 이 글은 『벌라주 벨러와 그 적들 *Balázs Béla és akiknek nem kell*』(Gyoma, 1918)에 실려 있다. 이 책에 실린 다른 글들은 전부 다 1909년에서 1913년 사이에 쓰였거나 발표된 것들인데, 「치명적인 청춘」만은 정확한 집필 연도를 알 수 없다. 다만 『벌라주 벨러와 그 적들』에 처음 발표된 것만은 분명하다. 아래에서의 인용은 이 글의 일부를 독일어로 옮긴 다음의 글에 따른 것이다. Georg Lukács, "Béla Balázs: Tödliche Jugend", Éva Karádi/Erzsébet Vezér ed., *Georg Lukács, Karl Mannheim und der Sonntagskreis*, Frankfurt am Main, 1985, 154~158쪽.

45 154쪽.

이 루카치의 주장이다.

> 요컨대 도스토예프스키의 인물들은 아무런 간극 없이 자기 영혼의 본질을 살아간다. 다른 작가들이 가졌던 문제―심지어 톨스토이의 문제이기도 한데―가 영혼이 자기 자신에 도달하는 것은 말할 것도 없고 자기 자신을 일별하는 것조차도 방해하는 그런 장애물들을 어떻게 극복할 수 있을까 하는 것인 데 반해, 도스토예프스키는 그들이 중단하는 곳에서 시작한다. 그는 영혼이 그 고유의 삶을 어떻게 살아가는지를 묘사하고 있는 것이다. 문제는 전도되었다. 말하자면, 다른 작가들에게는 동경의 대상이었던 것, 거의 붙잡히지 않으며 붙잡았다 하더라도 곧 다시 놓치고 마는, 진기한 무아경의 진기한 순간들의 보물이었던 것이 도스토예프스키의 인물들에게는 일상적 삶이 되었다. 그러한 발전을 영혼 현실의 관점에서 고찰하자면, 도스토예프스키는―실러의 어법에 따라 말하면―수세기간에 걸친 성찰성 이후에 나온 최초의 소박한 작가이다.[46]

루카치가 『소설의 이론』 말미에서 "도스토예프스키는 소설을 쓰지 않았다"(137쪽)고 한 말과 같은 맥락에 있는 말이다. 도스토예프스키는 모든 사회적 속박, "외적인 사회적 관계들"에서 벗어나 있는, "영혼과 영혼을 결합하는 새롭고도 구체적인 관계들"[47]로 채워진 "영혼 현실"이라고 하는 "새로운 세계"를 발견했고, 그것을 "단순하게 직관된 현실"(137쪽)로서 그리고 있기에 더 이상 근대적인 성찰적 작

---

46 154~155쪽.
47 156쪽.

가, 곧 소설가가 아니라는 것이다. 도스토예프스키는 "새로운 세계에 속한다"(137쪽)는 것이 루카치의 생각이었다. 이리하여 루카치는 도스토예프스키가 쓴 작품들의 형식에 대한 본격적인 분석을 통해 "지금 영위되는 시간의 역사철학적 위치 및 의의"[48]를 해독(解讀)하고, 나아가 '유럽적' 발전이 봉착한 일련의 절망적인 문제들에 대한 윤리적·문화적 대안을 찾고자 했는바, 이것이 구상과 메모로 끝나고 만 도스토예프스키론, 즉 '서론'으로서의 "소설의 미학"에 이어 개진될 '본론'의 주된 내용이 될 예정이었다.

도스토예프스키론을 중단하고 『소설의 이론』을 발표한 이후 몇 년 지나지 않아 루카치는—앞서 루카치의 일생을 소개하는 대목에서 말했다시피—공산주의자로 '목숨을 건 도약'을 감행한다.[49] 그것은 사회적 존재, 사회적 관계들과 절연된 차원에서 펼쳐지는 "영혼 현실"과 그 속에서 이룩되는 "새로운 문화"를 찾던 관점에서, 프롤레타리아트의 승리를 통한 사회적 관계들의 변혁("계급 없는 사회")과 새

---

48 157쪽.

49 『소설의 이론』의 루카치의 사유와 마르크스주의자 루카치의 사유 사이의 이론적—실존적 차원이 아니라—관계는 당연히 단순한 단절의 관계가 아닐 것이다. 현상적인 불연속성 이면에 작동하는 내적 연속성을 강조하는 대표적 논자로는 번스타인과 제임슨이 있다. 번스타인은 『소설의 이론』—제2부가 아니라—제1부에서 표명된 전제들과 드러난 현상은 헤겔주의적이지만, 그 이론, 또는 "루카치의 소설 분석에 **작용하는** 전제들"은 "마르크스주의적"이라고까지 주장한다.(J. M. Bernstein, 앞의 책, xi~xiv쪽 참조. 인용한 부분에서 강조는 원저자) 제임슨은—번스타인과는 달리 제1부가 아니라—제2부의 3장과 4장에서 시각 변화('형이상학적 세계관'에서 '역사적 세계관'으로)의 조짐을 읽어내고 그것이 공산주의자로의 전향과 논리적으로 연결된 것임을 강조한다.(프레드릭 제임슨, 앞의 책, 188~189쪽 참조)

로운 문화("사랑의 사회")의 창출을 통일적·총체적으로 파악하는 관점으로 급진적인 변화가 이루어졌음을 의미한다.[50] 이 두 축, 곧 "계급 없는 사회"와 "사랑의 사회"라는 두 축은, 비록 시기와 국면에 따라 무게 중심에서 차이가 있긴 하지만, 이후 루카치의 사유에 내재하는 상수(常數)로서 작동하기를 멈춘 적이 없었다.

5 마치는 말

끝으로 번역과 관련해서 몇 마디 덧붙이는 것으로 두서없는 후기를 마치도록 하겠다.

번역의 원본으로 삼은 책은 1971년에 헤르만 루흐터한트(Hermann Luchterhand) 출판사에서 발간된 책(Georg Lukács, *Die Theorie des Romans. Ein geschichtsphilosophischer Versuch über die Formen der großen Epik*, Frankfurt am Main, 1971)이며, 번역 과정에서 영역본(*The Theory of the Novel. A historico-philosophical essay on the forms of great epic literature*, trans. by Anna Bostock, MIT Press,

---

50 '혁명적 문화주의' 시기에 속하는 1919년 4월에 발표한 한 글에서 루카치는 다음과 같이 말하고 있다. "말하자면 경제의 변화, 사회 자체의 변화만으로는 이 새로운 사회를 창출할 수 없다. 인간들이 그럴 태세를 갖추고 있지 않다면, 계급 없는 사회가 동시에 사랑의 사회가 되지 않는다면, 그 새로운 사회란 한갓 가능성으로 머물러 있을 것이다." Georg Lukács, Die moralische Grundlage des Kommunismus, J. Kammler/F. Benseler ed., *Georg Lukács. Taktik und Ethik. Politische Aufsätze I. 1918-1920*, Darmstadt und Neuwied, 1975, 87쪽.

1971)과 국역본(『小說의 理論』, 반성완 옮김, 심설당, 1985)을 일부 참조했다. 「부록」으로 실은 글 두 편의 원본은 본문에서 밝혀두었다.

이 책의 문단 나누기는 옮긴이가 임의로 한 것이라는 점도 밝혀둔다. 독일어 원본의 문단들 대부분은 요즘 감각에서 보면 지나치게 길기 때문에 조금 더 잘게 나누어본 것인데, 루카치가 문단을 나누었던 곳은 한 행을 띄움으로써 독자 여러분들이 알아볼 수 있게 했다. 제1, 2부의 큰 제목을 제외한 각 장과 각 절의 제목이 원본에서는 책 맨 뒤에 본문과는 별도로, 자세한 쪽수의 표시 없이 붙어 있는데, 이 또한 옮긴이의 판단에 따라 본문 안에 들어왔다.

이 책에 나오는 인명 표기는―수긍하기 힘든 대목이 없지 않았지만―국립국어원에서 펴낸 『외래어 표기 용례집』을 따랐다. 인물이나 작품의 경우, 처음 나올 때는 원어를 병기했지만 반복될 경우에는 우리말만 적었다. 옮긴이가 판단하기에 일반 독자들에게 그리 친숙하지 않은 인물이나 작품일 경우에 한해서, 독자 스스로 인터넷이나 서적 들을 통해 찾아보기를 할 수 있도록 간략한 미주를 달아 두었다. 또, 독일어가 아닌 외국어가 사용된 경우에만 괄호 안에 그 단어를 병기하고, 본문에 독일어를 넣는 일은 가급적이면 피하고자 했다. 초역을 할 때에는 많은 곳에 독일어를 병기했는데, 이것이 독서의 흐름을 방해한다는 김창원 동무의 조언에 따라, 본문에서 독일어를 대폭 생략하는 대신 미주를 통해 용어나 개념 설명을 보강하는 방식을 취했다. 이 책에 나오는 몇몇 용어와 개념은 비교적 많이 통용되고 있는 말과는 달리 옮겼는데, 그럴 경우에는 미주에서 그 이유를 밝혀두었으니 참조하길 바란다.

이 책을 수차례 읽으면서 궁리하고 또 궁리했지만 어떻게 옮겨야 할지 난감한 대목들이 적지 않았다. 그만큼 번역 과정은 힘들었는데,

그렇기 때문에 그 과정에서 도움을 준 이들에 대한 고마움은 클 수밖에 없다. 김창원 동무는 몇 가지 철학적 용어의 뜻을 분명하게 설명해 주었다. 고마운 이로는 윤정임 선배를 빼놓을 수 없다. 그는 이 책에서 프랑스어로 쓰인 부분을 직접 번역해 주었으며, 몇 대목에서 프랑스어본과 대조할 수 있게 도와주었다. 번역본 말이 나온 김에 덧붙이자면, 이 책의 미주에서 영역본의 오류를 몇 군데 지적해 두었는데, 그렇다고 해서 옮긴이가 영역본 전체를 다 일일이 대조해 본 것은 아니다. 읽다가 막히는 부분이 있을 때 영역본을 참조하곤 했는데, 그런 대목에서 오역이다 싶은 부분만 적시한 것이다. 의도적으로 그렇게 했는데, 단지 영역본이라는 이유만으로 그 '권위'를 쉽게 인정하는 학계 일부의 '관행'에 딴죽을 걸고 싶었기 때문이다. 김지섭 선배는 유일하게 초역을 다 읽어준 분이다. 그 과정에서 소중한 조언까지 해주었으니, 그저 고마울 따름이다. 이미 '한물간' 루카치를, 그것도 '재번역서'를 내겠다는 출판사가 없어 번역을 망설이던 때에, 출판될 수 있게 만들어준 김일수 씨의 호의와 배려도 잊을 수 없다. 그 누구보다도 큰 도움을 주신 분은 반성완 선생이다. 한 번도 뵌 적은 없지만, 이미 20여 년 전에 한 선도적인 번역으로 후학이 전진할 수 있는 토대를 놓아주셨다. 반 선생의 번역본을 참조하면서 몇몇 구절에서는 반 선생의 번역을 그대로 따오기도 했지만, 그 번역본보다는 훨씬 더 "딱딱한 번역[硬譯]"[51]을 시도해 보았다.

　수많은 독자들이 읽었으며 또 지금도 읽고 있는 번역서가 있는데

---

51 "딱딱한 번역"이라는 표현은 루쉰[魯迅]에서 빌린 말이다. 魯迅, 「'硬譯'과 '문학의 계급성'」, 『魯迅文集 IV』, 竹內好 譯註, 한무희 옮김, 일월서각, 1986, 231~248쪽 참조.

도 굳이 새 번역서를 내는 마당이니, 마음에 두고 있는 번역의 태도 내지 '원칙'을 밝혀둘 필요가 있을 성싶다. 내 생각에는, 소비자로서의 독자를 기준으로 삼아 이른바 '잘 읽히는' 번역을 해도 될 책과, 무엇보다도 원문 그 자체에 가까이 다가가려 노력하는 것이 번역의 기본 원칙이 되어야 할 책은 따로 있는 것 같다. 물론 옮긴이 또한 역사적인 사회적·문화적·담론적·이데올로기적 규정에서 결코 벗어날 수 없는 이상, 똑같은 원문을 똑같은 원칙에 입각해 번역한다 하더라도 당연히 시대에 따라 조금씩 또는 많이 다른 결과물이 나올 수밖에 없을 것이다. 바로 그렇기 때문에 특히 '고전'들은 거듭해서 다시 번역될 필요가 있다고 생각하는데, 그럴 경우 원문, 나아가 한 문장 한 문장을 바로 그렇게 쓴 저자의 속뜻까지 헤아리고 거기에 다가가려 — 이는 언제나 무한한 과정일 수밖에 없을 터인데 — 노력하는 태도가 번역의 '원칙'이 되어야 하지 않을까 싶다. 가라타니 고진(柄谷行人)이 후타바테이 시메이(二葉亭四迷)나 발터 벤야민의 예를 들어 말하는 "축어적 번역"[52]은 엄두를 못 내더라도, 루쉰이 "일부의 '기분 상쾌'를 목적으로 삼지 않고 곤란을 두려워하지 않고 조금이라도 이 이론에 관하여 알고자 하는 독자를 위하여 번역"[53]한다고 했을 때의 그 태도는 꼭 필요하다는 생각이다. 해당 분야에 충분한 식견을 갖춘 독자가 번역서에서 이해하기 힘든 구절을 만났을 경우, 옮긴이가 그 구절을 '딱딱하게' 옮긴 탓보다는 '오역'이기 때문에 그럴 가능성이 아직은 훨씬 더 큰 게 우리의 번역 수준이라고 생각한

---

52 가라타니 고진, 「번역가 시메이 — 일본 근대문학의 기원으로서의 번역」, 『근대문학의 종언』, 조영일 옮김, 도서출판b, 2006, 17~29쪽 참조.
53 魯迅, 앞의 책, 245쪽.

다. 이 책에도 내용 자체의 어려움 때문만이 아니라 정확하지 않은 번역, 심지어는 '오역' 때문에 독자들이 이해할 수 없는 대목들이 분명히 있을 것이다. 그래서 번역서를 낼 때마다 늘 두려운 마음인데, 내가 기댈 곳이라고는 조금이라도 더 나은 번역을 만들기 위한 나 자신의 계속되는 노력과 현명한 독자 여러분들의 정확한 질정(質正)밖에 없다. 교정 작업을 통해 많은 대목을 다시 생각할 수 있게 해준 천정은 씨는 그와 같은 독자로서 맨 앞에 있는 분이니 마땅히 감사드려야 할 것이다. 두 차례에 걸쳐 지저분하게 수정한 원고를 산뜻한 책으로 만들어주신 문예출판사 편집부 직원들에게 고마움을 전하며, 부디 이 책의 발간을 계기로 다시 또는 새로 루카치를 연구하거나 번역하는 분들이 생겼으면 좋겠다.

만약 번역서를 헌정하는 것이 민망스러운 일이 되지 않는다면, 번역 과정과 성장을 함께한 태율이에게 이 책을 선물하고 싶다.

김경식

옮긴이 **김경식**

연세대학교 독문과에서 게오르크 루카치에 대한 연구로 박사 학위를 받았다. 저서로『게오르크 루카치-과거와 미래를 잇는 다리』,『통일 이후 독일의 문화통합 과정』(공저)이 있으며, 역서로는『게오르크 루카치-맑스로 가는 길』(공역),『미적 현대와 그 이후-루소에서 칼비노까지』등이 있다. 동인회〈크리티카〉에서 뜻 맞는 사람들과 같이 공부하면서 동인지『크리티카』를 냈으며, 미술 창작을 하는 사람들이 모인〈그음공간〉, 민예총 부설 기관인〈문예아카데미〉등에서 강의하기도 했다. e-mail_ erden21@naver.com

소설의 이론

1판 1쇄 발행 2007년 7월 20일
1판 11쇄 발행 2025년 1월 1일

지은이 게오르크 루카치 | 옮긴이 김경식
펴낸곳 (주)문예출판사 | 펴낸이 전준배
출판등록 2004. 02. 11. 제 2013-000357호 (1966. 12. 2. 제 1-134호)
주소 04001 서울시 마포구 월드컵북로 21
전화 02-393-5681 | 팩스 02-393-5685
홈페이지 www.moonye.com | 블로그 blog.naver.com/imoonye
페이스북 www.facebook.com/moonyepublishing | 이메일 info@moonye.com

ISBN 978-89-310-0569-1 93800
• 잘못 만든 책은 구입하신 서점에서 바꿔드립니다.

문예출판사® 상표등록 제 40-0833187호, 제 41-0200044호